KB261983

중국어 교육문법

-教学语法大纲-

위수광 지음

도서
출판 박이정

위 수 광(魏 秀 光)

부산외국어대학교 대학원 중국어중국학과 석사졸업
부산외국어대학교 대학원 중국어중국학과 박사졸업
現, 부산외국어대학교 중국어학부 강사
　　신라대학교 중국어중국학과 강사

저서
『고등학교 중국어 작문』(공저, 부산시교육청 인정도서)
『중국어-한국어 이중언어교재』(공저, 교육과학기술부 인정도서)
『SCP 중국어Ⅰ』(공저, 신라대학교 출판부)
『SCP 중국어Ⅱ』(공저, 신라대학교 출판부)
『韩国人在中国-衣食住行生活汉语 (上)』(合著, 人民教育出版社)
『韩国人在中国-衣食住行生活汉语 (下)』(合著, 人民教育出版社) 외

논문
「현대 한어 정도보어·상태보어 구조상 비교연구」(2005) 석사학위논문
「한국인 중국어 학습자 교육문법요목 설계에 관한 연구」(2010) 박사학위논문
「『语法等级大纲』의 체계상 한계점 고찰-한국인 학습자를 중심으로」(2008)
「『国际汉语教学通用课程大纲(语法)』와 『新HSK大纲(语法)』의 비교분석 -『新HSK大纲(语法)』에서 체계 변화를 중심으로-」(2011)
「표현중심의 중국어 교육문법 체계에 관한 고찰」(2012) 외

중국어 교육문법
- 教学语法大纲 -

초판 인쇄 2012년 10월 24일
초판 발행 2012년 10월 31일

지 은 이 위수광
펴 낸 이 박찬익
책임편집 공혜정

펴 낸 곳 도서출판 박이정
주　　소 서울시 동대문구 용두동 129-162
전　　화 02)922-1192~3
팩　　스 02)928-4683
홈페이지 www.pjbook.com
이 메 일 pijbook@naver.com
온 라 인 국민 729-21-0137-159
등　　록 1991년 3월 12일 제1-1182호
I S B N 978-89-6292-339-1 (93720)

* 책값은 뒤표지에 있습니다.

머리말

중국어 교육에 관심을 갖고 연구하기 전까지는 단지 중국어를 열심히 배우고 잘 가르칠 수 있으면 훌륭한 교육방법이라 생각했었다. 박사과정 중에 중국어 어학분야에 대해 많은 공부를 하고, 국내와 중국을 오가며 학회에 참석하여 접하게 된 많은 연구 성과들을 통해 몇 가지를 깨닫게 되었다.

첫째는 중국과 국내의 많은 학자들 대부분 중국어 자체에 대한 이론문법연구를 진행하고 있었다.

둘째는 국내와 중국의 기하급수적으로 증가한 한국인 중국어 학습자를 위한 중국어 교육이란 영역이 각자의 교육경험의 토대위에 이론연구의 지식을 전수하는 방식으로 교육하고 있었으며, 중국어 교육이란 영역이 명확하게 정립되어 있지 않았다.

셋째는 중·한 대조분석, 오류분석 등 한국인 학습자를 위한 개별적 특성에 관해 많은 연구가 이루어지고 있는 반면 이들 소중한 연구 성과들이 교육에 적용되고 실천되지 못하고 있었다.

　　이러한 현실을 감안하여 과학적이고 효율적인 중국어 교육을 위한 중국어 교육 문법요목이 절실히 필요하다고 깨달은 후 이를 구체적으로 실현하고자 박사논문으로 「한국인 중국어 학습자 교육문법 요목 설계에 관한 연구」을 쓰게 되었고, 본 저서로 편찬하게 되었다.

　　이 연구는 중국내의 교육문법요목과 교육문법체계의 변화 발전을 소개하였다. 그리고 국내에 발표된 많은 중 · 한 대조분석, 오류분석의 연구성과를 통해 한국인 학습자 특성을 반영하여 한국인 학습자에게 적합한 교육문법요목을 설계하기 위한 다섯 가지 방안을 제시해 보았다. 본인은 이 연구를 시작으로 향후 한국인 중국어 학습자의 교육문법체계와 교육문법에 대해 지속적으로 연구하려고 한다. 현재 중국내에서는 전 세계 중국어 학습자를 대상으로 '중국어교육(国际汉语)'에 대한 연구가 활발하게 진행되고 있고, 사업도 활성화되고 있다. 이 가운데 한국인 중국어 학습자가 가장 많은 비중을 차지하고 있다. 그러나 한국인 학습자를 위한 중국어 교육에 대한 연구는 아직 정립되지 못하고 있는 실정이다. 따라서 이 연구를 토대로 하여 국내와 중국의 한국인 학습자의 개별적인 특성을 반영한 중국어 교육영역의 정립과 함께 과학적인 교육문법 체계 마련을 위해 지속적으로 연구하고자 한다. 아울러 이 책을 통해 많은 연구자들이 중국어 교육영역 정립에 대한 필요성과 한국인 학습자를 위한 연구성과를 반영한 교육문법체계에 대한 인식을 명확히 하여, 함께 연구해 나아갈 수 있기를 바란다.

　　지금까지 끊임없는 관심과 가르침으로 이끌어주신 진광호 지도교수님, 중국어 교육에 대해 연구할 수 있도록 이끌어 주시고, 함께 고민해 주신 정윤철 교수님, 논문지도와 심사해 주신 김윤경 교수님, 이재승 교수님, 하수권 교수님께 진심으로 감사드립니다. 제게 지속적인 가르침으로 이끌어 주신 상해외국어대학교 김기석 교수님, 중국과 국내 학회에 동행하며 아낌없는 가르쳐주시고, 희망과 용기를 주시는 상해외국어대학교 김충실 교수님께 머리숙여 감사인사 드립니다. 그리고 이 연구를 할 수 있도록 교육문법의 선두적인 역할을 하시며 이끌어주신 전북대학교 박용진 교수님, 한결같은 믿음과 격려로 응원해 주신 신라대학교 하배진 교수님, 하종명교수님께도 감사인사 드립니다. 그리고 이 연구를 진행하고, 마무리 되기까지 항상 저를 격려해주고, 도와준 언니 같은 동기 창신대학교 이길연 교수님, 경성대학교 이현 선생님, 부산외대 박미정 선생님, 오혜정 선생님, 서우숙 선생님, 나의 첫 제자 부산외대 송지현 선생님, 힘들 때마다 비타민이 되어주는 사랑스러운 제자 김민영 선생님에게도 고맙다는 인사와 더불어 앞으로도 지속인 연구 함께하기를 기원해봅니다. 그 밖에도 제게 끊임없는 애정과 관심으로 응원해 주신 많은 분께도 감사의 인사드립니다.

　　끝으로 늘 힘겨워하는 아내에게 밝은 미소로 격려해주고 믿어 준 이승진님, 늘 부족한 엄마를 격려하고, 지지해준 사랑하는 아들 이원준, 부족한 큰 딸이 지치지 않고 연구에 매진할 수 있게 뒷바라지 해주시고, 끊임없이 발전할 수 있게 함께 고민하고 믿어주신 사랑하는 부모님께 이 책을 바칩니다.

2012년 10월의 어느 가을날
바다가 보이는 나의 보금자리에서
위 수 광

차 례

I
서 론

- 연구목적 및 필요성
- 선행 연구
- 연구범위 및 연구방법

1. 연구목적 및 필요성

중국은 개혁개방 이후 경제가 급속히 성장하면서 국제적 위상이 높아지고, 외국자본과 외자기업이 집중되면서 중국어를 배우기 위해 중국을 찾는 외국인 학습자가 증가하였다. 이와 더불어 중국어교육 사업도 함께 발전하기 시작했다. 국내에서도 한·중 수교 이후부터 현재까지 중국어 학습자가 지속적으로 증가하고 있는 추세이다. 그리고 중국어 열풍은 중국이나 한국뿐만 아니라 전 세계적으로 확산되어가고 있다. 이에 중국정부는 기존의 중국어 교육정책으로는 증가하는 수요를 충당하기가 어렵다는 것을 인식하고 수요 충족을 위해 "汉语桥工程"을 2003년에 반포했다. 이 정책을 통해 중국어교육 사업은 세계적으로 확산되어 갔고, 중국어교육은 더욱 구체적으로 추진되면서 중국어교육의 체계도 마련하게 되었다. 그것이 바로 외국인 중국어 학습자를 위한 중국어 교육요목인『国际汉语教学通用课程大纲』(International Curriculum for Chinese Language Education)[1]이다. 이 요목은 전 세계 외국인 중국어 학습자를 위해 마련된 중국어교육의 근거 기준이다. 국내에서는 중국어 학습자가 증가하고 있으나 중국어교육을 위한 체계와 기준이 미비한 상태이다. 그래서 교육요목을 세우기에 앞서 교육내용이 결정되었고, 교육자료 개발의 이론과 원칙을 세우기에 앞서 강의교재가 사용되었으며, 교수법의 연구에 앞서 개별적인 교육이 실시되어 왔다. 또한 교육문법의 방향이나 내용이 정해지기 이전에 문법교육이 진행되고 있는 실정이다. 문법교육은 중국어 학습자의 의사소통능력 향상이라는 궁극적인 목표를 실현하게 하고, 세부적으로는 중국어를 정확하고 유창하게 구사하게 하기 위한 중요한 영역이다. 하지만 국내의 중국어 문법교육은 이론문법과 중국어 교육문법의 관계에서 정체성을 확립하지 못했을 뿐만 아니라, 한국인 학습자 중국어교육의 기준이 되는 '중국어 교육문법 요목'도 아직 마련되지 못한 실정이다. 그렇다면 한국인 학습자의 중국어교육에 포괄적인 외국인 학습자를 대상으로 제정된 중국어 교육문법요목을 적용시킨다면 한국인 학습자에게 적절한지에 대해 의문을 갖게 된다. 전 세계 외국인 중국어 학습자는 각기 다

---

1) 国家汉语国际推广领导小组办公室에서 2008년에 제정된 '중국어 교육요목'이다.

른 모국어를 가지고 중국어를 외국어 혹은 제2언어로 학습하게 된다. 이들은 모두 중국어라는 공통된 목표어를 배우지만 각기 다른 모국어의 영향으로 인해 중국어의 학습 시 다양한 특징을 나타내며 오류의 유형도 차이를 보인다. 한국어를 모국어로 하는 한국인 학습자의 경우도 마찬가지로 중국어 학습 시 한국어와의 차이로 인해 다양한 특징을 나타내게 된다. 그렇다면 포괄적인 외국인 학습자를 위해 제정된 중국어 교육요목을 한국인 학습자에게 적용하였을 때 중국어가 갖는 일반성 이외에 한국인 학습자가 갖는 개별적인 특징이 고려되지 못하였을 것이다. 따라서 본 연구에서는 한국인 학습자를 위한 중국어 교육문법요목의 토대를 마련하기 위해 중국 내에서 제정된 교육문법요목의 제정배경과 교육문법요목에 반영된 교육문법체계를 분석하여 중국어 교육문법체계의 정체성을 확립하고자 한다. 그리고 현행 중국어 교육문법 요목을 한국인 학습자에게 적용했을 때 적절한지를 살펴보기 위해 중국어 교육문법 요목들의 체계를 비교 분석한다. 그리하여 중국에서 제정된 중국어 교육요목을 한국인 학습자에게 적용하기에 적절하지 못한 부분을 분석하고, 한국인 학습자의 개별적인 특징인 한·중 대조분석과 한국인 학습자의 중국어 학습에서 나타나는 오류분석을 반영하여 한국인 학습자를 위한 중국어 교육문법요목 마련하기 위한 몇 가지 방안을 제시하고자 한다.

2. 선행 연구

중국어 교육요목에 관한 연구는 중국어 교육요목만을 대상으로 한 연구도 있고, 중국어 교육문법내용과 관련지어 교육문법의 등급배열을 연구한 경우도 있으므로 이를 포함하여 기존 연구를 검토할 것이다.

중국어 교육요목에 관한 연구는 크게 중국과 국내에서 이루어진 연구로 구분할 수 있다.

중국에서 이루어진 연구는 주로 중국어 교육요목에 관한 연구로 董明(1988), 盛炎(1989), 程堂(1989), 贾甫田(1989), 刘英林(1989), 吕文华(1992), 刘英林, 李明(1997), 吴

春仙(2001), 文美振(2004), 林升圭(2008) 등이 있다.

董明(1988)에서는 『汉语水平等级标准和等级大纲』(试行)의 체계를 소개하고, 세부적으로는 『标准』(试行), 『词汇大纲』(试行), 『语法等级大纲』(试行)의 구성체계를 구분하여 소개하고 있다. 그리고 『语法等级大纲』(试行)은 중국어의 이론문법체계가 아니고, 중국인을 위한 어문교육 문법체계와는 다른 외국인 학습자를 위한 문법체계라고 설명하였다. 또 근본적인 목적은 외국인 학습자가 언어 학습하는 과정에서 사용하는 규칙을 파악하게 하고, 규칙으로 언어를 활용할 수 있다고 소개하고 있다.

盛炎(1989)은 『汉语水平等级标准和等级大纲』(试行)을 해외의 외국어능력 기준 및 요목과 비교하였으며, 이를 통해 『汉语水平等级标准和等级大纲』(试行)의 언어의 의사소통 기능과 문화와 접목되어야 함을 주장하였다.

程堂(1989)은 중국어 교육요목의 각도에서 『汉语水平等级标准和等级大纲』(试行)의 체계를 분석하고, 문제점을 지적하였다.

贾甫田(1989)은 『语法等级大纲』(试行)[2]을 과학적으로 실행하기 위해서 해결해야 할 문제를 '체계성과 어려운 문법항목의 관계', '체계성을 지닌 문법항목과 독립성을 지닌 문법요소와의 관계', '형식과 의미와의 관계' 로 나누어서 지적하고 있다.

刘英林(1989)은 『汉语水平等级标准和等级大纲』(试行)의 연구방법에 대해서 세 가지로 나누어서 소개하였다. 첫째는 정성(定性)과 정량(定量)을 결합한 방법이고, 둘째는 과학적인 통계와 경험을 결합한 방식이며, 셋째는 전체와 부분을 유기적으로 결합한 방법으로 구분하여 소개하고 있다.

吕文华(1992)는 『汉语水平等级标准和等级大纲』(试行)을 문법체계의 문제, 등급별 문법항목 분포 문제, 교육문법과의 연계성 문제 등을 지적하고, 더 세부적으로 문법항목들을 예로 들어 문제점을 지적하고 있다.

刘英林, 李明(1997)은 『汉语水平等级标准与语法等级大纲』의 유래와 발전, 성질과 용도, 구성체계, 문법항목 분포, 그리고 『汉语水平等级标准和等级大纲』(试行)

---

2) 『语法等级大纲』(试行)은 『汉语水平等级标准和等级大纲』(试行)에서 다루어진 문법등급요목이다.

에서 『汉语水平等级标准与语法等级大纲』으로의 수정원칙 등을 소개하고 있다.

吴春仙(2001)은 『汉语水平等级标准与语法等级大纲』에서 문법항목을 예로 들어 '겸어문', '시간부사와 빈도부사', '유표지피동문', '把자문', '정도보어', '연동문' 등의 문제점을 지적하고 있다.

文美振(2004)은 『汉语水平等级标准与语法等级大纲』의 '보어'에 대한 문제를 중점적으로 다루고 있다. 예로 甲급과 乙급에서 '정도보어'로 다루었던 항목은 丁급에서는 '상태보어'로 분리되어 다루었다는 것과 '방향보어'의 제시된 구조형식이 불명확하다는 것, 그리고 여러 보어를 함께 사용하는 문법항목의 문제점을 지적하고 있다.

林升圭(2008)는 한국의 중국어 교육요목3)을 중국의 몇 가지 중국어 교육요목과 비교하면서 중국의 요목들은 독립적이고, 단독적인 성격이 강한 반면 한국어의 요목은 제7차 교육과정의 일부분으로 종속적인 요목이라고 구분하고 있다. 그리고 중국과 한국의 중국어 교육요목의 기능분야에 있어서 차이를 설명하면서 기능 자체가 의사소통을 기본으로 하여야 하고, 양국교사의 교류와 협력이 요구된다고 주장하고 있다.

그 밖에도 교육문법의 등급배열에 관한 연구는 杨寄洲(2000), 卢福波(2003), 卢福波(2005) 등이 있다.

杨寄洲(2000)는 초급단계 문법항목의 등급은 문법항목 간의 고정적인 순서, 문법항목 간에 상호제약, 구조의 복잡한 정도에 따라 과학적으로 배열할 수 있다고 하였다. 또 초급단계 문법항목의 등급을 조사 "了"를 기준으로 하여 "了" 앞에 배열되어야 할 문법항목과 "了" 뒤에 배열되어야 할 항목으로 나누어 제시하고 있다.

卢福波(2003)는 중국어 교육문법의 등급구분과 항목배열에 대한 문제를 제시하고 있다. 등급구분은 단계성에 대해서 다루었고, 항목배열은 단계점층식에 근거하여 제시하고 있다. 또한 '동사술어문'을 중심으로 문법항목 간의 상대적 등급배열을 소개하고 있다.

---

3) 국내의 제7차 교육과정에서의 중국어Ⅰ과 중국어Ⅱ에서 별표로 다룬 '의사소통 기본표현'과 '기본 어휘표'가 교수학습 요목에 해당한다고 할 수 있다.(정윤철(2009:8)에서 재인용)

卢福波(2005)는 중국어교육의 기본 문형을 확정짓는 기본원칙은 '실용성'을 토대로 하고 세부적으로는 '상용성', '규범성', '기본성', '대상성'에 따른다고 하였다. 또 기본문형 배열의 근거는 '난이도', '문형내부 상호간의 제약요소', '사용빈도와 배열 관계'에 둔다고 소개하고 있다.

국내에서 이루어진 연구로는 중국어 문법항목의 등급배열에 관한 연구와 중국어 교육요목에 관한 연구로 박용진(2004, 2007), 위수광(2008), 정윤철(2009), 위수광(2011) 등이 있다.

박용진(2004)은 한국어와의 대조분석을 통해 중국어 부사 '才'의 난이도 평가, 내부순서배열, 누적식 교육문법에 대해서 소개하고 있다.

박용진(2007)은 중국어의 의문사를 분석하고, 한국어와의 대조분석, 난이도분석, 빈도 분석을 통해서 한국인 학습자를 위한 중국어 의문사 문법항목의 순서배열을 소개하고 있다.

위수광(2008)은 『汉语水平等级标准与语法等级大纲』의 제정배경, 제정원칙, 체계를 살펴보고, 한국인 학습자에게 적용하였을 때의 나타나는 한계점을 '문법단위', '등급분포와 배열', '등급 간의 계통성', '표현의 일관성과 명확성'으로 구분하여 예를 들어 제시하고 있다.

정윤철(2009)은 '통합적 교수-학습 요목'의 개념과 교육과정의 중요성과 함께 '통합적 중국어 교수-학습 요목'의 개발과 필요성을 제기하고 있다. 그리고 '통합성', '일반성', '개별성'으로 구분하여 '통합적 중국어 교수-학습 요목'의 개발 방향을 제시하고 있다.

위수광(2011)은 『유럽공통참조기준』을 근거로 제정된 『国际大纲(语法)』(5등급체계)를 『新HSK大纲(语法)』(6등급체계)와 동일한 등급체계로 제시되어야 함을 주장하였다. 뿐만 아니라 문법항목간의 상관관계, 누락된 문법항목, 문법항목의 일관성에서의 문제점과 함께 필요성을 제기하였다.

이상 중국에서의 연구는 주로 『汉语水平等级标准和等级大纲』(试行)과 『汉语水平等级标准与语法等级大纲』에 대한 것으로 대부분이 이들 요목들의 구성체계나 적용방법을 소개하고 있다. 그리고 체계상의 문제나 문법 내용에 관한 문제점도 지적하고 있다. 그 밖에 외국인 학습자를 위한 중국어교육문법 등급배열에 대한 연구가 이루어지고 있는데, 대부분 절대적인 기준이 아닌 문법항목 간의 상관관계를 고려한 등급배열에 관한 연구가 이루어지고 있다. 하지만 중국 내에서 한국인 학습자를 대상으로 한 개별적인 연구는 이루어지지 않고 있음을 알 수 있다. 반면 국내에서는 한국인 학습자를 위한 중국어 교육문법의 순서배열과 중국어 교육요목에 관한 연구가 진행이 되고 있다. 박용진(2004, 2007)은 특정한 문법항목의 내부 순서배열과 누적식 순서배열에 관한 연구를 하였고, 위수광(2008)은 중국 내의 중국어 교육문법요목을 한국인 학습자에게 적용하기에 나타나는 한계점을 지적하였고, 정윤철(2009)은 향후 한국인 중국어 학습자를 위한 통합적 중국어 교수학습 요목의 개발 방향을 제시하고 있다. 위수광(2011)은 중국내 제정된『国际大纲(语法)』을『新HSK大纲(语法)』와의 비교를 통해 향후 중국어 교육문법요목의 등급체계에 대해 문제제기를 하였다. 하지만 아직까지 국내에서는 한국인 중국어 학습자를 위한 중국어 교육요목에 관한 연구가 많이 부족한 실정이다.

3. 연구범위 및 연구방법

본 연구는 중국어 교육문법요목을 주 대상으로 한다. 본 연구는 이론문법과 교육문법의 개념을 명확히 하여 연구 대상인 중국어 교육문법요목과 교육문법체계에 대한 논의를 전개하고, 중국인을 위한 교육문법체계와 상관관계를 통한 외국인을 위한 교육문법체계를 명확히 분석하고자 한다.

연구범위의 기본적인 틀은 문법이다. '문법'이란 인간의 머릿속에 내재되어 있는 언어의 규칙이다. 이 문법을 대상으로 언어자체의 규칙을 연구하는 것이 '이론문법'이지만, 학습자에게 교육을 전제로 하여 문법지식을 실행하기 위한 것은 '교육문법'이다. 이 두 문법의 개념은 '이론'과 '실천'이라는 기준으로 구분될 수 있다. 그리고 실천에 목적을 두고 있는 '교육문법'은 다시 적용대상에 따라 나누어질 수 있다. 모국어의 언어 규칙이 머릿속에 내재되어 있는 자국인을 위한 교육문법과 목표어에 대한 규칙이 머릿속에 내재되어 있지 않아 학습을 통해 배워야 하는 외국인을 위한 교육문법으로 구분된다. 이러한 기준에 근거하여 본 연구에서는 전자를 '어문 교육문법'이라고 하고, 후자를 '중국어 교육문법'이라고 한다. 다시 말해서 '어문 교육문법'은 중국인을 위한 모국어의 문법체계이다. 이는 과거에 외국인 학습자를 위한 별도의 문법체계가 없었을 때는 '교육문법'이란 용어로 사용되어 왔다. 하지만 외국인 학습자를 위한 중국어 문법체계인 '중국어 교육문법'이라는 용어의 개념이 정립되면서 이와 구분하고자 '어문 교육문법'이라고 명하게 되었다.[4]

여기서 한 가지 더 언급해야 할 것은 '중국어교육'이라는 용어이다. 이는 현재 중국에서 널리 사용되고 있는 "对外汉语教学"[5]를 의미한다. 이 "对外汉语教学"는 중국인의 모국어인 "汉语"를 외국인 학습자에게 교육한다는 의미에서 생겨난 용어이다. 따라서 "汉语"는 '한어'이고, "对外汉语"[6]는 '중국어'라고 구분한다면 외국인 학습자를 위한 한어교육은 '중국어교육'으로 구분 지을 수 있다. 이는 한국인의 모국어인 '국어'와 외국인 학습자의 목표어인 '한국어'와의 관계로 비유될 수 있다. 따라서 본 연구에서는 "对外汉语教学"을 '중국어교육'이라고 하고, "汉语"와 "对外汉语"는 모두 '중국어'로 명하도록 한다. 왜냐하면 본 연구는 한국인 학습자의 관점에서 서술되기 때문이다. 이러한 관점으로 '중국어 교육문법'은 한국인 학습자가 학습하는 중국어 교육문법체계이고, '중국어 교육문법요목'은 한국인 학습자가 중국어 문법교육의 목표에 도달할 수 있게 학습내용을 학습자의 특징에 적절하게 단계적으로 계획한 교과과정의 기준이라고 할 수 있다.

한국인 학습자를 위한 중국어 교육문법요목을 마련하기 위해서 중국의 교육문법체계와 현행 중국어 교육문법요목의 체계의 분석은 중요한 의미를 지닌다. 그

---

4) 周祖谟(1953) 참조.(吕必松(1996:110-111) 재인용)

5) 陆俭明(2005:1)에 의하면 "对外汉语教学"의 부적절성을 강조하면서 "汉语作为第二语言教学"라고 명해야 한다고 주장하였다. 또한 해외에서는 "中国语教学"라고도 명한다고 소개하였다.

6) 吕必松(2005:130-132)에 따르면 "对外汉语教学"는 정식명칭이지만, "对外汉语"는 실제 사용할 수 없는 잘못된 표현이라고 지적하였다.

리고 이 분석을 토대로 한국인 중국어 학습자 교육문법요목의 방안을 제시하기 위해 기본적으로 한국어와 중국어의 대조분석, 한국인 중국어 학습자 오류분석의 연구 성과를 토대로 한국인 학습자의 개별성을 반영하고자 한다.

본 연구는 구체적으로 다음과 같이 진행된다.

Ⅱ장에서는 중국 내에서 제정된 중국어 교육요목의 발전과정을 알기 위해 중국어교육사업의 발전과 함께 중국어 교육요목의 제정배경을 살펴보고자 한다. 시기구분은 중화인민공화국 건립인 1949년부터 문화대혁명까지를 초기단계, 개혁개방 이후부터 중국어 교육사업이 활발해진 1990년대 후반까지를 성장단계, 중국어 알기 열풍이 시작된 2000년대부터 중국 정부가 정책적으로 중국어교육 사업을 진행시키고 있는 현재까지를 국제화단계로 구분하여 단계별 중국어 교육사업 발전의 사회적 배경과 요목의 제정배경을 살펴보고자 한다.

Ⅲ장에서는 중국인 학습자를 위한 '어문 교육문법요목'과 외국인 학습자를 위한 '중국어 교육문법요목'에 반영되어 있는 어문 교육문법체계와 중국어 교육문법체계를 분석하고, 그 특징을 살펴보도록 한다.

Ⅳ장에서는 현재 중국에서 사용되고 있는 외국인 학습자를 위해 제정된 중국어 교육요목인 『汉语水平等级大纲与语法等级大纲』과 『国际汉语教学通用课程大纲』이 한국인 학습자에게 적용 가능한 지의 여부를 살펴보기 위해 이 요목들의 유형, 기준, 구성체계, 등급배열, 문법항목으로 구분하여 비교 분석하고자 한다.

Ⅴ장에서는 한국인 학습자를 위한 중국어 교육문법요목의 토대를 마련하기 위해 한국인 학습자의 중국어교육의 목표가 동일한 『国际汉语教学通用课程大纲』을 활용하고자 한다. 그리고 이 요목을 한국인 학습자에게 적용 시 나타나는 문제점을 한·중 대조분석, 한국인 학습자의 오류분석 등 한국인 학습자의 개별성을 반영하여 한국인 중국어 학습자 중국어 교육문법요목 마련을 위한 몇 가지 설계 방안으로 해결하고자 한다. 한국인 중국어 학습자 교육문법의 체계에 대한 설계 방안으로 '통합적 범주화', '상대적 등급배열', '누적식 순서배열'을 제시하고, 문법항목을 위한 방안으로 '문법항목의 재설정', '문법항목의 기술 확대'을 제시하여 한국인 학습자를 위한 중국어 교육문법요목의 토대를 마련하고자 한다.

II

중국어 교육요목의
출현과 발전 단계

- 교육요목과 중국어 교육요목
- 중국어 교육요목의 발전 단계

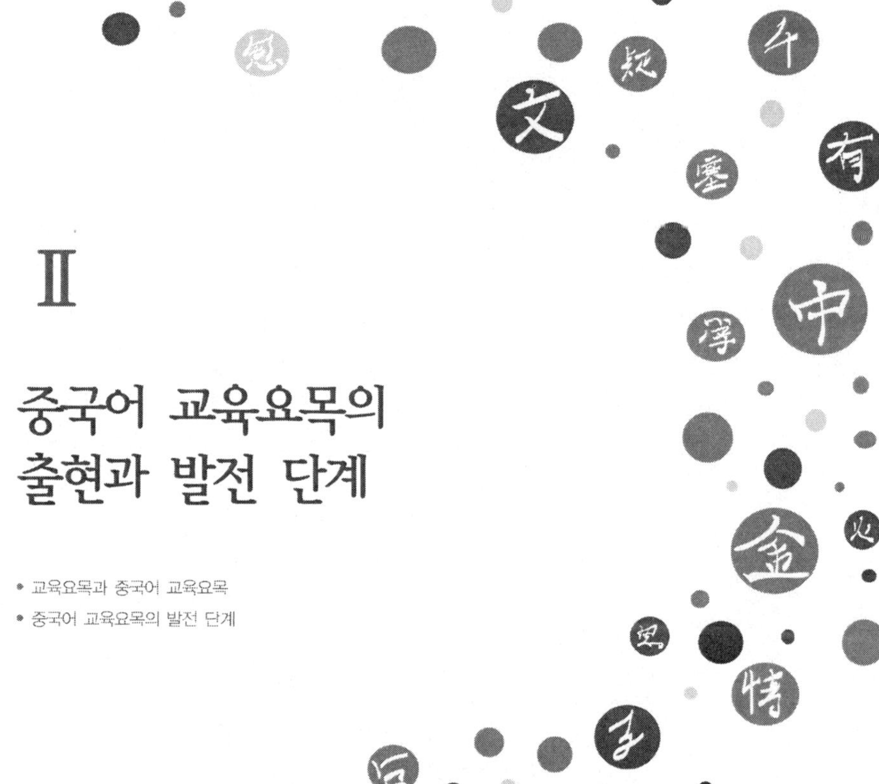

본 연구 대상인 '교육문법 요목'은 '교육요목'의 일부이다. 그러므로 본 장에서는 먼저 '교육요목'의 개념과 외국어 교육에서 '교육요목'의 역할을 살펴보고, 중국 내에서 '중국어 교육요목'의 출현배경과 발전단계를 살펴보고자 한다.

1. 교육요목과 중국어 교육요목

1) 교육요목의 개념과 역할

외국어 교육에서 교육과정이 계획적으로 시행되기 위해서는 '교육요목(syllabus)'을 통해 교육과정을 구체화시키고, 체계적으로 실현시켜야 한다. 물론 언어의 특징이나 교육이론에 따라 '교육요목'은 다양한 개념을 갖는다. 우선 박경자(2001:434)는 다음과 같이 정의를 내렸다.

> '교수요목(syllabus)'은 'curriculum'이라고도 하며, 교수과정의 내용과 그것들을 가르칠 순서를 기술한 것으로 언어 교수요목은 (a) 문법항목과 어휘 (b) 다른 유형의 상황에 필요한 언어 (c) 학습자가 목표어로 표현할 필요가 있는 의미와 의사소통기능에 근거한다.[7]

위의 정의에서는 '교육요목'은 의사소통기능에 중점을 두고, 상황별로 필요한 언어를 구사할 수 있게 문법항목과 어휘들의 가르칠 순서를 기술한 것이라고 할 수 있다. 김정숙(2003:120-121)은 다음과 같이 정의를 내렸다.

> '교육요목(syllabus)'이란 무엇을, 어떤 순서로, 어떻게 가르칠 깃인기를 보여 주는 교육과정의 설계도로서, 교육과 교재 구성의 근간을 이루는 것이다. 전통적 의미의 교수요목에는 단순히 교육 내용만이 포함되었으나, 교육에서 과정이 중시되면서 교육방법이나 평가가 교수요목에 포함되게 되었다.

---

7) 정윤철(2009:2)에서 재인용.

위의 정의에서 '교육요목'은 교육과 교재구성의 근간이 되는 '교육과정의 설계도'로 교육방법이나 평가를 포함한다고 하였다.

이상의 정의들을 통해서 '교육요목'의 개념과 역할을 다시 정리해 보면, '교육요목'은 학습자가 학습목표에 도달할 수 있도록 학습할 내용을 학습자의 특징을 고려하여 단계적으로 계획한 교육과정의 기준이라고 할 수 있으며, 그 역할은 교육방법이나 평가를 보다 구체화하고, 체계화하므로 학습자가 보다 효과적으로 교육목표에 이르게 하는 것이다. 이것으로써 외국어 교육과정이 효율적이고, 체계적인 교육이 되기 위해서는 교육요목은 필수적인 요소임을 알 수 있다.

과거에는 교육문법요목이 교육요목 가운데 아주 중요한 위치를 차지하였다. 이는 구조주의 관점에서 언어의 조합규칙을 통해 다양한 의미를 표현할 수 있다고 여김으로 외국어 교육의 목적을 학습자가 얼마나 언어규칙을 이해하느냐에 두었다. 이러한 이유로 문법교육이 더욱 강조되면서 교육문법요목 또한 중요한 위치를 차지하게 되었다. 하지만 최근에는 외국어 교육의 목적을 의사소통기능에 중점을 두게 되면서 교육문법요목의 기능과 역할도 바뀌게 되었다. 교육문법의 '체계'가 아닌 '실천'의 측면이 강조되게 되고, '정확성'보다는 '유창성'을 강조하는 것으로 바뀌게 되었다. 따라서 현재 외국어교육에서 교육문법요목의 역할은 실용적인 측면을 강조하게 되었다고 할 수 있다.

2) 중국어 교육요목의 출현 배경

1950~60년대의 중국어교육은 교육현장에서의 경험과 기타 외국어 교육경험을 토대로 교과과정을 계획하고, 요목을 제정하며, 교재를 편찬하고, 교육을 진행하였다. 이 시기의 요목은 교과과정요목에 가깝다고 할 수 있다. 이러한 방식으로 제정된 요목은 그 이후 몇 차례 수정되기는 하였으나, 대부분 당시의 교재와 교육경험을 통해서 이루어졌으므로 언어구조나 기능에 관한 통계분석은 고려하지 않았다. 이는 곧 요목을 제정하고, 그 요목을 기준으로 교재를 편찬한 것이 아니라 기존의 교재에서 중요한 내용을 발췌하여 요목을 만들었다고 할 수 있다. 게다가 이 당시의 교재는 과학적인 분석을 통해 단계적으로 편찬된 것이 아니기 때

문에 중요한 교육내용이 누락되거나 중복되는 현상이 많이 나타나게 되었다. 따라서 이런 교재를 토대로 제정된 교육요목은 당연히 과학성이나 체계성이 결여될 수밖에 없었다. 이후 20여 년 간은 문화대혁명이라는 시대적인 영향으로 인해 체계적인 교육요목과 교육설계에 대한 작업이 이루어지지 못하였다. 따라서 교육과정은 더욱 혼란스러웠고, 교재편찬도 마찬가지 상황이었다.

개혁개방 이후 사회가 안정되면서 정립되지 않은 중국어교육 체계상의 문제를 해결하기 위해 呂必松은 1986년 '중국어 교육과정 설계이론(对外汉语教学总体设计理论)'을 발표하였고, 중국어교육이 하나의 학문영역으로 자리매김할 수 있게 토대를 마련하였다. 이 이론은 언어교육의 내·외적인 요소를 전면적으로 분석하고, 다양한 교육방법을 종합적으로 고려하여 최적의 교육 방안을 제정하였다. 좀 더 구체적으로는 교육유형, 교육대상, 교육목표, 교육내용, 교육원칙에 대해 명확히 규정함으로써 교육요목의 제정, 교재편찬, 강의, 평가를 용이하게 한다는 것이다.[8] 이 이론을 통해 중국 내에서는 과학적이고 체계화된 교육요목에 대한 인식이 시작되었고, 필요성이 제기되었다. 또 이 이론을 배경으로 1980년대 후반부터 본격적으로 중국어 교육요목들이 제정되기 시작하였다. 이들 요목의 대부분이 중국어의 '교육'을 위해 제정되었다는 공통점을 가지고는 있지만, 요목의 목적과 적용방법에 따른 차이를 보이고 있다. 이런 차이점을 기준으로 구분하면 크게 '수준등급요목(水平等级大纲)[9]'과 '교육요목(教学大纲)'으로 나누어 볼 수 있다.

'수준등급요목'은 중국어 학습이나 평가에서 언급될 수 있는 모든 것을 고려하여 제시한 총괄적인 기준이라고 할 수 있다. 그리고 중국어 학습자의 수준을 검증하는 것에 중점을 둠으로써 교육 전반에 걸쳐 일반적이고 보편적인 특징을 지녔나고 힐 수 있다. 이 유형의 요목으로 中国国家对外汉语教学领导小组办公室[10]에서 1988년에 제정한 『汉语水平等级标准和等级大纲』(试行)과 1992년에 제정한 『汉语水平词汇与汉字等级大纲』 그리고 1996년에 제정한 『汉语水平等级标准与语法等

---

8) 赵金铭(2005:25) 참조.

9) '수준등급요목'도 근본적으로 중국어교육에 목적을 두고 제정되었으므로, 본 연구에서 이 요목도 '중국어 교육요목'에 포함한다.

10) 이하 "中国国家对外汉语教学领导小组办公室"는 "国家汉办"으로 명한다.

级大纲』등이 있다. 반면 '교육요목(教学大纲)'은 중국어교육의 실천에 중점을 두고 제정된 요목이다. 이 '교육요목'은 '수준등급요목'을 근거로 하고, 중국어교육의 규칙을 기반으로 하여 제정하였다. 또한 학년별, 등급별 요구와 언어기능의 특징을 고려하여 교육등급 기준과 단계를 구체적으로 구분하였으며 기술 또한 비교적 상세하게 이루어졌다. 이 요목은 교육상에 적용이 '수준등급요목'보다 더 용이하다고 할 수 있다. 이 유형의 요목으로는 国家汉办에서 1995년에 제정한 『对外汉语教学语法大纲』과 『中高级对外汉语教学等级大纲(语法, 词汇)』 그리고 杨寄洲가 1999년에 편찬한 『对外汉语教学初级阶段教学大纲』등이 있다.[11]

이상으로 중국 내의 중국어 교육요목의 이론배경인 '중국어교육과정 설계이론(对外汉语教学总体设计理论)'과 중국어 교육요목들을 유형별로 살펴보았다.

이들 요목 모두 중국어교육을 위해 제정되었다는 공통점이 있다. 하지만 '수준등급요목'은 중국어교육 전반에 걸친 내용이 학습자의 등급에 맞게 제시되었으며, 등급별 수준을 검증하는데 중점을 두고 제정되었다. 반면, '교육요목'[12]은 학습자의 특징과 언어기능의 특징을 단계화하고 상세하게 기술하여 교육에 실천하는데 중점을 두고 제정되었다. 그러므로 이 두 유형의 요목들은 중국어교육에 기여하는 바가 다르다고 할 수 있다. 이로써 중국에서도 외국인 학습자를 위한 중국어 교육요목에 관련된 연구가 적지 않게 이루어지고 있음을 알 수 있다.

2. 중국어 교육요목의 발전 단계

중국 내에서 제정된 중국어 교육요목들은 중국어교육의 체계적인 기준을 마련하기 위해 제정되었지만, 모든 요목들이 그 기능과 역할까지 동일하다고 할 수는 없다. 왜냐하면, 각 요목들은 제정 당시 중국어교육과 관련된 사회적 배경과 중국어교육에 대한 수요를 반영하고 있기 때문이다.

---

11) 李泉(2006:94-96) 참조.
12) '교육요목'이 일반언어학에서 언급한 '교육요목(syllabus)'과 유사하다고 할 수 있다.

본 절13)에서는 중국어 교육요목의 발전단계를 살펴보기 위해서 중국어교육이 발전하게 되는 사회적배경과 그에 따른 중국어 교육요목의 발전을 단계별로 구분하여 살펴보고자 한다.14) 우선 시기구분을 살펴보면, '초기단계'는 중화인민공화국 성립인 1949부터 문화대혁명이 끝날 무렵인 1970년대 중반까지를 이른다. 이 시기는 외국인 학습자를 위한 중국어교육에 대한 인식이 시작된 단계라고 할 수 있다. '발전단계'는 개혁개방 이후부터 1990년대 후반까지로 중국 내 외국인 중국어 학습자의 증기로 중국어 교육사업이 활성화되고, 더불어 중국어 교육요목이 제정이 활발하게 이루어진 단계이다. 끝으로 '국제화단계'는 중국 정부의 중국어 국제화전략이 시작된 2000년대 초반부터 현재까지이다. 이 단계에서는 중국 정부의 중국어 국제화 전략을 통해 외국인 중국어 학습자를 위한 중국어 교육요목이 제정된 단계이다.

1) 초기단계(1949년 ~ 1970년대 중반)

이 단계는 중화인민공화국 성립 이후 처음으로 외국인 유학생을 받기 시작하면서 중국어교육 사업이 시작된 단계라 할 수 있다.

---

13) 2절에서는 呂必松(1996b)의 자료를 참조로 하여 기술하였다.

14) 본 절에서의 시기구분법은 기존의 중국어교육학계의 시기구분법과는 비교하여 다르다. 본 절의 시기구분법과 중국어 중국어교육학계의 시기구분법을 살펴보면, 呂必松(1996)에 의하면 아래와 같이 구분하였고, 赵贤州, 陆有仪(1996)에서도 동일한 시기구분법을 제시하였다.

〈呂必松의 중국어교육 사업과 중국어교수법 발전단계〉

시 기	중국어교육사업	중국어교수법
1950년 초반 ~ 1960년 초반	초기단계	초기단계
1960년 초반 ~ 1960년 중반	성장단계	개선단계
1970년 초반 ~ 1970년 후반	회복단계	탐색단계
1970년 후반 ~	발전단계	개혁단계

위의 표에서의 시기구분법은 중국어 교육사업과 중국어 교육이론, 중국어 교수법 등의 발전에 따른 시대구분법이다. 이 시기구분법은 본 연구에서 논의의 초점인 '중국어 교육요목'의 변화에 기준을 두어 구분된 단계가 아니므로 본 연구에서는 중국의 중국어교육학계의 시기구분법과 달리 '중국어 교육요목'의 변화, 발전에 기준을 두고 시기를 구분하였다.

1950년 7월 청화대학에서 동유럽권 교환학생 33명을 위해 '동유럽 교환학생 어문연수반(东欧交换生中国语文专修班)'이 처음으로 개설되었다. 이는 중국 내 최초의 외국인 유학생을 위해 개설된 중국어 교육과정이다.

1952년에 전국 고등교육기관의 조정으로 '동유럽 교환학생 어문연수반'이 북경대학으로 편입되면서 '북경대학 외국유학생 중국어문 연수반(北京大学外国留学生中国语文专修班)'으로 개명되었다.

1960년 9월 '북경외국어학원'에서 아프리카 유학생 사무소를 개설하여 첫 해 200여 명의 유학생을 유치하였고, 이듬해인 1961년에는 '북경대학 외국어유학생 중국어문 연수반'과 합쳐서 '북경외국어학원 외국유학생 사무소'로 개명하였다. 이 학원으로 대부분의 외국유학생과 중국어교사가 집중되면서 유학생의 숫자가 471명에 이르게 되었다.[15] 1962년에는 '북경외국어학원 외국유학생 사무소'가 그간 10여 년 간의 경험을 토대로 하여 '외국인유학생 고등교육 예비학교'로 개명하면서 본격적인 중국어교육 사업을 시작하게 되었다. 이후로 주요 교육임무인 중국어 예비교육뿐만 아니라 중국어 번역과정도 시범적으로 개설하면서, 주요 임무가 외국유학생의 중국어 예비교육을 넘어서게 되었다. 이같이 교육의 범위가 확대되고, 1965년에는 '북경어언학원(現 북경어언대학)'으로 인가 받으면서 본격적인 중국어교육 사업을 확대시켜 나갔다. 같은 해에 베트남 정부가 2,000여명의 유학생을 중국으로 보내오면서 중국 내 유학생의 수는 3,944명으로 늘어났다. 이는 1961년에 비해 7배가 증가한 숫자이다. 하지만 이렇게 급증하던 외국인 유학생의 수도 1966년 문화대혁명을 계기로 다시 감소하였다. 하지만 이러한 상황은 그리 오래가지 않아 문화대혁명이 종결되기도 전에 귀국했던 유학생이 다시 복학 하면서 회복세를 보였고, 1972년에 들면서 본격적으로 정치·외교와 관련해서 40여 개 국에서 중국으로 유학 오면서 다시 유학생의 숫자는 증가하기 시작했다.

따라서 이 단계는 중국과의 정치, 외교관계를 통해 중국어를 배우러 오는 유학생이 증가하면서, 이들을 위한 교과과정이 개설되었을 뿐만 아니라 유학생 교육기

---

15) 이 당시 중국에는 60여 개 국에서 중국어를 배우기 위해 들어온 유학생의 수가 3,315명에 이르렀다.

관도 점점 확대되는 시기이다. 이 시기는 중국어교육의 관점에서 외국인 학습자를 위한 중국어교육에 대한 인식이 시작된 시기이기도 하지만, 외국인에게 중국인 어문교육의 체계로 교육을 시행된 시기이기도 하다.

외국인 학습자를 위한 중국어교육에 대한 인식은 周祖谟(1953)에 의해 시작되었다고 할 수 있다. 그는 "중국의 소수민족의 학습자와 외국인 학습자에게 중국어를 가르칠 때 발생하는 문제는 '중국어교육(汉语教学)'16)의 기본원칙, 교육목적, 교육내용, 교육과정, 교육방법 등 다섯 가지 분야로 나누어서 진행되어야 한다. 특히 외국인을 위한 '중국어교육(汉语教学)'과 내국인을 위한 '어문교육(语文教学)'은 엄격히 구분되어야 한다."17)고 주장하였다. 하지만 이 시기에 이러한 인식이 실제 교육현장에서 실행되기에는 사회적 분위기와 연구 성과가 뒷받침되지 못했기 때문에 크게 발전되지는 못했다. 이 당시 어문 교육체계에 대한 정책만이 진행되고 있었다. 1950년에 『人民日报』에서 「请大家注意文法」을 통해 "정확한 문자를 사용해야 만이 정확한 사상을 전달할 수 있다. 문법에서의 실수를 문장(文字)에서 점차 줄여야 한다."18)라고 발표한 후, 중국 내에서 '어문'의 중요성이 더욱 강조되었다. 중등학교에서 문학과 함께 교육해오던 '어문'의 분과교육이 제기되었다. 또한 '어문'의 실력 향상을 위해 학교에서 문법과목의 개설을 주장하면서, 통용 어문교재와 통일된 문법체계에 대한 필요성도 함께 제기되었다. 이러한 문제를 해결하고자 1954년에 최초의 어문문법통일 체계인 『暂拟汉语教学语法系统』19)을 제정하게 되었다.

외국인에게 중국인 어문교육의 체계로 교육은 최초의 중국어 연수반인 '동유럽 교환학생 어문연수반(东欧交换生中国语文专修班)'과 이후 개명된 '북경대학교 외국유학생 중국어문연수반(北京大学外国留学生中国语文专修班)'의 명칭을 통해 알 수 있다. 이들 명칭에 모두 '어문(语文)'이란 말을 사용한 것으로 봐서 외국인 중국어 학습

---

16) 본 연구의 '중국어교육'과 동일한 개념이다.
17) 吕必松(1996a:110-111) 재인용.
　　周祖谟(1953), 「教非汉族学生学习汉语的一些问题」, 『中国语文』第7期.
18) 吕必松(1996a:26) 에서 재인용.
19) 이하 『暂拟』라고 명한다.

자에게 중국인이 배우는 '어문(语文)' 체계로 교육을 진행되었음을 알 수 있다. 그러나 이후 1953년 '북경대학교 외국유학생 중국 어문연수반'에서는 외국인 학습자에게 적절한 수업의 필요성을 인식하여 외국인 중국어 학습자에게 맞게 학습목표[20]를 정하고, 그 학습목표에 맞는 적절한 교재를 편찬하였다. 그 교재가 중국어교육의 문법체계의 영향을 끼친 『汉语教科书』(1958)[21]이다. 이는 중국 내 최초의 외국인을 위한 중국어교재이다. 하지만 『汉语教科书』의 문법체계가 『暂拟』의 틀에서 벗어나지 못하고, 전통문법 체계의 단점과 문제점을 그대로 수용하였으므로[22] 외국인 학습자에게 대한 중국어교육은 중국인을 위한 어문체계에서 크게 벗어나지 못했음을 알 수 있다. 따라서 이 단계는 중국어교육에 대한 인식과 시도는 있었으나 그 체계가 확립되지 못한 시기이다. 따라서 이 단계는 중국어 교육에 대한 인식이 아직 성숙되지 못한 시기이므로 중국어 교육요목이 없는 시기라고 할 수 있다.

2) 성장 단계(1970년대 후반 ~ 1990년대 후반)

개혁개방 이후 중국은 유엔 회원국의 지위를 회복하게 되면서 미국, 일본 등 많은 국가와 수교를 맺고, 또 정치, 경제, 학술 등의 분야까지 우호적인 교류가 증가하게 되었다. 따라서 전 세계적으로 '중국 알기 열풍'이 일기 시작했고, 이는 '중국어 알기 열풍'으로 까지 이어졌다.[23] 이러한 분위기는 130개국에서 중국어를 배우기 위해 유학생이 중국을 찾았다. 그 중 1년 이상 장기유학생은 13,126명이고, 단기유학생은 33,812명으로 증가하는 결과를 초래하였다. 이 시기는 정치, 외교관계를 통한 동유럽권의 교환학생이 대부분이던 초기단계와는 달리 중국을 다양한 목적을 갖고 중국을 찾아오는 선진국[24]의 자비유학생이 급증하였다. 이처럼

---

20) 학습목적은 중국어의 기본지식을 익혀 중국어의 듣기, 말하기, 읽기, 쓰기의 운용능력을 구비하며, 대학의 본과수업을 준비하는 것이다.
21) 『汉语教科书』는 赵元任의 『国语入门』에서 직접적인 영향을 받고, 미국 기술언어학의 성과를 전면적으로 반영하여 중국어의 구조분석을 통해 문법을 실현하였으며, 외국인의 특징에 맞게 문법을 선택, 해석하였다.
22) 吕文华(1993:19) 참조.
23) 정윤철(2009a:3) 참조.

급증하는 자비유학생으로 중국어교육은 경제적으로 주요한 교육산업으로 부상하게 되었다.

1984년 전국 50여개 학교에 중국어교육 기구를 설치하였다. 1988년에는 장기유학생만 100명 이상인 학교가 북경어언대학, 북경대학, 청화대학, 북경외국어대학, 북경사범대학, 남경대학, 산동대학, 하문대학 등으로 늘어나면서 대학 내 중국어교육기구를 설치하는 학교도 급증하게 되었다. 이렇게 외적으로 팽창하는 중국어교육 사업을 충당하기 위해서 내적조건이 되는 중국어교사, 교재, 교육이론과 중국어교육의 학문영역 건립 등이 중요한 해결과제로 부각되었다. 이 가운데 교재편찬은 신속하고 활발하게 진행이 되는 편이었다. 대부분 대학에서 교재개발이 이루어지면서 다양한 교재가 출판되었다. 그 중에는 통용교재와 전공성 교재, 종합성 교재와 기능훈련을 위한 교재, 장·단기연수 학생을 위한 교재, 초·중·고급 교재가 있다. 그 밖에도 참고서 및 사전 등이 출판되었다. 이때 의사소통교수법이 직접 도입되면서 문법 위주의 교재에서 문법과 언어사용 기능이 결합된 교재로 바뀌게 되었다.[25] 이는 이전 단계의 문법위주의 교재와 달리 적절성과 활용성이 강화되었다고 할 수 있다. 이 시기에 다양한 교재를 일괄적으로 관리하고 좀 더 조직적으로 편찬을 하기 위해 중국어교육 연구회가 북경대학, 북경사범대학, 북경어언대학, 남개대학, 남경대학, 복단대학, 화동사범대학, 상해외국어학원, 중산대학 등 9개 학교에 요청하여 1986년 10월에 '전국 중국어 교재연구소(全国对外汉语教材研究小组)'를 만들어 교재에 대한 연구를 본격적으로 시작하였다. 하지만 '중국어교육'을 하나의 학문분야로 정립하는 중요한 문제가 아직 해결되지 못했다.

1978년 吕必松은 "외국인 학습자를 위해서 중국어교육은 하나의 학문분야로 정립해야 된다. 그리고 고등교육기관에 교사양성기관과 전문연구기관이 설립되어야

---

24) 서유럽, 미국, 일본 등의 국가가 여기에 포함된다.
25) 김윤경(2002:62-66) 참조.
   1980~1990년대 교재의 특징을 다음과 같이 소개하였다.
   (1) 문법과 언어사용 기능을 결합한 교재가 주류를 이룬다.
   (2) 시리즈 교재가 나온다.
   (3) 단기반을 위한 교재가 많아진다.
   (4) 많은 대학이 기초중국어 교재를 편찬하고, 전공성 교재도 출판된다.

한다."고 주장하였다. 또한 "중국어교육에서 과학적인 교육요목과 교육설계, 학과 과정이 없어 혼란스러우므로 교재편찬 역시 무의미하게 이루어지고 있다"고 지적 하였다. 이후 1986년에 이러한 문제들을 해결하기 위해 '중국어 교육과정 설계이 론(对外汉语教学总体设计理论)'을 제기하였다. 이 '중국어 교육과정 설계이론'의 주요 의의와 작용은 다음과 같다.[26]

1) 언어교육의 거시적인 인식을 향상시켜서 교육의 지각성을 향상시키고, 맹목성을 감소시킨다.
2) 교육의 전 과정과 전체 교육활동의 종합적인 연구를 강화하고, 각각의 교육영역과 구체적인 교육활동의 전문적인 연구를 강화한다. 또한 기초이론 의 연구를 추진한다.
3) 과학적인 교육체계를 성립하여, 각각의 교육활동을 표준화하고 구체화 로의 발전을 지향한다.

이 당시 신속하게 발전하는 중국어교육 분야의 업무를 일괄적으로 처리하거나 조절할 수 있는 기관이 필요하였다. 이에 국무원에서는 1987년 7월에 전국 중국어 교육과 관련된 업무를 책임지고 맡게 될 "国家对外汉语教学领导小组"[27]를 설립하 였고, 이 기관을 설립한 이후 중국어교육 사업은 더욱 더 계획적이고, 조직적으로 발전해 나갔다.[28] 이 기관은 '중국어 교육과정설계 이론(对外汉语教学总体设计理论)' 을 기반으로 '중국어 교육요목' 작업을 본격적으로 추진되었고, 그 결과 여러 요목 이 단계적으로 제정되었다. 이 시기 이 기관에서 제정된 요목 이외에도 학자들이 개별적인 연구의 결과로 제정한 요목들도 있다. 〈표 1〉은 이 단계에 시기별로 제 정된 요목들을 정리하였다.

---

26) 吕必松(1996a:123) 참조.
27) "国家对外汉语教学领导小组"의 상설 업무 처리기구가 "中国国家对外汉语教学领导小组办公 室"(国家汉办)이다.
28) 吕必松(1996a:140) 참조.

〈표 1〉 1980년 후반 ~ 1990년 후반 제정된 중국어 교육요목

년도	요목 명칭	제정기관 및 저자
1988	『汉语水平等级标准和等级大纲(试行)』	国家汉办
1992	『汉语水平词汇与汉字等级大纲』	国家汉办
1994	『对外汉语教学语法大纲』	王　还
1996	『汉语水平等级标准与语法等级大纲』	国家汉办
1998	『对外汉语教学初级阶段教学大纲』(一)	杨寄洲
1999	『对外汉语教学初级阶段教学大纲』(二)	杨寄洲
	『对外汉语教学中高级阶段功能大纲』	赵建华

　〈표 1〉은 1980년 후반부터 1990년 후반까지 제정된 중국어 교육요목들이다. 이들 가운데 国家汉办에서 제정된 요목은 『汉语水平等级标准和等级大纲』(试行), 『汉语水平词汇与汉字等级大纲』, 『汉语水平等级标准与语法等级大纲』이 있다. 이들은 단계적으로 제정된 것이다.

　1988년에 『汉语水平等级标准和等级大纲』(试行)을 시범적으로 제정하였다. 이 요목은 『词汇等级大纲』, 『语法等级大纲』, 『功能、意念等级大纲』(暂缺), 『文化等级大纲』(暂缺)으로 구성되어 있으나, 실제로 『词汇等级大纲』, 『语法等级大纲』만을 다루고 『功能、意念等级大纲』(暂缺), 『文化等级大纲』(暂缺)은 이후 과제로 남겨두었다. 그러나 『功能、意念等级大纲』(暂缺), 『文化等级大纲』(暂缺)은 그 이후에도 제정되지 않았고, 단지 『汉语水平词汇与汉字等级大纲』(1992)와 『汉语水平等级标准与语法等级大纲』(1996)만이 제정되었다.

　国家汉办에서 제정된 요목 이외에도 학자들의 개별적인 연구로 인해 제정된 요목으로 王还의 『对外汉语教学语法大纲』(1994)과 杨寄洲의 『对外汉语教学初级阶段教学大纲(一)』(1998), 『对外汉语教学初级阶段教学大纲(二)』(1999)와 赵建华의 『对外汉语教学中高级阶段功能大纲』(1999)이 있다.

　王还(1994)에 따르면 중국어교육 사업이 활성화되면서 교육요목 제정은 중국어 교육에 있어 무엇보다 필요한 연구 분야로 이론문법을 연구하는 학자에게 전가할

수 없는 책임의식을 가지고 문법요목을 편찬하게 되었다고 하였다. 또한 이 요목이 중국어교육과 교재편찬 시 교육문법의 근거기준과 참고가 되기를 바란다.[29] 고 서문에서 밝혔다.

杨寄洲(1998, 1999)의 『对外汉语教学初级阶段教学大纲(一、二)』은 중국 내 최초로 '실천'에 중심을 둔 중국어 교육요목이다. 따라서 중국어교육에서 사용되는 교재와 강의실에서의 지도적인 역할을 하는 지침서이며, 학습대상, 학습시간, 교육원칙, 교육목표, 강의실 교육과 평가를 위해 규범화하였다.[30] 이 요목은 초급단계에 국한시키기는 하였으나, 세부적으로 전체요목의 기준이 되는 '교육요목', '문법요목', '기능요목', '상황요목', '평가요목'으로 구분하여, 실제 교육현장에서 실행할 수 있게 제정하였다.

赵建华(1999)에 의하면 중국어 학습자에게 '초급단계'는 기본적인 언어능력이 형성되는 과정이라고 한다면 '중·고급단계'에서는 유창하게 의사소통할 수 있게 하는 단계라고 하였다. 즉 중국어가 익숙해지고 자연스럽게 표현될 수 있게 하는 단계라고 하였다. 이런 점을 감안해서 중국어 학습자가 중·고급단계에서 문법, 의미, 언어 환경을 유기적으로 결합하여 중국어를 정확하게 운용하게 하기 위해『对外汉语教学中高级阶段功能大纲』을 편찬하였다[31]고 하였다. 또한 이 요목은 세부적으로 기능, 개념(意念), 상황, 문화 등의 다양한 요소를 포함하고 있는 종합적인 요목이다.

이것으로 성장단계에는 많은 교육기관에서 중국어교육이 이루어졌고, 많은 교육종사자들이 참여하여 중국어 교육의 많은 발전이 있었다. 이와 더불어 많은 중국어 교육요목이 제정되었다. 이들 요목 가운데 国家汉办에서 제정된 요목들은 중국어 교육과정을 규범화하기 위해 등급을 나누어 해당하는 수준을 제시하였고, 등급별로 문법이나 어휘 항목을 구분하여 제시하였다. 반면 개인 학자들에 의해 제정된 요목들은 중국어교육의 전반적인 것을 고려하여 중국어교육 규칙, 교육현장 상황까지 고려하여 제정된 교육요목으로 '실용성'에 초점을 두고 제정되었다.

---

29) 王还(1994) 서문 참고.
30) 杨寄洲(1998) 서문에서 인용.
31) 赵建华(1999) 서문에서 인용.

따라서 이 단계는 중국어 교육의 발전과 더불어 중국어 교육요목의 많은 성과를 이룬 시기이다.

3) 국제화 단계(2000년 ~ 현재)

개혁개방 이후에 일기 시작했던 '중국어 알기 열풍'은 2000년대에 들어 가속화되었다고 할 수 있다. 이는 개혁개방 이후 중국의 경제가 급속히 성장하고, 국제적 위상이 높아짐에 따라 외국자본과 외자기업이 중국으로 집중되면서 중국어를 배우고자 하는 학습자 역시 급증하였기 때문이다. 중국뿐만 아니라 전 세계 각국에서 중국어를 배우고자 하는 학습자가 증가하는 추세였다. 이에 중국정부는 기존의 외국 유학생을 국내로 유치하던 방식(请进来)으로는 세계적인 중국어교육에 대한 요구를 충족시킬 수 없다고 인식하여 각 국의 중국어 학습자를 위해 중국어 교육을 해외로 진출(走出去)하는 전략으로 바꾸어 추진하게 되었다. 이것이 2003년에 반포된 "汉语桥工程"이다. 2003년~2007년 동안 시행된 "汉语桥工程"으로는 다음의 9가지가 있다.[32]

    1) 공자학원의 설립을 가속화한다.
    2) 중국과 미국의 웹기반 교육을 발전시킨다.
    3) 멀티미디어형 중국어 교재를 개발시키고 제작한다.
    4) 중국어교육 교사단체를 조직한다.
    5) 중국어교육의 기지를 건설한다.
    6) HSK의 보급을 확대한다.
    7) 정기적으로 세계 중국어 경시대회와 "汉语桥"대회를 개최한다.
    8) "汉语桥"기금을 마련하고, 국외 중문도서관을 지원하다.
    9) 중국어 보급의 기술적, 이론적 토대를 강화한다.

이상과 같은 내용으로 "汉语桥工程"이 추진되었다. 이후 2005년에 「汉语国际推广的形势及对教师培养的新要求」가 발표되었는데, 그 가운데 2번째 항목인 "중국

---

32) 杨利英(2008:69-70) 참조.

어 보급 2005년 이후 주요 성과"는 다음과 같다.[33)]

> 1) 공자학원을 선두로 한 중국어 국제화 보급 체계를 설립했다.
> 2) 공자학원 총본부의 설립을 지속적으로 증가시켰다.
> 3) 인터넷, 방송, 광고로 공자학원 운영 시작했다.
> 4) 국제 중국어교육 기준을 확립했다.
> 5) 중국어를 국제적으로 보급하는 교사 단체 결성을 강화하였다.
> 6) 중국어 국제 보급 기지를 건설하였다.
> 7) 교재 개발과 보급을 강화했다.[34)]
> 8) 새로운 중국어 평가를 개발했다.
> 9) 상품화로 부각했다.

이상에서 "4) 국제중국어교육 기준 확립"의 성과로는 国家汉办에서 제정한 '국제 중국어교육' 기준과 요목『国家汉语能力标准』, 『国际汉语教师标准』, 『国际汉语教学通用课程大纲』이 있다.

『国家汉语能力标准』은 2007년에 제정되었으며, 국제 중국어교육의 지도적인 역할을 하는 기준이다. 이 기준은 외국인 중국어 학습자가 중국어를 학습하는데 필요한 지식과 의사소통능력에 대해 기술하였다. 그리고 그 용도는 국제 중국어교육 요목을 제정하고, 교재를 편찬하며, 중국어 학습자의 언어능력을 평가하는 근거 기준으로 쓰이게 된다. 또한 '회화이해 · 표현능력', '서면어이해 · 표현능력'으로

---

33) 马箭飞(国家汉办副主任 / 孔子学院总部副总干事)(2009.3.29), 「汉语国际推广的形势及对教师培养的新要求」 참조.
  상해외국어대학에서 개최된 '新增汉语国际教育硕士专业学位研究生培养单位评审工作会议' 보고서.
34) 이와 관련된 내용은 다음과 같다.
  1) 8개 언어로 개발된 방송중국어교재, 10개 언어로 개발된『汉语900句』, 9개 언어로 개발된『中国文化常识』, 『中国地理常识』 및 멀티미디어 자료, 『汉语800句』, 『长城汉语』 인터넷판.
  2) 100개 국가의 수천 개 학교에 교재와 도서, 음향자료 1300만 세트 제공.
  3) 프랑스, 영국, 미국, 오스트레일리아 등의 국가에서 수만 명이 참가하여 중국어교재 전람회를 여러 차례 개최하였음.
  4) 중국의 경전 번역 사업을 본격적으로 추진하기 위해『五经』 번역 프로젝트를 가동하여 3년 이내 영어, 불어, 독일어, 스페인어, 러시아어 등의 언어로 번역할 예정.

구분하고, 그 기준을 제시하여 학습자의 듣기, 말하기, 읽기, 쓰기의 능력이 종합적으로 향상될 수 있게 구성하였다.

『国际汉语教师标准』는 2008년에 제정되었으며, 공자학원에 파견할 중국어 교사를 배양하기 위한 제정된 기준이다.

『国际汉语教学通用课程大纲』은 2008년에 『国家汉语能力标准』을 토대로 하여 제정된 '중국어 교육요목'이다. 이 요목은 중국어의 교과과정 목표와 내용에 대해 정리하고 기술하였다. 그리고 중국어 교육기관과 교사가 강의를 계획하고, 중국어 능력을 평가하며, 교재를 편찬할 때 근거 기준으로 사용하게 된다. 특징적인 것은 중국어의 지식과 기능을 동시에 학습하여 종합적인 중국어 구사능력을 향상시킨다는 것이다.

이상으로 국제화 단계는 중국의 급속적인 경제성장으로 국제적 위상이 높아짐에 따라 전 세계적으로 '중국어 알기 열풍'이 가속화됨으로 이런 요구에 중국 정부는 "汉语桥工程"을 통해 중국어를 전 세계로 보급하여 국제 중국어교육 사업을 추진하게 된다. 이 사업의 일환으로 제정된 기준과 요목인『国家汉语能力标准』,『国际汉语教师标准』,『国际汉语教学通用课程大纲』은 전 세계 외국인 중국어 학습자뿐 만 아니라 중국어교육 종사자를 대상으로 한 중국어교육의 참고 기준이다. 이들 요목은 중국어 의사소통능력 향상에 중점을 두고, 중국어의 국제화 전략에 맞게 통용성과 실용성을 강조하였으며, 언어지식과 기능을 종합적으로 실행할 수 있게 제정하였다. 따라서 이 단계는 중국어 교육의 양적인 발전보다 질적인 발전을 통해 외국인 학습자에게 맞는 요목이 제정된 시기이다.

Ⅲ

어문 교육문법체계와
중국어 교육문법체계의 특징

- 교육문법의 개념
- 어문 교육문법요목의 문법체계와 특징
- 중국어 교육문법요목의 문법체계와 특징

본 장에서는 중국어 교육문법요목 논의를 위해서 먼저 '이론문법'과 '교육문법'의 차이를 통해 교육문법의 개념을 명확히 하고, 중국인을 위한 '어문 교육문법'과 외국인 학습자를 위한 '중국어 교육문법'을 구분하고자 한다. 그리고 '어문 교육문법요목'의 문법체계와 함께 '중국어 교육문법요목'의 문법체계를 살펴봄으로써 중국어 교육문법 체계의 정체성을 규명하고자 한다.

1. 교육문법의 개념

문법은 언어 속에 내재되어 있는 규칙으로 문법에 대한 지식이 없이는 어떠한 언어활동도 사실상 불가능하다. 그리고 언어의 논리성이나 유창성 모두 문법을 통해서만 확인할 수 있다.[35] 이와 같이 문법은 언어에 있어서 중요한 위치를 차지하므로 다양한 각도에서 연구되고 있다. 그 세부적인 분야로는 '객관문법', '이론문법', '교육문법', '변형생성문법', '기술문법', '인지문법' 등이 있다.

본 절에서는 문법을 연구목적의 차이에 따라 '이론문법'과 '교육문법'으로 구분하여 개념을 살펴보고, '교육문법'을 그 적용대상에 따라 '어문 교육문법'과 '중국어 교육문법'로 구분하여 그 차이점에 따른 문법체계를 살펴보고자 한다.

1) 이론문법과 교육문법

吕叔湘(1991)에 따르면 "문법형식은 이론분야와 실용분야로 나누어서 연구를 진행할 수 있다."라고 하였다. 여기서 전자는 '이론문법(理论语法)'을 의미하고, 후자는 '교육문법'을 의미한다고 할 수 있다.[36]

'이론문법'은 '전문가문법(专家语法)', '기술문법', '과학문법' 등으로도 불리고 있다. 이들이 기술하는 관점은 다르지만 연구 범위가 유사하여 동일한 개념이라고 할 수 있다. '이론문법'은 언어자체를 연구대상으로 삼아 보편적인 언어 현상을 분석

---

35) 박영순(2004:13-15) 참조.
36) 孙德金(2006:339)에서 재인용.

하고, 언어구조 규칙을 체계화하여 이론의 틀을 형성하거나 기술하는데 목적이 있다. 구체적으로는 아직 연구되지 못한 문법현상이나 연구가 충분하지 못한 문법규칙을 통해 이론의 틀을 세우거나, 이미 연구된 이론문법의 틀에 대입하여 규칙적이고, 완전한 체계를 갖출 수 있게 하는데 목적이 있다. 그리고 이론문법의 연구 범위로 크게는 문법체계와 방법론에 대한 연구가 있고, 작게는 구체적인 이론이나 방법에 대한 응용 연구가 있다. 이들 모두 '과학성', '일반성'을 지닌다.

중국의 이론문법은 주로 서양의 영향을 받았다. 1980년대 이전에는 '전통 문법이론'의 영향을 받았고, 1980년대 초기에는 주로 '구조주의 문법이론'의 영향을 받았다. 그리고 개혁개방 이후로는 서양으로부터 '변형생성문법', '격문법', '기능문법(系统功能语法)', '인지문법' 등의 이론에 영향을 받았다.37)

'교육문법(教学语法)'38)은 '규범문법', '학교문법', '교실문법' 이라고도 불리는데, 모두 교육에 목적을 두고 사용되는 문법체계로 유사한 개념이라고 할 수 있다. '교육문법'은 언어자체가 연구대상이 아니고, 언어의 문법을 교육에 적용시키기 위해 문법내용을 체계화하여 학습자가 언어를 이해하고 사용할 수 있게 규범화한 것이다. '교육문법'은 언어구조를 분석하여 학습자가 언어를 쉽게 이해하고, 자신의 생각을 표현할 수 있게 하는 데 목적이 있다. 따라서 언어구조의 분석은 '교육문법'에서 '수단'이지 '목적'은 될 수 없다. '교육문법'은 그 내용이 간단명료하고, 학습자가 이해하기 쉽게 명확해야 한다. 게다가 학습자가 문법교육 시 필요에 따라 언어의 이해를 돕고자 이론문법에서의 문법현상을 통해 이해시키므로 언어 구사 능력을 향상시킬 수도 있다. 따라서 교육문법은 '실용성', '규범성', '응용성'을 지닌다고 할 수 있다.

이상의 내용을 토대로 '이론문법'과 '교육문법'의 차이점을 비교하면 다음과 같다.

---

37) 戴云(2007:160) 참조.

38) 교육문법은 가르치는 것과 배우는 것으로 나눌 수 있다. 즉 '교사용 교육문법'과 '학습자용 교육문법'으로 나눌 수 있다. 하지만 본 연구에서는 이들 모두를 '교육문법'으로 통칭하도록 한다.

〈표 2〉 이론문법과 교육문법의 특성 비교

	이론문법	교육문법
연구대상	언어 자체	언어 활용
목적	언어 구조 규칙의 체계화	언어의 이해와 실천을 위한 규범화
범위	분석 가능한 언어 현상	사용 가능한 언어 현상
특성	과학성, 일반성	실용성, 규범성, 응용성, 명료성

〈표 2〉를 통해 이론문법과 교육문법을 다시 정리해보면 다음과 같다.

'이론문법'은 언어 자체를 분석하여 언어의 구조의 규칙을 밝혀내고 체계화하는 데 목적이 있기 때문에 분석이 가능한 언어 현상을 범위로 두고 연구한다. 따라서 '이론문법'은 과학적이고, 보편적인 언어현상을 연구하므로 일반성을 지니게 된다. 반면 '교육문법'은 학습자가 보편적인 언어현상을 실제 사용할 수 있게 하기 위해 문법내용을 규범화하는데 목적이 있다. 그러므로 학습자가 언어를 구사할 때의 언어 현상을 범위로 설정한다. 또한 '교육문법'은 학습자에게 적절하게 필요한 현상만을 제시함으로써 명료성과 규범성, 학습자가 실제 언어를 실천하는데 있어서의 실용성과 응용성을 지닌다. 분명한 사실은 '이론문법'과 '교육문법'은 전혀 별개의 영역이 아닌 상호연관성을 지닌다는 것이다. 이와 같은 견해에 대해서 王力 (1956)은 "이론문법과 교육문법은 상호배타적인 관계가 아니고, 상호연관성은 지닌다. 교육문법이 이론문법을 바탕으로 해야 하고, 이론문법은 교육문법을 기점으로 해야 한다."[39]고 주장하였다. 이처럼 '이론문법'은 교육문법이 지속적으로 발전할 수 있게 자양분을 공급해주며, '교육문법'은 '이론문법'이 발전할 수 있는 가능성을 제공해 준다고 할 수 있다.

2) 어문 교육문법과 중국어 교육문법

중국에서 '교육문법'을 적용대상에 따라 구분하면 자국민을 위한 '어문 교육문

---

39) 郑浩(2005:4)에서 재인용.

법'과 외국인을 위한 '중국어 교육문법'으로 구분할 수 있다.[40] 이런 기준에 따라 중국인을 위한 교육문법을 '어문 교육문법'이라고 하고, 외국인 학습자를 위한 교육문법을 '중국어 교육문법'이라고 구분한다.[41]

우선 용어에 대한 설명에 앞서 이들의 특징을 살펴보면, 두 문법체계의 공통점은 중국어의 규칙을 기술했다는 것이다. 이 가운데 '어문 교육문법'은 중국어의 체계가 이미 습득되어 있는 중국인을 대상으로 한 것이라면, '중국어 교육문법'은 중국어의 지식과 사용 능력이 없는 외국인을 대상으로 한 것이다. 이러한 대상의 차이는 학습목표의 차이로 이어지게 된다. 즉 '어문 교육문법'이 문법을 체계화하고, 포괄적으로 이해하여 문법지식을 전달하는데 목적이 있다면, '중국어 교육문법'은 의사소통능력 향상을 위해 언어 사용 능력을 기르는데 초점을 두고 문법지식을 활용하는데 그 목적이 있다. 그렇다면 '어문 교육문법'을 중국인 학습자에게 문법현상을 설명하고, 관련된 교재나 참고서적을 보게 하면 대부분의 어렵지 않게 문법지식을 익히게 된다. 하지만 '어문 교육문법'으로 외국인 학습자에게 가르치면, 외국인 학습자가 이해는 하더라도 실제 의사소통 시에 중국어로 표현할 때 중국인에게 나타나지 않은 오류가 발생하게 된다. 이때 발생하는 오류는 외국인 학습자의 모국어와의 차이, 학습자의 특징 등으로 인해 발생하는 부정적 전이이다. 이를 학습자의 부족함이라고만 하기는 곤란하다. 이러한 이유로 '교육문법'체계는 학습자 대상에 따라 구분되어야 할 것이다.

중국에서 '교육문법'이란 용어는 1956년에 중국 내 최초 통일 문법체계인『暂拟汉语语法系统』을 통해 처음으로 제기되었다. 하지만 이 용어가 직접적으로 언급된 것은 아니고, 교육에 적용하기 위해서 사용되었기 때문에 이후에 학자들에게

---

40) 이 구분에 대해 이해를 돕기 위해 한국어의 경우와 비교해 보면, 한국인을 위한 교육문법을 '국어문법'이라고 하다면, 외국인을 위한 교육문법을 '한국어 교육문법'이라고 한다.

41) 본 연구에서 이와 같은 개념은 19쪽(교육요목의 개념과 역할)에서 살펴본 周祖谟(1953)의 아래와 같은 의견을 따랐다.
"외국인을 위한 '중국어교육(汉语教学)'과 내국인을 위한 '어문교육(语文教学)'은 엄격히 구분되어야 한다." 박용진(2006)은 이와 달리 "제2언어교육을 위한 문법체계는 '교육문법'이고, 제1언어교육을 위한 문법체계는 '학교문법'로 나누어 사용되어야 한다."고 하였다.

많은 주목받지 못했다.[42] 그 이후로도 여러 학자들을 통해 교육문법은 '실용문법', '규범문법', '체계문법'으로 제시되었다.[43] '실용문법', '규범문법', '체계문법' 모두 교육문법의 특징을 부각시켜서 제시한 용어로 이들 모두 '교육'에 목적을 두었으므로 '교육문법'으로 통칭할 수 있다. 하지만 이들은 모두 중국인과 외국인에 대한 대상에 대한 구분 없이 제시된 개념이다.

1984년에 "对外汉语教学"라는 명칭이 발표되면서, 외국인 학습자를 대상으로 한 중국어교육이 하나의 학문영역으로 승인되면서, 비로소 '교육문법'도 학습대상에 따라 구분되어야 된다는 필요성이 인식되었다. 하지만 "对外汉语教学"의 개념은 학자마다 차이를 보이고 있다.

吕必松(2005:183)에 의하면 중국어는 모국어로서의 한어(중국어)와 제2언어 혹은 외국어로서의 중국어(한어)로 나눌 수 있다. 이 가운데 제2언어 혹은 외국어로서의 중국어교육을 "对外汉语教学"라고 한다고 설명하였다. 이에 반해 陆俭明(2005:1)에 따르면 "对外汉语教学"는 다른 나라의 국적을 가진 교사가 중국어를 가르치는 경우에 사용하기에는 부적절하며, 중국 내에 있는 외국인 학습자에게만 사용할 수 있는 용어라 지적하면서, "汉语作为第二语言教学"가 더 과학적이라고 주장하였다. 또한 戴云(2007:161)에 의하면 제1언어의 '교육문법'은 "本体教学语法"나 "本体语法"라고 하고, 제2언어의 '교육문법'을 "对外汉语语法教学"라고 하여, '교육문법'을 학습대상별로 상세히 구분하였다.

이상으로 학자들마다 제시한 의견과 용어에는 다소 차이가 있지만, 분명한 것은 중국인의 문법교육과 외국인의 문법교육은 다른 교육문법체계로 이루어져야

---

42) 张先亮(2006:178) 참조.
43) 张先亮(2006:193-215) 참조.
　　叶圣陶는 '교육문법'을 '실용문법'이라 명하고, 이 문법은 체계성과 이론성에 중점을 두지 않고, 일상의 어문교육을 통해 습득될 수 있는 지식이라고 주장하였다.
　　吕叔湘은 '교육문법'을 문법유형의 관점으로 '규범문법'이라고 하였다. 이 '규범문법'은 문법교육을 통해 언어의 규범 된 지식과 능력을 향상시킬 수 있다고 하였다.
　　张志公은 '교육문법'을 '체계문법(系统语法)'이라고 하고, 중국어 문법체계를 소개하였다. 예로 『汉语语法常识』를 통해 '체계문법 인식발단'이라고 하였고, 『暂拟』를 통해 '교육문법 기초 확립'이라고 하였으며, 『中学教学语法系统提要』를 통해 '중등교육문법체계 완성'이라고 하고, '체계문법'에 대해 설명하였다.

한다는 것이 공통된 주장이다. 여기서 학습대상의 차이는 교육목표, 교육내용, 교육방법 등의 차이를 의미한다고 할 수 있다. 이러한 관점에서 '어문 교육문법'과 '중국어 교육문법'의 차이를 다음과 같이 정리 할 수 있다.

<표 3> '어문 교육문법'과 '중국어 교육문법' 비교

	어문 교육문법	중국어 교육문법
대상	모국어 지식이 내재되어 있는 중국인	중국어에 관한 지식이나 사용능력이 없는 외국인
목표	규범화된 문법지식 전달	의사소통능력 향상을 위한 문법지식 활용
특성	이해 중심	표현 중심

2. 어문 교육문법요목의 문법체계와 특징

중국인의 '어문 교육문법'은 '교육문법'이라는 용어로 1956년 『暂拟』에서 처음 제기되었다. 이 당시에는 문학에 포함되어 있던 어문수업을 따로 분리해야 한다는 주장과 함께 어문교육이 강조되었다. 특히 '어문교육이 곧 문법교육이다'라고 해도 과언이 아닐 정도로 문법교육이 중요한 비중을 차지하였다. 따라서 통일된 문법체계에 대한 필요성이 제기되었고, 그 결과 중국 최초의 통일문법체계인 『暂拟』가 제정되게 되었다. 『暂拟』는 50여 년 간 문법학자들의 연구 성과를 수용하고, 여러 번의 수정과 시범수업을 거쳐 과학적으로 만들어졌다. 또한 20여 년 간 문법학계와 문법교육학계에서 많은 영향력을 발휘하였다. 하지만 이후에 많은 문법의 연구 성과들이 발표되면서 『暂拟』의 단점과 문제점이 드러나기 시작했다. 하지만 대다수의 교사들은 『暂拟』의 체계에 익숙해져 있어 바꾸는 것에 대해 부정적이었다. 그리고 새로운 문법체계를 세운다 하더라도 현재 이러한 조건을 구비하기는 어렵다고 여겨 일치된 의견을 수렴하기가 쉽지 않았다. 그러다가 1981년

7월 하얼빈에서 개최된 "全国语法和语法教学讨论会"를 통해 의견 수렴과정을 거쳐 아래와 같은 결론을 도출해 내게 되었다.[44)]

> 첫째, '이론문법'과 '교육문법'은 반드시 구분되어야 한다. 물론 이 두 문법체계는 차이점도 있으나 상호연관성을 갖고 있다. 여기서 '교육문법'은 일종의 규범화된 문법으로 반드시 하나의 통일된 교육체계가 있어야 하고, 또 어문교육의 목적과 임무에 담당해야 한다. 그리고 '교육문법'은 반드시 학습자에게 언어의 이해와 활용능력 향상에 기여해야 한다
> 둘째, 이상의 임무를 완수하기 위해서는 교육문법에 제공된 지식은 가장 기본적인 것이어야 하고, 표현방식은 간단명료하며 그 효과도 당연히 실용적이어야 한다.
> 셋째, '교육문법'은 반드시 『暂拟』를 기초로 해서 수정되어야 한다. 『暂拟』에서 나타나는 단점과 문제점을 개정하고 해결하며, 최근의 새로운 연구 성과도 수용하여야 한다. 이는 교육체계의 지속성, 연관성을 유지시키며 교육에 도움이 될 수 있도록 개선하여 새로운 것을 만들어 내도록 해야 한다.

이상의 회의결과를 통해 '이론문법'과 차별화된 '교육문법'에 대한 인식을 확고히 하였다. 또한 『暂拟』를 기본으로 하고, 이 요목의 단점과 문제점은 새로운 연구 성과를 통해 수정·보완하여 교육성이 강화된 새로운 교육문법 요목인 "中学教学语法系统提要(试用)(1984)"[45)]으로 제정하게 되었다.

본 절에서는 중국에서 제정된 어문 교육문법요목인 『暂拟』와 『提要』의 문법체계와 그 특징을 살펴보고자 한다.

1) 『暂拟汉语语法教学系统』

① 『暂拟』의 문법체계

『暂拟』 제정 이전에 중국의 최초 문법저서인 『马氏文通』은 '형태론(词法)'을 중

---

44) 张先亮(2006:60) 참조.
45) 이하 『中学教学语法系统提要(试用)』을 『提要』로 명한다.

시하고, '통사론(句法)'을 경시하였다. 그리고 문법교육에서 많이 사용된 문법저서인 黎锦熙의『新著国语文法』은 '통사론'에 편중되어 있었다. 하지만 이와 달리『暂拟』는 전통문법 체계의 영향을 받았으며, '형태론'과 '통사론' 두 부분으로 나누어서, '형태론'에서는 '품사'를, '통사론'에서는 '문장성분'을 제시하였다.

형태론에서는 자유롭게 운용할 수 있는 최소의 단위를 '단어'라고 정의 내렸다. 그리고 이 단어들의 의미특징과 문법특징에 따라 '품사'를 분류하였다. 여기서 문법특징의 기준은 두 가지로 나눌 수 있다. 하나는 단어 자체가 어떤 수단으로 사용되어 어떠한 부가적인 의미를 나타내는 것이고, 또 하나는 단어의 조합능력이다. 이러한 기준으로 분류된 품사는 '실사'와 '허사'로 구분되었다. 여기서 '실사'는 실제 의미를 지니고, 단독으로 사용할 수 있는 단어이며, '허사'는 실제 의미를 지니지 않고, 단독으로 사용할 수 없으며 다른 실사와 결합하여 의미 전달을 돕는 단어이다. 그리고 특징적으로 '겸류사'46)를 다루었다.

통사론에서는 '구(词组)'에 대해 '단어와 단어는 일정한 방식으로 결합하여 비교적 복잡한 의미를 나타내는 것'이라고 정의내리고, 그 종류를 '연합구', '수식구', '동목구', '주술구'로 나누었다. 그리고 '문장'은 '하나의 완전한 의미를 표현할 수 있는 언어의 활용단위이다.'라고 정의내리고, 다음과 같이 분류하였다.

- 기능에 따른 분류: 진술문, 의문문, 명령문, 감탄문
- 구조에 따른 분류: 双部句와 单部句47), 단문(单句)과 복문(复句)48)

'문장성분'은 '단어와 단어사이의 관계'라고 정의내리고, 주어, 술어는 주요성분, 목적어, 관형어, 부사어, 보어는 부수적인 성분이라고 하였다.

『暂拟』에서 문장성분이 단어로 충당된다는 것과 "中心词分析法"로 분석한다는

---

46) 『暂拟』에서 겸류사는 '둘 혹은 세 가지의 문법특징을 가진 단어'라고 하였다.
47) 双部句는 주어와 술어로 구성된 문장이다. 单部句는 单部句가 술어의 일부분이거나 주어인지 술어인지 판단하기 어려운 문장을 말한다. 여기에는 일어문(独词句), 무주어문(无主句)이 있다.
48) 단문(单句)은 하나의 주어와 하나의 술어로 구성된 双部句와 하나의 동사, 명사, 감탄사로 구성된 单部句가 여기에 속한다. 복문(复句)는 둘 혹은 둘 이상의 단문을 연결한 문장이다.

것은 "句本位"의 관점으로 기술된 것으로 모두 전형적인 서양문법[49]에서 전해진 것이다.[50] 하지만 이는 형태변화의 결핍으로 문법단위가 단계적으로 조합되어가는 중국어에서는 맞지 않다. 따라서 이 문법체계는 중국어의 문법현상들을 과학적으로 분석하거나 합리적으로 해석해 낼 수 없었다.

②『暂拟』문법체계의 특징

『暂拟』가 제정되기 이전에 문법교육은 黎锦熙의『新著国语文法』, 王力의『中国文法理论』, 吕叔相의『中国文法要略』과『语法修辞讲话』, 语言研究所의『现代汉语语法讲话』등 문법저서로 이루어졌다. 이는 달리 말하면 이 당시에 통일된 문법체계가 없었으므로 문법저서에 의존해 문법교육이 이루어졌다고 할 수 있다. 하지만 이후『暂拟』를 통해 문법체계가 통일되고, 교육에 편리를 도모하게 되면서 전국 중·고등학교에서 이를 통한 문법교육이 실시되었다. 또한 사회 각 분야에도 문법교육의 중요성을 각인 시키는 계기가 되었다.

『暂拟』는 문법특징, 문법형식을 중시하였고, 형태론이나 통사론 모두 일괄적인 특징으로 요목 자체의 체계성을 유지하였다. 동시에 제정 당시의 많은 문법학자들의 연구 성과도 적극 반영하였다. 그 예로 다음과 같은 연구 성과가 있다.

- 단어 정의와 단·복문의 구분: 吕叔湘의 설
- 겸어식(兼语式): 王力의 설
- 동사, 형용사의 명사화(名物化): 黎锦熙의 설
- 무주어문(无主句), 일어문(独词句): 高名凯의 설
- 단어중첩: 陆宗达, 俞敏의 설
- 대부분 동사 뒤의 성분을 목적어로 한다는 것: 丁声树의 설

---

49) 굴절어의 단어는 다양하게 형태변화를 하므로 단어가 각종 다른 형태변화를 해서 문장에서 다른 문장성분으로 충당한다. 예로 주격명사는 문장에서 주어로 사용되고, 목적격 대명사는 문장에서 목적어로 쓰인다. 따라서 문장을 '문장성분 분석법'을 사용하였다.

50) 龚千炎(1997:458) 참조.

　이상의 이론문법 내용들은 『暂拟』의 서문에서 제시한 "『暂拟』는 과거의 연구 성과를 종합하는 체계이다. 충분히 검증되지 못한 새로운 문법체계보다는 모두가 익숙한 것을 택한다."라는 원칙이 적극 반영되었음을 알 수 있다. 하지만 무조건 이론문법을 수용하거나 일부 학자의 설에 편중되지는 않았다. 이에 대한 예로 '판단사'로 쓰인 "是"를 통해서도 잘 알 수 있다. 『暂拟』 제정 당시에 "甲是乙"라는 문장에서 "是"에 대해 세 가지 설이 있다.

> 첫째, "是"는 "同动词"로 그 뒤에 "补足语"를 갖는다.
> 둘째, "是"는 "系词"이고, 그 뒤가 "表语"이다.
> 셋째, "是"는 동사이고, 뒤에 목적어를 갖는다.

　그러나 『暂拟』에서는 이상의 대립되는 세 가지 설 가운데 어떤 설도 취하지 않았다. 즉 "是"를 동사의 하부구조에 포함시켜 '판단사'라고 하였고, "是"가 다른 단어와 결합하여 '합성술어'가 되는데, 이를 '판단합성술어'라고 하였다. 이것을 통해 『暂拟』는 여러 학자들의 문법체계를 통해 이론문법의 내용을 수용하기도 하였지만, 일부는 새로운 문법체계를 세우기도 하였음을 알 수 있다.

　이상의 내용을 토대로 『暂拟』의 문법체계 특징을 정리하면 다음과 같다.[51]

　첫째, 형태론과 통사론을 모두 다루었다.

　형태론을 경시하던 전통을 바꾸어 품사에 대한 인식을 심화시켰으며, 조어법(构词法)을 중시하여 단어 구성방식을 비교적 상세하게 기술하였고, 통사론에서 문장성분들과의 관계를 상세히 언급하였다.

　둘째, 문장의 구조분석을 중시하였다.

　단문에서 문장성분의 관계에 따라 다양한 문장형식을 제시하여 문장의 구조규칙을 파악하는데 도움을 주었다. 그 문장 구조는 다음과 같다.

---

51) 龚千炎, 앞의 책 p.238 참조.

- 주어-술어 / 주어-술어-목적어 / 주어-술어-(근)목적어-(원)목적어
- 주어-술어-보어 / 주어-술어-목적어-보어 / 주어-술어-보어-목적어
- 관형어-주어-술어 / 주어-술어-관형어-목적어 / 주어-부사어-술어

셋째, 중국어의 특징을 잘 부각시켰다.

문법내용 가운데 '문장성분의 확장'에서 주어, 술어가 관형어, 부사어, 목적어, 보어를 가지므로 확대되고, 또 그 관형어, 부사어, 목적어, 보어도 다시 관형어, 부사어, 목적어, 보어를 가져 디시 확대될 수 있다는 것이다. 문장 내에서 구나 문장이 또 다른 문장성분으로 쓰일 수 있는 중국어의 특징을 잘 설명하였다.

넷째, 서양문법이론의 영향을 받은 문법내용도 있다.

'동사, 형용사의 명사화(名物化)'와 '목적어'에서 '타동사, 자동사'의 용어를 사용한 것이 그 예이다. '명사화'는 동사, 형용사가 동사, 형용사 자체의 문법특징을 잃고, 명사의 문법특징을 갖는 것을 의미한다. 이는 영어의 품사구분에 영향을 받은 것이다. 하지만 중국어에서 명사가 주어, 목적어로 쓰일 수 있을 뿐만 아니라 동사, 형용사도 주어, 목적어로 쓰일 수 있기 때문에 적절하지 않다. 게다가 단지 한 단어뿐만 아니라 구도 문장성분으로 쓰일 수 있다는 연구결과를 통해 '명사화'는 중국어에 적합하지 않다고 여겨 더 이상 발전되지 못하였다.

'목적어'에서 "목적어는 동사와 연관된 성분이다."라고 정의내리고, 영어에서 사용되는 '타동사(他动词), 자동사(自动词)'의 용어를 사용하여 동사와 목적어의 관계를 상세하게 구분하여 설명하였다. 예를 들면 다음과 같다.

- 타동사와 목적어의 관계
  - 吃苹果 / 爱好文学 / 把书拿走, 什么都知道: 행위의 대상을 나타내는 목적어
  - 盖房子 / 写小说: 행위의 결과를 나타내는 목적어
  - 吃大碗 / 晒太阳 / 装箱子: 행위의 도구를 나타내는 목적어

- 자동사와 목적어의 관계
  - 死了父亲 / 来了一封信 / 跑来一个人: 존재, 출현을 나타내는 목적어
  - 逛公园 / 跑大街: 행위장소나 장소의미를 나타내는 목적어
  - 东屋住人 / 上游可以走木船: 사용방식, '누가' 사용하는지, '무엇'을 사용하는지를 나타내는 목적어

다섯째, 의미기능을 중시하는 문법내용을 다루었다.

그 예로 "复杂谓语"에서 동사와 동사, 동사와 형용사를 연용한 형식을 예로 들어 이들을 연이어 읽어야 의미가 정확하게 표현될 수 있다고 하였다. 이는 의미표현에 중점을 두어 설명한 것이다. 여기에 현재의 '연동문', '겸어문' 등이 포함된다. 또한 '주술구조가 술어로 쓰인 경우'도 그 술어가 목적어를 갖지 않으면, 술어로 쓰인 동사가 의미상으로 전체주어를 지배하게 된다고 하였다. 이 역시 의미관계에 중점을 두고 설명한 것이다.

- 这个字我不认得。
- 什么困难他都不怕。

그 밖에 '복문의 긴축문'에서는 주어가 하나라도 주어 뒤의 술어부분이 두 가지 성분을 가져서, 결합관계가 긴밀하므로 일반적으로 끊어 읽지 않는다. 이는 단문형식을 취하면서, 복문의 의미를 나타내는 문장으로 '조건', '양보', '상승' 등의 복잡한 의미를 표현한 문법내용을 다루었다.

이상으로 『暂拟』는 오랜 기간 많은 문법학자들의 이론문법의 연구성과를 토대로 중국어 교육에 적용하기 위해 제정된 최초의 통일된 문법체계이다. 이는 '어문교육'에 활용하기 위해 제정되었다기보다는 교육에 적용하기 이론문법체계를 통일시켰다고 할 수 있다. 그러므로 『暂拟』는 '교육문법'이라는 체계를 형성하였다기보다는 '통일된 이론문법 체계'라고 할 수 있다. 하지만 『暂拟』가 제정되면서 중국 문법학 발전사나 문법체계에 가장 많은 영향을 미쳤고, 중국의 문법체계를 최초로 통일시켜 교육의 편리를 도모했다는데 의의가 있다.

2) 『中学教学语法系统提要(试用)』

① 『提要』의 문법체계

『暂拟』를 기초로 수정·보완하여 『提要』을 제정하였다. 이 요목의 문법체계는 '교육문법의 응용'에 초점을 두었다고 할 수 있다.

『提要』의 제정 목적은 "교육문법은 응용에 있다. 교육문법에서는 체계나 용어 등은 중요한 문제가 아니며, 중요한 것은 문법지식으로 언어를 이해하고, 운용하여 학습자가 듣기, 읽기, 쓰기, 말하기 능력을 향상시키는데 있다."[52]고 하였다.

이 요목은 교육문법을 간단명료하며, 이해하기 쉽고, 유용하게 교육할 수 있도록 실용성에 초점을 두었다. 그리고 문법교육을 통해 언어 활용능력을 향상시킬 수 있게 하였다. 이러한 목적이 문법체계에 어떻게 반영되었는지 살펴보면,『提要』는 전체 문법단위를 '형태소(语素)', '단어(词)', '구(短语)', '문장(句子)', '문단(句群)'으로 구분하였다. 그리고 전체적인 구성체계는 이 문법단위들을 중심으로 정의하였고, 기본개념에 부합하는 예를 들어 전체적으로 간략하게 기술되어 있다.

『提要』의 문법체계는 크게 두 가지의 과제를 갖고 제정하였다. 하나는 『暂拟』의 토대에서 수정·보완한 것이고, 또 하나는 교육문법으로서 실용성과 교육적 요구에 의해 수정된 것이다. 따라서 본 절은 이 두 가지 관점으로 '『暂拟』에서 수정·보완, 삭제된 문법내용'과 '교육문법의 실용성과 교육적 요구에 대한 변경된 문법내용'으로 구분하여 살펴보고자 한다.

㉮ 『暂拟』에서 수정·보완·삭제된 문법내용

우선 『暂拟』에서 수정·보완·삭제된 문법내용을 표로 정리하면 다음과 같다.

---

52) 龚千炎, 앞의 책 p.31 참조.

<표 4> 『暂拟』에서 수정·보완·삭제된 『提要』의 문법내용

구분		『暂拟』	『提要』
수정·변경	분석법 (수정)	中心词分析法	中心词分析法 +层次分析法
	기본단위 (수정)	단어	구
	품사기준 (변경)	단어의 어휘, 문법 범주에 근거한 분류	단어의 문법기능과 어휘의미에 근거하여 분류
	품사(병합)	능원합성술어 방향합성술어 판단합성술어	합성술어
		的:관형어 표지 地:부사어 표지	的: 관형어, 부사어표지
	품사(변경)	了, 着, 过 '시태조사'	了, 着, 过 '동태조사'
보완	문법단위	없음	형태소, 문단
삭제	품사	명물화	생략

　　<표 4>의 내용 가운데 '분석법', 병합된 '품사', 삭제된 '명물화'에 대해서 살펴보고, 그 밖의 내용은 ㉯(p.46)에서 살펴보도록 한다.

　　'분석법'에서 『暂拟』의 "中心词分析法"는 단계가 명확하지 않고, 중심어의 의미연결이 모호하여 적합하지 않다고 여겨 구조주의 문법에서 사용한 "层次分析法"의 장점을 수용하여 새로 추가한 것이다. 그리고 『暂拟』의 '품사' 가운데 '능원합성술어', '방향합성술어', '판단합성술어'53)는 모두 문장 내에서 술어로만 쓰이는 특징에 착안하여 간단하게 '합성술어'로 병합하였다.54)

　　끝으로 『暂拟』의 '명사화'는 ②(p.43)에서도 언급했듯이, 중국어는 일정한 조건에서 동사, 형용사나 그것이 확대된 구가 주어나 목적어로 쓰일 수도 있다. 따라

---

53) 능원합성술어는 능원동사와 동사나 형용사를 결합한 술어이다.
　　방향합성술어는 방향동사와 동사나 형용사가 결합한 술어이다.
　　판단합성술어는 판단사와 명사나 대명사가 결합한 술어이다.

54) 张志公(1997a:646) 참조.

서 '명사', '동사', '형용사'가 실제 언어 활용상 경계가 불분명하므로 이 문법내용은 『提要』에서는 삭제되었다.

㉯ 실용성과 교육적 요구에 의해 변경된 문법내용

『提要』에서는 문법지식을 통한 언어의 이해능력과 활용능력을 향상시키고자 실용성을 강조하였다. 그리고 쉽고 간결하며 유용하게 쓰일 수 있게 제정해야 한다는 원칙에 따라 요목을 제정하였다. 이는 문법체계에서는 '품사의 간소화', '구 기능의 구체화', '형태소와 문단의 추가', '도해법제시', '문법용어 변경' 등으로 실현되었다고 할 수 있다. 좀 더 자세히 살펴보면 다음과 같다.

㉠ 품사의 간소화

『暫拟』의 품사분류 기준은 "단어의 어휘, 문법 범주에 근거한 분류"이다. 이와 달리 『提要』에서는 "단어의 문법기능과 어휘의미에 근거한 분류"로 수정됨으로써 품사 분류는 간소화되고, 의미기능은 세분화 되었다. 『暫拟』와 『提要』의 품사를 비교하면 다음과 같다.

<표 5> 품사분류 비교55)

	『暫拟』		『提要』	
실사	명 사	방위사	명 사	사람이나 구체사물
				추상사물
				시간(시간사)
				방위(방위사)
	동 사	능원동사	동 사	동작, 행위
				존재, 변화
		방향동사		심리 활동
				명령
		판단사		가능, 바람(능원동사)

---

55) 庄文中(1999:19)에서 표 인용.

				방향(방향동사)
				판단(판단사)
	형용사		형용사	성질
				상태
	수 사		수 사	확정적인 수
				개수
	양 사	물량	양 사	물량
		동량		동량
	대명사	인칭대명사	대명사	인칭대명사
		의문대명사		의문대명사
		지시대명사		지시대명사
허사	부 사		부 사	
	전치사		전치사	
	접속사		접속사	
	조 사	구조조사	조 사	구조조사
		시태조사		동태조사
		어기조사		어기조사
	감탄사		감탄사	
				의성사

〈표 5〉를 통해서 『暂拟』와 『提要』의 품사의 차이는 『提要』를 제정할 때 '의성사'만을 새로이 추가하였음을 알 수 있다. 그리고 『暂拟』에서 '명사' 하위부류인 '방위사'에 '사람이나 구체사물', '추상사물', '시간'을 새롭게 추가하였다. 그리고 '동사'도 하위부류인 '능원동사', '방향동사', '판단사'에 '동작, 행위', '존재, 변화', '심리활동, 명령'도 새로 추가하여 구체화시켰다. 그 밖에도 『提要』에서 '형용사'는 '성질, 상태'로, 그리고 '수사'는 '확정적인 수', '개수'로 나누어서 구체화시켰다.

이들 모두 의미상의 기능에 중점을 두고 구체화시킴으로서 문법 교육 시 학습자의 이해와 활용에 도움이 되게 하였다.

ⓛ '구' 기능의 구체화

『提要』에서 '구(短语)'는 단어로서 구성되고, 문장성분으로 쓰일 수 있을 뿐만 아니라, 일정한 어조를 더하면 문장이 될 수도 있다고 설명하였다. 따라서 구의 통사관계는 문장의 통사관계와 동일하므로 구의 구조를 파악했다고 하면 문장을 모두 파악했다고 할 수 있다. 그리고 구를 '명사구', '동사구', '형용사구', '주술구', '전치사구', '재지시구(复指短语)', '고정구'로 구분하였고, 구를 구성하는 두 단어들의 통사적 제약과 의미기능에 따른 상호관계를 설명하여 교육적 효율을 향상시키고자 하였다.

ⓒ 교육적 측면에서 '형태소'와 '문단'의 추가

『提要』에서는 '이해능력'의 향상을 위해 '형태소'를 추가하였고, '활용능력'의 향상을 위해 '문단'을 추가하였다. 먼저 '형태소'는 "최소의 어음과 의미의 결합체이고, 최소의 문법단위이다."라고 정의하고, '단음절형태소', '이음절형태소', '다음절형태소'로 구분하였다.56) 문법교육에서 형태소의 개념을 먼저 익히게 되면 언어구성을 이해하는데 언어조합의 규칙 그리고 문자와의 관계도 파악할 수 있다는 장점이 있다. 따라서 형태소의 기본 개념만 이해하면 도움이 되고, 학습자로 하여금 확대된 단어의 개념을 이해할 수 있게 한다.

학습자가 언어를 운용할 때 발생하는 오류의 원인은 문장 내에 있는 것이 아니라, 문장사이의 긴밀한 관계를 정확하게 파악하지 못하는데 있다. 이런 이유로 교육문법에서 '문단'단위의 교육이 '문장'단위의 교육보다 학습자의 언어 활용능력을 훨씬 더 향상시킬 수 있다. 따라서 『提要』에서는 '형태소'와 '문단'을 추가하여 교육문법의 실용성을 강화시켰다.

ⓓ 문장구조의 이해를 돕기 위한 도해법 제시

문장의 '도해법'을 '단문의 도해'와 '다중복문의 도해'로 구분하여 제시하였다. 이 '도해법'은 기호로서 문장구조를 분석함으로써 학습자의 문장구조에서 대한 이해력을 증진시켜 복잡한 문장의 정확한 의미를 파악하게 하였다.

---

56) 단음절형태소의 예로 "天, 民, 语, 化, 员" 등이 있다.
　　이음절형태소의 예로 연면자(联绵字) "惆怅, 葫芦", 음역의 외래어 "琵琶, 尼龙, 咖啡" 등이 있다.
　　다음절형태소의 예로 주로 음역외래어 "托拉斯,奥林匹克" 등이 있다.

ⓓ 교육적 효율을 위한 문법용어 변경

『提要』에서는 『暂拟』에서 사용한 문법용어 가운데 교육적 해설이나 기술이 적절하지 못한 것을 아래와 같이 변경하였다.

<표 6> 변경된 문법용어

	『暂拟』	『提要』
형태소	词素	语素
구	词组	短语
태(态) 조사	时态助词	动态助词

『提要』에서 '형태소', '구', '태(态)를 나타내는 조사'의 용어가 변경되었다.

'형태소'는 『暂拟』에서는 원래 '형태소(词素)'가 언급되지 않고, 가장 작은 언어단위는 '단어'로 제시되었으며, '단어'의 하위개념을 "词素"라 하였다. 예로 "语法"의 "语", "法"를 "词素"라고 설명하였다. 그러나 '단어'가 최소의 언어단위라고 제시하고서는 또 다시 작은 단위인 "词素"로 나누었다. 이는 이론상으로 적절하지 못하다. 따라서 『提要』에서는 최소의 언어단위를 "语素"라고 수정하였다. 이는 더 이상 나눌 수 없는 최소의 단위이며, '단어'를 구성하는 것이다. 따라서 이 용어가 이론상으로 더 적절하다고 여겨 "词素"를 "语素"로 변경하였다.57)

'구'를 『暂拟』에서는 '실사'와 '실사'의 결합을 "词组"라고 하고, '실사'와 '허사'의 결합을 "结构"라고 하였다. 하지만 『提要』에서는 이를 통합하여 '단어'와 '단어'의 결합을 "短语"라 하였다. 이로써 구의 용어가 "词组"에서 "短语"로 바뀌었음을 알 수 있다.

"了, 着, 过"는 동작의 행위, 변화발전의 진행상황을 나타내는 조사이다. 이들 조사를 『暂拟』에서는 '시태조사(时态助词)'라고 하였다. 하지만 이는 이미 완성되었

---

57) 실제로 "词素"와 "词"의 포함관계는 불명확하고, 모호하기 때문에 이는 이론상 부적절하다고 할 수 있다. 이후 "语素"에서는 "词"로 될 수 있기 때문에 "词素"의 문제점을 해결되었다고 할 수 있다.

거나 아직 완성되지 않은 상황에도 사용된다. "了, 着, 过"는 '동작의 상태'와 관계되며, '시간'과는 관계가 없음을 알 수 있다.[58] 그러므로 "了, 着, 过"는 '시태조사(时态助词)'보다 '동태조사(动态助词)'가 더 적합하다도 여겨 용어를 변경하였다.[59]

② 『提要』 문법체계의 특징

교육문법 체계의 확립을 목적으로 하여 제정된 『提要』도 제정 당시에 새로운 이론문법의 연구 성과를 적극 반영하였다고 할 수 있다. 많은 어법학자들의 연구 성과돌을 모이서 『提要』를 이용할 때 참고자료로 사용할 수 있도록 1987년에 『教学语法丛书』를 편찬하였다.[60] 이 저서에 소개되고, 『提要』 반영된 이론문법의 연구 성과는 다음과 같다.

- 『语法和语法体系』: 胡明扬
- 『语素』: 徐枢
- 『名词, 动词, 形容词』: 孟琮
- 『数词, 量词, 代词』: 王希杰
- 『虚词』: 陆俭明
- 『名词短语』: 史锡尧
- 『动词短语』: 于根元, 张理明
- 『形容词短语』: 邢福义
- 『介宾短语, 复指短语, 固定短语』: 范晓
- 『主谓短语, 主谓句』: 吴为章
- 『非主谓句』: 陈建民
- 『析句法』: 龚千炎
- 『把字句, 被字句』: 詹开第

---

58) 예로 "了"는 과거, 현재, 미래의 문장에서 다 쓰일 수 있다.
59) 庄文中(1999:16-22) 참조.
60) 张先亮(2006:62) 참조.
　　『教学语法丛书』는 인민출판사에서 출판하였고, 편집장은 张志公이며, 부편집장은 庄文中, 黄成稳이 맡아서 진행되었다.

- 『连动句, 兼语句』: 吴启主
- 『复杂单句』: 高更生
- 『复句』: 黄成稳
- 『句群』: 庄文中
- 『句子的用途』: 刘月华
- 『语法和左邻右舍』: 田小琳
- 『现代汉语语法特点』: 李临定

『提要』 문법체계의 특징을 정리하면 다음과 같다.

첫째, 『提要』에서는 언어에 대한 인식을 깊게 하고, 학습자의 언어의 이해능력과 활용능력을 향상시키기 위해 '형태소'와 '문단'을 추가하였다.

둘째, 『提要』에서는 '구'를 가장 강조하였다. '구'의 통사구조는 '문장'과 동일한 통사구조를 가지기 때문에 '구'의 성질, 기능, 구조를 파악하게 되면 기본적으로 '문장'의 통사관계도 자연스럽게 파악할 수 있다. 이에 『提要』에서는 '구'의 내용을 강화하여 많은 통사적인 문제를 구를 통해서 분석하였다. 또한 구가 단지 문장성분으로만 쓰이는 것이 아니라 일정한 어조를 지녀 '문장'으로도 쓰일 수 있다. 따라서 '구'를 문법체계의 중심에 놓고, 구조적인 측면과 기능적인 측면으로 구분하므로 『暂拟』와는 다른 각도에서 분석을 시도하였다.

셋째, 『提要』에서는 문장구조를 이루고 있는 단어, 구, 단문들의 문법기능을 명확하고 상세하게 제시함으로써 상호 대응관계를 보다 구체적으로 제시하였다.

넷째, 문장 분석방법에 많은 변화가 있었다.

『提要』에서는 『暂拟』의 "中心词分析法"에 "层次分析法"의 장점을 수용하여 새로운 방법으로 분석함으로써 교육문법의 간결성과 실용성을 실현할 수 있었다. 그리고 문장을 분석할 때 "中心词分析法"에 "层次分析法"을 겸하여 체계적인 문장분석으로 정확한 의미를 파악할 수 있게 하였다.

다섯째, 의미기능을 강화하였다.

『提要』의 품사 분류기준을 문법기능과 의미기능에 중점을 두고 분류하였다. 따라서 『暫拟』의 품사분류보다 체계는 간소화되고, 의미기능은 더 확대되어 다양해졌다. 그리고 '동사구'에서도 동사와 목적어의 관계는 '동작과 행위대상', '동작과 행위결과', '동작과 행위장소', '사물의 존재·소실', '주어와 동일관계나 소속관계를 나타내는 사물이나 사람' 등의 의미기능에 중점을 두고 나타내었다. 뿐만 아니라 '복문'에서도 '점층(递进)', '선택(选择)', '전환(转折)', '가설', '조건', '인과' 등으로 구분하여 『暫拟』보다 의미기능이 더 강화되었다.

여섯째, '문장의 근간'을 분석하여 문장의 기본의미를 정확하게 파악할 수 있게 하였다. 문장은 일반적으로 주요성분인 '주어', '술어', '목적어'와 수식성분인 '관형어', '부사어', '보어'로 구성할 수 있다. 간단한 문장은 어렵지 않지만, 여러 가지 문장성분이 함께 쓰여 수식관계가 얽혀있는 경우, 정확하게 의미를 파악하기란 쉽지 않다. 이러한 것을 교육적 측면에서 해결하기 위해 수식성분을 제거하고 주요성분을 추출해 내어 문장의 기본의미를 파악하는 방법을 제시하였다. 이는 문장구조를 분명히 하여, 정확한 의미를 파악하는 데 도움이 되게 하였다.

일곱째, 문법의 효율적인 교육을 위해서 '특수문', '용도에 따른 문장분류', '고정구', '다항관형어의 순서', '다중복문' 등을 제시하였다.

'특수문'은 단문 중에 특수한 구조로서 특징적인 의미표현을 하는 문장형식으로 '被자문', '把자문', '연동문', '겸어문', '是자문', '존현문' 등을 제시하였다. 또한 '용도에 따른 문장분류'로 '진술문', '의문문', '명령문', '감탄문'으로 구분하였으며, 이들과 함께 사용하는 '어기조사'를 익혀야 한다고 설명하였다.[61]

'다항관형어의 순서'에서는 다음과 같은 내용으로 교육에서 활용하기 쉽게 제시하였다.

- "的"를 갖는 관형어는 "的"를 갖지 않는 관형어 앞에 온다.
- 这本书的主要内容。
- 公园的新书亭。

---

61) 庄文中(1999:32) 참조.

• 수량구가 관형어로 쓰인 경우는 일반적으로 "的"를 갖는 관형어 앞에 온다. 그리고 "的"를 갖는 관형어 뒤에 올 수도 있다.
- 一座最高的楼房。
- 一万多亩肥沃的土地。
- 最高的一座楼房。

• 종속성 관형어는 단지 앞에만 놓일 수 있고, 뒤에는 놓일 수 없다.
- 中国最长的河流。

• 몇 가지 관형어는 모두 "的"를 갖지 않고, 일반적인 순서는 '종속성 관형어-지시대명사-수량사-형용사-명사'이다.
- 三十五中那座新教学楼。
- 我们这几项宏伟计划。

이상으로 살펴본 『提要』 문법체계의 특징은 전체적으로는 교육문법에 초점을 두고 제정되었음을 알 수 있다. 『提要』는 문법지식으로 언어를 이해, 활용하고, 최종적으로는 듣기·말하기·읽기·쓰기 능력(특히, 읽기, 쓰기)의 배양하는 데 목적이 있다. 또한 의미기능을 잘 이해하고, 자연스럽게 표현하기 위해 '형태소', '문단'을 추가시켰고, 의미기능에 중점을 두어 품사분류는 간소화하고, 의미는 구체화하였다. 그리고 언어 구사능력을 향상시킬 수 있게 '구'를 통사구조와 문장기능으로 상세하게 구분하여, 그들 간의 의미관계와 기능을 파악하게 함으로써 문장전체를 이해할 수 있게 하는데 주안점을 두었다. 학습자의 효율적인 문법교육을 위해서 '특수문', '용도에 따른 문장분류', '고정구', '다항관형어의 순서', '다중복문' 등을 제시하였다.

이상으로 『提要』는 이론문법의 통일된 체계를 기반으로 하였으나 문법지식을 교육적 활용에 목적을 두어 학습자가 실제 문법지식을 쉽게 파악하게 하고, 의미기능을 상세하게 다룸으로써 학습자의 언어 구사능력을 향상시키고자 하였다. 따라서 이 요목은 어문 교육문법 체계를 본격적으로 실현시킨 단계라고 할 수 있다. 하지만 이들 요목은 중국인을 대상으로 만들어진 요목으로 외국인 학습자에게 적용한다면 한계점에 드러나게 될 것이다.

3. 중국어 교육문법요목의 문법체계와 특징

'중국어 교육문법요목'은 외국인 중국어 학습자를 위한 교육문법의 근거 기준이다. 이는 앞(p.38)에서 언급했듯이 '어문 교육문법요목'과는 적용대상이 다르다. '중국어 교육문법요목'은 외국인 학습자를 대상으로 제정되었으므로 요목의 목표와 문법내용 역시 '어문 교육문법요목'과는 차별화되어야 한다. 그렇다면 중국 내에서 제정된 '중국어 교육문법요목'에서 다루어지고 있는 문법내용은 어떠한 문법체계를 다루고 있는지, 그 특징은 무엇인지를 살펴보고자 한다.

본 절에서는 1996년에 "国家汉办"에서 제정된 『汉语水平等级标准与语法等级大纲』[62]과 2008년 "汉语桥工程"을 통해 제정된 『国际汉语教学通用课程大纲』의 문법요목[63]에 반영된 문법체계와 그 특징을 살펴보고자 한다.

1) 『汉语水平等级标准与语法等级大纲』

① 『语法等级大纲(1996)』의 문법체계

『语法等级大纲(1996)』은 1988년에 제정된 『汉语水平等级标准和等级大纲』(试行) 중의 문법요목인 『语法等级大纲(1988)』을 수정·보완하여서 제정한 '중국어 교육문법요목'이다.

『语法等级大纲(1988)』은 '외국인 중국어학습자'만을 적용대상으로 제정하였다.

---

62) 본 연구에서는 『汉语水平等级标准与语法等级大纲』을 이하 『语法等级大纲(1996)』라고 명함.
63) 『国际汉语教学通用课程大纲』에서 제시된 문법요목은 「常用汉语语法项目分级表」이다.
　　본 연구에서는 이하 『国际汉语教学通用课程大纲』을 『国际大纲』로 명하고, 「常用汉语语法项目分级 表」는 『国际大纲(语法)』로 명한다.

하지만 이후『语法等级大纲(1996)』으로 수정·보완될 때는 '중국인의 어문교육', '소수민족의 한어교육', '외국인 학습자의 중국어교육'으로 적용대상을 확대시켰다. 하지만 '외국인 학습자'만을 대상으로 제정된『语法等级大纲(1988)』에서『语法等级大纲(1996)』으로 수정·보완될 때 구성체계와 문법체계는 거의 동일하고, 단지 일부 문법항목만이 새로 추가되었다. 게다가『语法等级大纲(1996)』의 서문에 제시한 성질과 용도(64)를 통해서도 '외국인 학습자'를 주 대상으로 하였음을 알 수 있다. 그러므로『语法等级大纲(1996)』은 '외국인 학습자'를 위해서 제정했다고 볼 수 있다. 하지만 두 요목의 문법체계는『提要』와『汉语教科书』에서 절대적인 영향을 받았다.『提要』의 목적은 앞(p.47)에서 언급했듯이 교육문법으로 활용하고자『暂拟』를 수정·보완한 '어문 교육문법요목'이다. 이는『语法等级大纲(1996)』의 기본적인 문법체계를 마련하는데 영향을 주었다. 그리고『汉语教科书』는 전통문법체계의 영향을 많이 받았을 뿐만 아니라 기술언어학의 영향을 받은 중국어 교재이다. 이 교재는 언어를 통해 문법을 실현하고, 외국인에게 적절한 문법을 선정하고, 해석하였다. 이와 같이 외국인 학습자의 특징을 고려하여 세워진 이 교재의 문법체계는 이후 중국어교육 문법체계의 토대가 되었을 뿐만 아니라,『语法等级大纲(1996)』의 외국인 학습자를 위한 문법항목 마련에 중요한 기준이 되었다.

따라서『语法等级大纲(1996)』에는『暂拟』에 반영된 전통 문법체계와『提要』에서 수정 보완된 연구 성과가 반영되었을 뿐만 아니라,『汉语教科书』의 외국인 학습자의 특징을 고려한 문법체계도 반영되었다고 할 수 있다. 즉『语法等级大纲

---

64)『语法等级大纲(1996)』서문에 제시된 내용이다.
   1. 성질
   『汉语水平等级标准与语法等级大纲』은 규범적인 등급기준과 수준요목이다.
   『汉语水平等级标准与语法等级大纲』은 세계적인 중국어교육으로 나아가기 위한 것이다.
   2. 주요용도
   1) 중국어교육의 교육설계(总体设计), 교재편찬(教材编写), 강의(课堂教学), 평가(课程测试)를 하는 데 주요기준이 된다.
   2) 중국 국가 급 중국어수준고사 (HSK 초·중·고등 포함)의 출제의 주요근거가 된다.
   3) 중국 소수민족의 중국어교육, 초·중등 어문 교육 및 기타 관계된 기준과 언어 교사의 중요한 참고가 된다.
   4) 중국어교육과 보통어 4급 문법등급요강 편집 시 해석 및 컴퓨터 어휘 자료집, 문법자료집 틀의 범위가 되고, 중요한 참고가 된다.

(1996)』는 '어문 교육문법체계'와 외국인 학습자의 특징이 반영된 문법체계를 종합하였다고 할 수 있다. 그러므로 본 절에서는 『语法等级大纲(1996)』의 문법체계를 '어문 교육문법에서 영향 받은 문법체계'와 '외국인 학습자 특징이 반영된 문법체계'로 구분하여서 살펴보도록 하겠다.

㉮ 어문 교육문법과 공통된 문법체계

어문 교육문법요목인 『提要』는 1984년에 제정되었고, 뒤이어 『语法等级大纲(1988)』이 제정되있다. 거의 비슷한 시기에 제정되다 보니 『提要』의 문법체게에 영향을 받아 거의 동일하다고 할 수 있다. 그리고 『语法等级大纲(1988)』을 일부 내용을 다시 수정·보완하여서 『语法等级大纲(1996)』을 제정하였다. 그러므로 『语法等级大纲(1996)』 역시 『提要』의 문법체계와 내용상 큰 변화가 없다고 할 수 있다. 〈표 7〉에서는 『提要』와 『语法等级大纲(1996)』에서 공통적으로 다루고 있는 문법내용을 살펴보면 다음과 같다.

〈표 7〉 『提要』과 『语法等级大纲(1996)』 공통된 문법 내용

구분	공통된 문법 내용
문법단위	형태소, 단어, 구, 문장, 문단,
품사	명사, 대명사, 동사, 형용사, 수사, 양사, 부사, 전치사, 접속사, 조사[65], 감탄사, 의성사
구	명사구, 형용사구, 고정구, 동사구, 전치사구, 주술구, '的'자구, 연합구, 수식구
문장성분	주어, 술어, 목적어, 관형어, 부사어, 보어
문장	술어성질에 따른 분류: 동사술어문, 형용사술어문, 명사술어문, 주술술어문
	용도에 따른 분류: 진술문, 의문문, 명령문, 감탄문
	복문: 병렬, 승접, 점층, 선택, 전환, 인과, 가설, 조건
특수문	把자문, 被자문, 연동문, 겸어문, 是자문, 존현문
의문문	의문대명사의문문, 일반의문문(吗), "还是"를 사용한 의문문, 정반의문문

---

65) 조사 중에 "了", "着", "过"를 『语法等级大纲(1996)』에서는 '완료태', '경험태', '지속태', '진행태', '변화태'로 변경되었다.

〈표 7〉에서 제시된 문법내용은 『提要』의 전반적인 문법체계에서 다루어진 내용이기도 하지만, 『语法等级大纲(1996)』에서 공통적으로 다루어진 문법내용이기도 하다.

우선 기본적인 문법단위인 '형태소', '단어', '구', '문장', '문단'은 두 요목에 동일하게 다루어져 있다. 특히 '형태소'와 '문단'은 『暂拟』에서는 다루어지지 않다가 『提要』부터 학습자의 이해능력과 표현능력의 향상을 위해 다루어진 문법내용이다. 이와 같이 '형태소'와 '문단'은 『语法等级大纲(1988)』에서는 다루어지지 않다가 『语法等级大纲(1996)』에서 새로이 보완된 내용이기도 하다. 그리고 문법체계에서 핵심적인 기능을 하는 '품사'와 '문장성분'은 두 요목에서 동일하게 다루어졌다. 이는 『汉语教科书』에서도 동일하게 '품사'는 11개, '문장성분'은 6개로 모두 일치하였다. 하지만 제시하는 방법에서 『提要』에서는 '문장성분'을 직접 언급하지 않고, '구'의 기능을 소개하면서, 통사구조 내에서 문장성분을 언급하였다. 하지만 『语法等级大纲(1996)』은 이와 달리 '문장성분'을 따로 분류하여 제시하였다.

두 요목에서 모두 문장의 분류 가운데 '술어성질에 따른 분류'와 '용도에 따른 분류'에 해당되는 내용이 모두 동일하게 다루어졌다. 그 중 '술어성질에 따른 분류'는 '동사술어문, 형용사술어문, 명사술어문, 주술술어문'로, '용도에 따른 분류'에서는 '진술문, 의문문, 명령문, 감탄문'로 동일하게 다루었다.

그 밖에도 '특수문'과 '의문문'은 『汉语教科书』에서 다루긴 하였으나, 어문 교육요목 중에서는 『提要』에서 처음으로 언급되었다. 이 체계가 『语法等级大纲(1996)』에서도 '특수문'과 '의문문'이 제시되었고, 일부 항목은 새로이 추가되었다.[66]

이상으로 『提要』와 『语法等级大纲(1996)』에서 공통적으로 다루고 있는 문법항목들을 살펴보았다. 여기서 공통적으로 다루어진 이 문법항목들은 중국어 자체가 갖는 기본적인 문법체계라고도 할 수 있다. 두 요목 모두 '중국어를 교육에 활용하기 위해 제정된 요목'이라는 공통점을 가지고 있기 때문에 이상에서 제시한 공통된 문법항목이 필수적으로 다루어졌다고 할 수 있다.

---

66) 추가된 항목은 〈표 8〉에서 살펴보기로 한다.

④ 외국인 학습자의 특징이 반영된 문법체계

외국인 학습자를 주 대상으로 제정된『语法等级大纲(1996)』이 '어문 교육문법요목'과의 차이점은 외국인 학습자를 고려한 문법항목이 다루어졌다는 것이다.

赵金铭(2005:36)에 의하면『语法等级大纲(1996)』은 외국인의 중국어 학습 시 나타나는 특징과 규칙에 중국어 문법자체의 특징을 결합하여 제정하였다고 하였다. 또한 어려운 점과 중요한 점을 충분히 고려하였으며, 외국인 학습자의 등급별 수용능력과 교육적 요구에 중점을 두었다고 하였다. 이것으로 외국인 학습자의 특징을 반영한 문법체계와 항목이 다루어졌음을 알 수 있다.

『语法等级大纲(1996)』에 반영된 외국인 학습자를 고려한 항목의 대부분은『汉语教科书』와 동일하였고, 일부 문법항목이『语法等级大纲(1996)』에서 새로이 추가되었다. 아래의 〈표 8〉을 통해서 살펴보면 다음과 같다.

〈표 8〉『汉语教科书』와『语法等级大纲(1996)』 공통된 문법 내용[67]

구분	문법내용
문장성분	주어, 목적어(의미기능 강화) 보어(의미기능에 따른 분류): 결과, 방향, 가능, 정도, 상태, 수량(시량, 동량)보어
동작의 태	완료태, 경험태, 지속태, 진행태, 변화태
복문	병렬, 승접, 점층, 선택, 전환, 인과, 가설, 조건, ※ 양보, ※ 긴축, ※ 목적
특수문	把자문, 被자문 연동문 겸어문, 是자문 존현문, ※ 有자문, ※ 是…的구문, ※ 비교문
의문문	의문대명사의문문, 일반의문문(吗), "还是"를 사용한 의문문, 정반의문문 ※ "好吗?", "行吗", "对吗", "可以吗"를 사용한 의문문 ※ 어기조사 呀를 사용한 의무무 ※ 의문어기로 나타내는 의문문 , ※ 多를 사용한 의문문 ※ 어기조사 呢를 사용한 의문문, ※ 是不是의문문 ※ 의문대명사 + 呢의문문
수표기법	년, 월, 일, 요일 표기법, 시간 표기법, 금액 표기법, 번호 표기법

---

67) ※표기가 된 문법항목은『提要』나『语法等级大纲(1988)』에서 다루어지지 않고『语法等级大纲(1996)』에서만 제시된 문법항목이다.

강조법	반어문, 이중부정, 连~也(都)~, 부사 就 사용한 강조, 동사 是를 사용한 강조

『语法等级大纲(1996)』에서 새로이 추가된 문법항목

이합사, 고정구, 고정형식, ※ 회화형식, ※ 다중복문

〈표 8〉을 살펴보면 이상에 제시된 문법항목들은 모두 외국인 중국어 학습자의 의사소통 시 구체적으로 활용할 수 있게 제시된 문법항목으로『汉语教科书』과 『语法等级大纲(1996)』에서 모두 다루어진 문법항목이다. 우선 문장성분에서는 주어나 목적어는 의미상기능[68]에 따라 상세하게 나누어 설명하였다. 또한 보어도 의미기능에 중심을 두어 '결과보어', '방향보어', '가능보어', '정도보어', '상태보어', '수량(시량, 동량)보어'로 구분하여 제시하였다.

'동작의 태'에서는 동일하게 의미기능에 초점을 두어 '완료태', '지속태', '경험태', '진행태', '변화태'로 제시하였다.

'특수문'에서 '把자문', '被자문', '연동문', '겸어문', '是자문', '존현문', '有자문', '是…的구문', '비교문'은 함께 다루고 있는데, 이 가운데 '有자문', '是…的구문', '비교문'은『语法等级大纲(1988)』에서 다루어지지 않고, 『语法等级大纲(1996)』에서 다루어지기 시작한 문법항목이다. 또한 외국인 학습자의 의사소통능력 향상을 위해

---

68)『语法等级大纲』에서 의미상 기능을 추가한 문장성분에서 '주어' 와 '목적어'를 제시한 문법항목

　　주어 【乙064】 1. 행위자 주어
　　　　　　　我发言。
　　　　　　　你喝汽水, 我们喝红茶。
　　　　　　【乙065】 2. 행위대상자 주어
　　　　　　　蛋糕吃完了。
　　　　　　　这件事我们调查过了。
　　　　　　　我被他打伤了。
　　　　　　　大家受到热烈欢迎。
　　목적어 【乙070】 1. 행위대상자 목적어
　　　　　　　你们要严肃处理这个问题。
　　　　　　　今天去采购建筑材料。
　　　　　　【乙071】 2. 행위자 목적어
　　　　　　　前边走过来一位护士。
　　　　　　　椅子上坐着一个猴子。

표현기능에 중점을 둔 '의문문', '수표기법', '강조법' 등도 함께 다루어졌다.

하지만 『语法等级大纲(1996)』에서만 새롭게 다루어진 문법항목으로 '이합사', '고정구', '고정형식', '회화형식', '다중복문' 등이 있다. 이들 항목을 자세히 살펴보면 다음과 같다.

- 『语法等级大纲(1996)』의 '이합사'

중국인은 실제 의사소통 시에 '이합사'를 써서 표현하는데 전혀 어려움을 느끼지 않는다. 하지만 외국인 학습사의 경우 이합사를 하나의 술이로 여겨서 그 통사적 제약을 정확하게 파악하지 못하여 많은 오류를 범하기도 한다. 이런 점을 감안하여 이합사는 외국인 학습자를 위해 새로이 추가된 문법항목 중에 하나이다.

- 『语法等级大纲(1996)』의 '고정구'

'고정구'는 의사소통 시 자주 사용되는 표현으로 유형적인 구조로 제시하여 학습자들이 활용하기 쉽도록 만든 항목이다. 이는 구이지만, 둘 혹은 둘 이상의 단어가 긴밀하게 결합하여 고정의 의미를 나타낸다. 마치 하나의 단어를 사용하는 것과 같아서 함부로 나눌 수 없다는 특징을 갖는다. 『语法等级大纲(1996)』에서 제시된 '고정구'는 아래와 같다.

【乙027】 看不起 / 看得起	【乙028】 来得及 / 来不及	【乙029】 用不着 / 用得着
【乙030】 不要紧	【乙031】 说不定	【乙032】 不敢当
【乙033】 不用说	【乙034】 不一定	【乙035】 不得不
【乙036】 不一会儿	【乙037】 不好意思	【乙038】 不是吗
【乙039】 算了	【乙040】 得了	【乙041】 没事儿
【乙042】 看样子	【乙043】 有的是	【乙044】 了不起
【乙045】 没什么	【乙046】 感兴趣	【乙047】 就是说
【乙048】 越来越	【乙049】 好容易(不好容易)	【乙050】 哪知道
【乙051】 谁知道		

- 『语法等级大纲(1996)』의 '고정형식'

문장 내에서 문법적 기능을 하는 고정형식으로, 실제 중국어를 구사할 때 응용할 수 있게 고정형식으로 제시함으로써 외국인 학습자가 쉽게 활용할 수 있게 제시하였다. 『语法等级大纲(1996)』에서 제시된 '고정형식'은 아래와 같다.

【乙053】 ……之前 / 之后 / 之上 / 之下 / 之中…

【乙054】 在……方面……　　　　　　【乙055】 从……以后……

【乙056】 在……以前……　　　　　　【乙057】 在……上

【乙058】 在……下　　　　　　　　　【乙059】 在……中

【乙060】 从……出发　　　　　　　　【乙061】 以……为中心

【乙062】 当……的时候　　　　　　　【乙063】 为……而……

- '다중복문'은 '복문'과 '문단'의 중간 과정의 문법항목으로, 외국인 학습자가 '복문'에서 '문단'으로 학습단계를 높였을 때 어려워 할 것을 감안하여 제시된 문법항목이다.

이상으로 『语法等级大纲(1996)』의 문법체계는 전체적으로는 '어문 교육문법요목'인 『提要』와 거의 동일하여 중국어의 특징적인 체계를 갖추고 있으며, 외국인 학습자를 위한 문법항목들도 함께 다루어졌다. 여기에 해당하는 문법항목은 대부분이 『汉语教科书』에서 다루어졌던 문법항목과 동일함을 알 수 있었다. 그 밖에 중국어 의사소통 시 자주 사용되는 표현들을 유형적으로 제시한 '회화형식', '고정구', '고정형식'을 제시하여 외국인 학습자가 문법을 쉽게 활용할 수 있도록 제시하였다.

② 『语法等级大纲(1996)』 문법체계의 특징

『语法等级大纲(1996)』 문법체계의 특징은 다음과 같이 정리할 수 있다.

첫째, 전체적인 문법체계는 중국인을 위한 어문 교육문법 체계를 전면적으로 수용하였다. '형태론'과 '통사론' 부분을 상세하게 다루었으며, 문장 내에서 이들의 대응관계를 통해 중국어의 특징을 잘 설명하고 있다. 그리고『提要』에서 동사와 목적어의 의미상 분류를 강화하였다. 이에 영향을 받아『语法等级大纲(1996)』에서도 '부사', '전치사', '주어'나 '목적어'의 분류도 의미기능에 중점을 두어 분류하였다. 따라서 전체적으로 '품사', '문장성분', '문장분류', '특수문', '의문문' 등에서 '어문 교육문법요목'의 영향을 받았다.

둘째, 외국인 학습자를 위한 교육문법 체계는 중국 내 최초 외국인 학습자를 위해 편찬된 중국어 교재『汉语教科书』의 문법체계를 전적으로 수용하였다. 예를 들면 '동작의 태', '보어의 의미상 분류', '특수문', '수표기법', '강조법' 등과 같은 문법항목을 동일하게 다루었다. 이것으로 외국인 학습자를 위한 문법 문법항목의 의미상 기능을 강조함으로써 학습자가 문법기능을 정확하게 이해할 수 있게 하였다.

셋째,『语法等级大纲(1996)』에서 외국인 학습자의 특징을 고려하여 문법항목을 추가하였다. 외국인 학습자의 의사소통능력을 향상을 위해 '의미기능을 강화한 항목'과 '유형적 구조를 제시한 항목'을 추가하였다. '의미기능을 강화한 항목'으로는 '수표기법', '강조법', '반어법' 등이 있고, '유형적 구조를 제시한 항목'으로는 '고정구', '고정형식', '회화형식' 등이 있다.

『语法等级大纲(1996)』은 전반적으로 외국인 학습자의 특징을 고려한 문법체계로 제정된 것이 아니라, 어문 교육문법 체계를 토대에 외국인 학습자를 위한 문법체계를 가미시켰다고 할 수 있다. 이는 시대적으로 교육문법의 체계가 완전히 확립되지도 않았고, 또한 외국인 학습자에 대한 중국어 교육문법의 연구가 충분히 이루어지지 못했기 때문이다. 따라서 이 요목은 외국인 학습자를 위한 완전한 문법체계를 확립하지 못했으나 중국어 교육문법 체계가 시행되었다고 할 수 있다.

2)『国际汉语教学通用课程大纲』

①『国际大纲(语法)』의 문법체계

'국제화 단계'(p.31)에서 언급한 것처럼 중국 정부는 2003년에 "汉语桥工程"을 통해 중국어의 세계화를 추진하였다. 그 가운데 "국제 중국어교육 기준을 확립한다."는 목표 하에 추진 된 것이 바로 외국인 중국어 학습자를 위한 '중국어 교육요목'의 제정이다.

2007년에 국제 중국어 능력의 기준인 『国际汉语能力标准』의 제정을 시작으로 2008년에는 교사양성을 위한 기준인 『国际汉语教师标准』이 제정되었고, 같은 해에 중국어 교육요목인 『国际大纲』도 제정되었다. 그리고 중국어 교육요목인 『国际大纲』은 『国际汉语能力标准』에서 제시한 원칙과 기준을 근거로 하여 제정되었다. 그 원칙은 "전 세계의 언어능력에 관련된 연구 성과와 의사소통 능력 이론을 중심으로 언어의 실제 활용에 중점을 두어 중국어 자체 특징을 실현하는 것"[69]이다. 이러한 원칙을 근거로 제정된 『国际大纲(语法)』은 『语法等级大纲(1996)』과 차이가 있다. 이는 시대적, 사회적, 정책적 변화로 인하여 외국인 학습자에 맞는 중국어 교육의 목적과 원칙이 변하였기 때문이다.

과거의 '어문 교육요목'은 전통주의 이론의 영향으로 '문법'이 주를 이룬 반면 최근에는 기능주의 이론에 의해 의사소통기능에 초점을 맞춤으로서 문법 교육도 기능 중심으로 바뀌었다. 더불어 '중국어 교육문법요목'에 반영된 문법체계도 바뀌게 되었다. 구체적으로 '어문 교육요목'인 『暂拟』, 『提要』는 문법이 주를 이룬 반면, 중국어 교육요목인 『汉语水平等级标准』[70]은 '어휘', '한자', '문법' 중에 '문법'이 한 영역을 차지하였다. 이후 『国际大纲(语法)』에서 문법은 '종합적인 언어 운용능력'을 위한 '언어지식', '언어기능', '책략', '문화의식' 가운데 '언어지식'의 한 부분으로 그 영역이 많이 축소되었음 알 수 있다. 물론 문법교육이 경시된다는 것은 아니다. 다만 외국인 학습자를 위한 외국어 교육이 '의사소통기능'에 중점을 두고 있으므로 '문법교육'의 목적과 방법이 달라지게 되었다. 따라서 『国际大纲(语法)』에 반영된 문법체계 또한 전통적인 방식의 문법체계에서 탈피하여 각 등급의 목표에서 요구되는 문법항목만을 제시하여 기능 위주의 문법체계를 형성하게 되었다.

『国际大纲(语法)』의 문법체계를 살펴보기 위해 『语法等级大纲(1996)』의 분류기준을 참고하여 재분류하면 다음과 같다.

---

69) 『国际汉语能力标准』의 서문 참조.
70) 『汉语水平等级标准与语法等级大纲』에서 기준이다.

〈표 9〉『国际大纲(语法)』 문법체계 분류

분류	『国际大纲(语法)』의 문법항목
품사	• 동사중첩, 조동사(能, 会, 可以, 应该, 愿意) • 인칭·지시·의문대명사, 방위사, 수사, 접속사, 전치사(跟, 给) • 부사(最), 시간부사(还, 已经, 再又, 就-才) • 상용양사(个, 名, 件, 条, 块, 张, 斤)
문장 성분	• 부사어: 정도부사 부사어, 시간부사어, 장소부사어, 범위부사어 (也, 都) • 보어: 시량보어, 동량보어(次, 遍, 趟) 결과보어(일반형용사, 完, 到, 好) 결과보어 가능식, 상용가능보어 방향보어(단순, 복합, 파생용법 가능식), 정도보어 • 목적어: 이중목적어 구문
문장 분류	[술어성질에 따른 분류] • 동사술어문, 형용사술어문, 명사술어문(연령, 출신지, 시간, 금액) [용도에 따른 분류] • 의문문: 일반의문문, 의문대명사의문문, 선택의문문, 정반의문문, "怎么"를 사용한 의문문, "怎么了"를 사용한 의문문, "怎么样"를 사용한 의문문 • 명령문: 请+동사 • 감탄문 • 부정문: "不"를 이용한 부정문 , "没有"를 이용한 부정문 [구조에 따른 분류] • 구: '的자 구문' • 문장: 1) 복문 2) 각종복문
특수문	존현문, 비교문, 연동문, 겸어문, 是 ⋯ 的구문 把자문, 피동문(의미상피동문 포함)[71]
동작의 태	진행형, "着"의 용법, "了"의 용법, "过"의 용법
표현 방식	• 소속관계 표현(명사/대명사+的+명사) • 존재 표현(有, 是, 在) • 거리 표현(离) • 바람 표현(要, 想) • 동등 표현(跟, 和⋯一样) • 금액 표현 • 사건진행 표현 • 동등 표현 • 피동 표현(의미상피동문 포함)

---

71) 표현항목의 '피동표현'과 중복된다.

〈표 9〉를 통해『国际大纲(语法)』의 문법체계는 중국어의 전반적인 내용을 다루고 있는『语法等级大纲(1996)』과는 다르다는 것을 알 수 있다. 그 차이점을 자세하게 살펴보면 다음과 같다.

'품사' 가운데 '명사', '형용사', '동사', '수사', '조사', '감탄사', '의성사' 등은 다루지 않고, 단지 동사에서 '동사의 중첩', '조동사'만을 다루었다. 그리고 명사에서는 '인칭 · 지시 · 의문대명사', '방위사'만을 다루었고, 조사에서는 "了, 着, 过" 만을 다루었다. 그리고 부사 중에서도 부사어로 쓰이는 '정도부사', '시간부사', '범위부사'를 상세히 제시함으로써 실제 의사소통에 중요한 의미기능을 하는 품사를 중점적으로 제시하였다.

'문장성분' 중에서 '관형어', '주어', '목적어'는 다루지 않았다. 반면 '정도부사가 부사어로 쓰인 경우', '시간부사어', '장소부사어', '범위부사어'와 '결과보어', '정도보어', '시량보어', '동량보어', '방향보어', '결과보어 가능식', '상용가능보어' 등 중국어의 특징이 잘 반영되어 있지만 외국인 학습자가 어려움을 느끼는 '부사어', '보어'를 중점적으로 제시하였다.

'문장분류'는 크게 '술어의 성질에 따른 분류', '용도에 따른 분류', '구조에 따른 분류'로 구분하여 제시하였다. 이 구분은『语法等级大纲(1996)』과 거의 동일하다. 하지만『提要』에서 강조되던 '구의 기능'은 거의 다루어지지 않고, 단지 '的자 구문'만을 다루었다.

'특수문'은『语法等级大纲(1996)』과 거의 동일하게 제시되었다. 단지 '有자문', '是자문'만이 특수문이 아닌 '존재표현'의 항목으로 제시되었다.

'동작의 태'는『语法等级大纲(1996)』에서 제시된 '완료태', '지속태', '경험태', '진행태', '변화태'와는 달리 조사 "了", "着", "过"로 구분하였다. 이는 '어문 교육문법요목'과 유사하게 제시되었다. 이 가운데 조사 "了"에서는 '완료태'와 '변화태'의 내용을 모두 포함하고 있다.

'표현방식'에서는 의미기능에 중점을 두고 '존재 표현(有, 是, 在)', '거리 표현 (离)', '바람 표현(要, 想)', '동등 표현(跟, 和 … 一样 / 跟 · 和 … (不)一样 + 형용사)', '금액 표현', '사건진행 표현(正~呢)', '피동 표현(의미상피동문 포함)' 등을 제시하였다.

『国际大纲(语法)』은 전체적으로『语法等级大纲(1996)』과 많은 차이점을 나타내고 있다. 중국어의 전체적인 문법체계를 다루었던『语法等级大纲(1996)』과 달리 실제 의사소통에서 필요한 항목만을 다루었다. 그리고 외국인 학습자가 어려워하거나 혼란스러워 할 수 있는 문법항목은 구체적이고, 상세하게 분류하여 다루었음을 알 수 있었다.

②『国际大纲(语法)』 문법체계의 특징

『国际大纲(语法)』 문법체세의 특징은 다음과 같이 정리할 수 있다.

첫째,『国际大纲(语法)』은 형태론, 통사론과 같은 전통적인 방식에서 완전히 탈피하였다. 따라서 이 요목에서는 문법단위(형태소, 품사, 구, 문장, 단락)나 문법유형을 범주화하지 않고, 요목의 등급에 맞게 목표에서 요구되는 문법항목만을 제시하였다. 따라서 중국어 문법체계의 전반적인 내용이 다루어지지 않았다.

둘째, '품사'나 '문장성분'에서 전체적인 문법내용을 다룬 것이 아니라 외국인 학습자가 어려워하는 문법항목들은 상세하게 구분하여 제시하였다. 예로 품사의 '전치사', '부사', '양사' 등과, 문장성분의 '부사어', '보어' 등을 중점적으로 다루었다. 특히 '부사어'에서는 '정도부사가 부사어로 쓰인 경우', '시간부사어', '장소부사어', '범위부사어' 등으로 상세하게 분류하였고, '보어'에서는『语法等级大纲(1996)』에서 제시한 보어의 종류와 동일하나 용어 제시방법에 차이가 있다. 예로 '가능보어'를 '결과보어 가능식', '상용가능보어' 등 문법항목의 통사구조를 쉽게 이해할 수 있도록 제시하였다.

셋째, 의미기능에 중점을 두어 '표현항목'을 다루었다는 것이 특징이다. 이는 학습자가 의사소통 상황에서 요구되는 의미기능을 적절하게 표현할 수 있도록 문법항목을 활용할 수 있게 하였다. 따라서 외국인 학습지가 문법 지식을 쉽게 표현할 수 있도록 하였다. 예로 소속관계표현(명사·대명사+的+명사), 존재표현(有, 是, 在), 거리표현(离), 바람표현(要, 想), 동등표현(跟·和…一样) 등이 있다.

넷째,『国际大纲(语法)』의 '대상성원칙'에 근거하여 "국제 중국어교육을 전문화에서 대중적, 보급형, 응용형 교육으로 실천하기 위해서 초등학생에서 성인까지 사용할 수 있게 요목의 난이도를 최대한 낮추었다."[72] 이처럼 전체적으로 난이도가 낮게 제정됨으로서 전 세계의 많은 학습자의 중국어 교육에 적용할 수 있게 하였다.

다섯째, 형태변화가 없는 중국어에서는 서로 다른 어휘들이 유사한 의미를 가지거나 동일한 통사구조가 다양한 의미를 나타내는 경우 문장 내의 통사적 제약이나 의미 기능의 차이를 구분하기는 어렵다. 그러나 이 요목에서 이러한 부분을 언어 내 대조의 방법을 통해 해결하고자 하였다. 예로 '시간부사'에서 "再"-"又", "就"-"才" 와 '존재표현'에서 "在", "有", "是" 등이 있다.

『国际大纲(语法)』 문법체계의 가장 큰 의의는 '어문 교육문법'체계나 『语法等级大纲(1996)』의 문법체계와는 달리 외국인 학습자를 위한 의사소통 중심의 중국어 교육문법요목의 체계를 형성하였다는 것이다. 따라서 중국어의 문법의 전반적인 체계를 다루기보다는 중국어를 구사하는데 있어 필요한 문법항목만을 다루었고, 학습자가 의사소통 맥락에서 적절하게 표현하게 하기 위해 '표현항목'을 제시함으로써 '이해'가 아닌 '실천' 위주의 문법체계를 형성하였다고 할 수 있다.

---

72) 『国际大纲(语法)』 서문에서 참조.

IV

『汉语水平等级标准与语法等级大纲』과 『国际汉语教学通用课程大纲』의 비교 분석

- 『语法等级大纲(1996)』과 『国际大纲(语法)』의 요목유형
- 『汉语水平等级标准』과 『国际大纲』의 요목제정 기준 비교
- 『语法等级大纲(1996)』과 『国际大纲(语法)』의 구성체계 비교
- 『语法等级大纲(1996)』과 『国际大纲(语法)』의 등급배열 비교
- 『语法等级大纲(1996)』과 『国际大纲(语法)』의 문법항목 비교

『语法等级大纲(1996)』과『国际大纲(语法)』은 모두 중국에서 제정된 외국인 중국어 학습자를 위한 '중국어 교육문법요목'이다. 두 요목은 목표, 성격, 구성체계, 등급배열, 문법항목 기술 등에서 외국인 학습자의 특징을 각각 달리 반영하고 있다.

본 장에서는 두 요목을 한국인 학습자에게 적용했을 때 적절한지의 여부를 알아보기 위해 두 요목의 유형, 요목의 기준, 구성체계, 등급배열, 문법항목 등을 기준으로 하여 비교 분석해 보고자 한다.

1. 『语法等级大纲(1996)』과『国际大纲(语法)』의 요목유형

의사소통 능력향상에 목적을 둔 중국어 교육에서 교육요목은 아주 중요한 지침서가 된다. 게다가 중국어를 좀 더 정확하고 유창하게 표현할 수 있게 하기 위해서는 교육문법요목 또한 필수적인 요소이다. 교육요목은 문법지식 실천과 기능 위주의 교육이 실현될 수 있게 한다. 이러한 관점으로 본 절에서는 중국 내 외국인 학습자를 위해 제정된 중국어 교육문법요목인『语法等级大纲(1996)』과『国际大纲(语法)』이 어떤 유형의 요목인지 검토해 보고자 한다.

1) 언어교육요목의 유형

본 절[73]에서는『语法等级大纲(1996)』과『国际大纲(语法)』의 요목들의 유형을 살펴보기에 앞서 일반적인 언어교육요목의 유형을 먼저 살펴보고자 한다.

일반적인 언어교육요목의 유형을 Robinson (1991:35)이 제시한 분류에 근거하여 살펴보면 크게 '결과 중심 교육요목'과 '과정 중심 교육요목'으로 나눌 수 있다. 세부적으로는 〈표 10〉과 같이 구분하였다.

---

73) 이미혜(2005.75-78)의 내용을 참조로 하여 기술하였다.

〈표 10〉 교육요목의 분류[74]

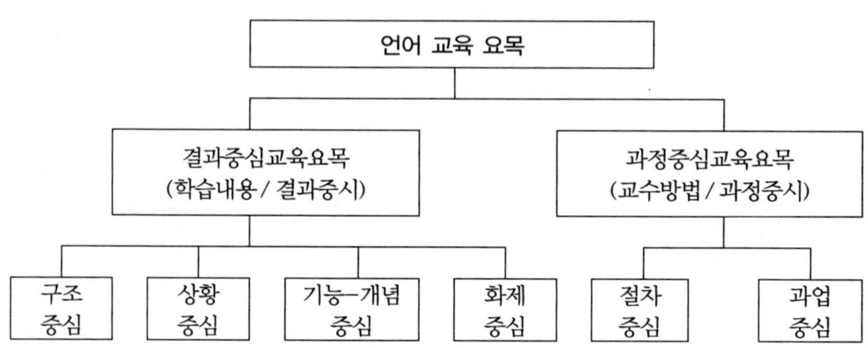

〈표 10〉에서 '결과 중심 교육요목'은 학습내용을 중시하여 교육내용, 언어기술, 목표를 자세히 기술하여 교수·학습과정의 최종 소산물, 즉 그 결과를 중시하는 요목으로 종합적인 언어교육방식이다. 세부적인 언어 항목인 '음운', '어휘', '문법'으로 나누어서 학습한 후, 학습자는 의사소통 시 각 부분을 종합하여 사용하게 된다. 그러므로 결과중심의 교육요목은 학습자가 언어 항목을 배우기 쉽게 작은 단위로 쪼개어서 제시한다. 이에 반해 '과정 중심 교육요목'은 내용보다는 학습 과정을 중시하므로 언어 항목들을 미리 선정하여 등급화하지 않고, 의사소통 상황 속에서 자연스럽게 학습하도록 한다. 이 요목은 분석적 접근방식으로 문법이나 어휘 등 언어요소 선정은 부수적이며, 수업 절차와 과업 선정이 우선적이다.

'결과 중심 교육요목'은 다시 '구조 중심 교육요목', '상황 중심 교육요목', '기능-개념 중심교육요목'으로 나눌 수 있다. '구조 중심 교육요목'은 결과 중심 교육요목에서 전통적으로 가장 널리 사용되는 유형이다. 언어의 형식적인 면을 학습하여 자동적으로 실제적인 의사소통에서 그 언어를 사용할 수 있다고 믿기 때문에, 문법구조, 어휘 중심으로 교육요목을 구성한다. 이때 문법 배열은 난이도, 빈도, 단순성 등을 따른다. '상황 중심 교육요목'은 상황에 따라 다양하게 사용하는 언어를 이해하고 활용하는 데 목표를 둔다. 상황을 제시하고, 문법은 그 상황에 적절한 것을 선정하여 배열하므로 문법 배열에 특정한 기준은 없다. '기능-개념 중심 교

---

74) 이미혜(2005:76)에서 재인용.

육요목'은 언어의 기능과 개념적 의미에 따라 교육 내용을 선정하고 배열한다. 이 때 기능은 언어를 사용하는 의사소통의 목적을 의미하며, 개념은 언어를 통해 표현되는 개념적인 의미를 나타낸다.

'과정 중심 교육요목'은 '절차 중심 교육요목'과 '과제 중심 교육요목'으로 나눌 수 있다. '절차 중심 교육요목'은 학습자·목적·수업 절차를 결정하고, 그 다음에 교사와 학습자가 협의하여 교육요목을 구성한다. '과제 중심 교육요목'은 수행해야 할 과제 목록으로 교육요목을 작성하는 것으로 구체적인 언어요소는 과제 수행 과정에서 도출되도록 한다.

이상의 언어교육요목 유형의 분류에 대해 赵金铭(2005:28-29)[75]과 束定芳(1996:158)[76]도 교육요목의 유형을 이와 유사한 '결과식(结果式)요목'과 '과정식(过程式)요목'

---

75) 赵金铭(2005:28-29)은 언어교육요목의 유형을 다음과 같이 분류하였다.
  1. '결과식요목'은 언어항목과 언어기술에 대해 귀납한 것으로 중점은 학습자가 학습을 통해 얻을 수 있는 지식과 기술에 있다. 즉 언어교육의 최종결과에 있다고 할 수 있다. '결과식요목'은 '조합형요목'과 '분해형요목'으로 나뉜다.
    1) '조합형(组合型)요목'은 쉬운 것에서 어려운 것으로 구분시킨 언어 내용을 다른 조성 부분으로 나누어서 마지막에는 완전한 언어의 내부체계를 형성하게 된다. 여기에는 전통적인 문법요목이 해당된다.
    2) '분해형(分解型)요목'은 언어 활용의 각도에서 학습자에게 교육내용을 제공하고, 이 내용은 난이도가 다른 언어요소로 조성되며, 언어형식은 다른 교육재료로 나누어져서 구성된다. 그리고 문법체계에 따르지 않고 내용이 배열된다.
  2. '과정식요목'은 학습의 임무와 교육단계를 기술한 것으로, 언어학습과 언어활동 자체에 중점이 있다. 즉 그 중점은 언어교육의 과정에 있다 '과정식요목'은 '임무형요목'과 '단계형요목'으로 나눌 수 있는데, 이 둘은 학습임무와 학습활동이 주요 내용이 된다. 여기서 '임무형요목'은 학습의 각도에 중점을 두어 임무활동을 선택한 요목이고, '단계형요목'은 교육의 각도에 중점을 두어 임무활동을 선택한 요목이다.
76) 束定芳 (1996:158)은 언어교육요목의 유형을 다음과 같이 분류하였다.
  1. 성과식(产品式)요목의 중점은 최종 목적 상태에 있고, 일부 언어항목과 기능의 목록에 있다. 또한 교육을 통해 학습자가 얻게 되는 지식과 기능에 있다. 产品式요목은 종합형요목과 분해형요목으로 구분된다.
    1) 종합형(综合型)요목은 언어의 달리 조성된 부분을 단계로 나누어 학습자에게 가르치는 것이다. 그리고 교육과정이 점차적으로 축적되는 과정을 통해 언어의 전체구조가 완전히 파악되게 하는 것이다.
    2) 분석형(分析型)요목은 학습자에게 난이도가 다른 여러 구조를 가진 언어를 설명하는 것이다. 요목 제정의 출발점은 언어의 문법체계가 아니고, 언어 사용에 목적이 있다. 전통적인 문법요목은 종합형에 속하고, 기능-의미요목 등을 의사소통방법의 이론기초의 요목은 분석형요목에 속한다.

의 구분법을 제시하였다. 그렇다면 중국어 교육문법요목이 어떤 유형의 요목인지
아래 절에서 살펴보고자 한다.

2) 『语法等级大纲(1996)』과 『国际大纲(语法)』의 요목유형 비교

『语法等级大纲(1996)』과 『国际大纲(语法)』이 어떠한 유형의 요목인지 앞 절에 근
거해 볼 때, 『语法等级大纲(1996)』은 '결과 중심 교육요목' 중에 '구조 중심 요목'에
속하고, 『国际大纲(语法)』은 '결과 중심 교육요목' 중에서 '기능 · 개념 중심 요목'에
속한다. 왜냐하면 『语法等级大纲(1996)』은 의사소통 시 활용할 수 있는 문법항목을
제시한 것이 아니라 전체적인 문법내용을 유형적으로 제시하고, 등급도 문법항목
의 난이도와 복잡한 정도에 따라 배열하였으므로 '구조 중심요목'이라 할 수 있다.
이에 반해 『国际大纲(语法)』은 의사소통 기능에 중점을 두어 등급별 목표에 맞는
표현을 위한 문법항목만을 다루었기 때문에 '기능 · 개념 중심요목'이라 할 수 있다.

   구체적으로 살펴보면, 『语法等级大纲(1996)』은 중국어 학습이나 평가에서 언급
될 수 있는 모든 것을 고려하여 제시한 총괄적인 기준이라고 할 수 있다. 또한 중
국어 학습자가 도달해야 하는 수준을 검증하는 데에 중점을 둔 요목으로 중국어
교육문법의 전반에 걸쳐있는 일반적이고 보편적인 특징을 다루었다고 할 수 있다.
따라서 '품사', '문장성분', '문장분류', '특수문' 등 전반적인 중국어의 문법체계를 전
등급에 배열하여 종합적인 접근방식을 취하고 있다. 그러므로 의사소통 시 문법
항목의 활용은 중국어교육 종사자나 학습자의 몫이라 할 수 있다. 여기에 대해
『语法等级大纲(1988)』[77]의 서문에서는 다음과 같이 설명하였다.

   "이 요강에 열거된 문법항목과 문법요소의 배열순서는 교재편집의 순서도
   아니고, 교육순서도 아니다. 그리고 교재나 교육에 그대로 옮겨놓을 수도 없

---

   2. 과정식(过程式)요목의 중점은 일부 목적의 일관적인 행동에 이르는 것이다. 또한 학습과
   교육의 과정 자체에 있다. 최근에 생겨난 임무형요목과 단계형요목은 요목의 중점이 학
   습의 임무와 교육의 순서로 옮겨졌다. 이 모두 과정식요목이다.

77) 여기에 제시된 내용은 『语法等级大纲(1996)』과 『语法等级大纲(1988)』이 동일하지만 『语法等
   级大纲(1996)』에서는 언급되지 않은 내용이므로 『语法等级大纲(1988)』에서 인용하였다.

다. 중국어교사는 전체적인 조건을 파악하여 기능법의 장점과 문화요소를 기초로 자신의 교육경험을 결합해야 한다. 그리고 학습대상에게 적절하고 과학적이며, 창의적인 교재와 교육을 위해 문법항목과 문법요소를 배열하여『语法等级大纲(1988)』의 기본적인 요구에 위배되지 않고, 자신의 특색을 구비할 수 있도록 하여야 한다."[78]

이것으로 이 요목을 중국어교육에 적용하기 위해서는 다시 재구성되어야 함을 일 수 있디. 또한 이 요목의 문법등급배열은 '단계성원칙'에 근거하여 쉬운 것에서 어려운 것으로, 간단한 것에서 복잡한 것으로, 그리고 중요한 것, 복잡한 것은 간단한 문법항목이나 문법요소의 뒤에 배열하였다. 그리고 각각의 중요한 항목 중에서 어려운 항목과 쉬운 항목들도 단계적으로 심화시켰다.[79] 이와 같은 특징으로 인해서 이 요목이 '결과 중심 교육요목' 중에 '구조 중심요목'임을 알 수 있다. 이러한 특징을 예로『语法等级大纲(1996)』의 '품사'와 '특수문'의 등급분포를 통해 이 요목이 '구조 중심 요목'임을 알 수 있다.

〈표 11〉『语法等级大纲(1996)』의 '품사'와 '특수문'

구분	【甲】	【乙】	【丙】	【丁】
품사	명사 · 대명사 · 동사 · 형용사 · 수사 양사 · 부사 · 전치사 · 접속사 · 조사			
[추가된 품사]	감탄사 의성사	겸류사 이합사		
특수문	是자문 有자문 把자문 피동문 연동문 겸어문 존현문 是 … 的구문 비교문	是자문 把자문 被자문 연동문 겸어문 是 … 的구문 비교문	是자문 有자문 是 … 的句 피동문 겸어문 비교문 把자문 把자문 확대 용법	피동문 비교문 把자문 특수문 확장

---

78)『语法等级大纲(1996)』서문 참조.
79) 刘英林 · 李明(1997: 90-92) 참조.

〈표 11〉를 통해서『语法等级大纲(1996)』의 12가지 품사가【甲】에서는 모두 다루어졌음을 알 수 있다. 그러나【乙】에서【丁】까지는【甲】의 '감탄사'와 '의성사'가 빠지고, '겸류사', '이합사'가 새로이 추가되었다.

특수문의 '피동문', '비교문', '把자문'도 전 등급에 분포되어 있고, 나머지 특수문은 등급의 난이도에 맞게 선택적으로 배열되었다. 이 예를 통해『语法等级大纲(1996)』은 이론문법에서 다루던 전체적인 문법내용이 대체적으로 전 등급에 배열되어 있음을 알 수 있다. 따라서 동일 등급 내의 문법항목들을 중국어 교육에 적용시키기 위해서는 반드시 선후관계에 대한 재배열이 이루어져야 한다. 그러므로 이 요목은 중국어 교육의 실천을 위한 요목이기보다 학습자가 도달해야 하는 수준을 검증하는 요목이라고 할 수 있다.

이에 반해『国际大纲(语法)』이 '기능·개념 중심 요목'인 이유는 이 요목이 전체적인 문법체계를 모두 다루고 있는 것이 아니고, 의사소통 기능에서 표현되어야 하는 문법항목만을 등급별로 제시하였기 때문이다. 따라서 동일한 개념이나 기능을 수행하는데 필요한 항목들은 함께 혹은 단계적으로 배열하였다. 이러한 특징은 예로『国际大纲(语法)』의 '표현항목'을 살펴보면 그 특징을 알 수 있다.

〈표 12〉『国际大纲(语法)』의 '표현항목'

2급 표현 항목	예
• 소속관계표현: 명사·대명사+的+ 명사	这是我的书。
• 존재 표현: "在"자문 "有"자문 "是"자문	北京大学在清华大学西边。 桌子上有两本书。 图书馆西边是运动场。
• 거리 표현: "离"	北京大学离清华大学很近。
• 바람 표현: "想, 要"	我要一瓶可乐。 我想去中国。 玛丽要去图书馆。

〈표 10〉에서 살펴본 것처럼『国际大纲(语法)』에서 제시된 '표현항목'은 문법적 특징보다 의미기능에 중점을 두어 동일한 의미기능을 하는 문법항목들을 제시하였다. '바람표현'의 예 "我要一瓶可乐。"에서 "要"는 '동사'로 쓰였고, "玛丽要去图书馆。"에서는 '조동사'로 쓰였다. 그러나 이들은 문법기능과 관계없이 '바람'의 의미기능을 하는 것은 동일한 문법항목으로 함께 제시하였다. 이것으로 이 요목은 문법지식을 체계화하기 위한 요목이기보다는 문법을 의사소통에 실천을 위해 제정된 '기능·개념 중심 요목'임을 알 수 있다.

이상으로『语法等级大纲(1996)』과『国际大纲(语法)』을 유형별로 다시 정리하면,『语法等级大纲(1996)』은 전통적으로 가장 널리 사용되는 유형으로 중국어 문법의 전체적인 내용을 모두 다루고 있으며, 문법항목을 유형별로 구분하고, 난이도에 따라 등급배열을 한 요목이다. 또한 이 요목의 문법항목은 의사소통 시나 실제 문법교육에 실천되기보다 학습자가 도달해야 하는 수준을 검증하는데 사용되는 '구조 중심 요목'이라고 할 수 있다. 반면『国际大纲(语法)』은 중국어의 전체적인 문법체계를 다루기보다 의사소통 시 요구되는 표현들만을 등급별 목표에 맞춘 것이다. 따라서『国际大纲(语法)』은 문법체계에 의존하기보다 실제 의사소통에서 활용할 수 있게 의미기능에 중심을 둔 '기능·개념 중심 요목' 이라고 할 수 있다.

2.『汉语水平等级标准』과『国际大纲』의 요목제정 기준 비교

중국어 교육문법요목인『语法等级大纲(1996)』과『国际大纲(语法)』은 제정 기준인『汉语水平等级标准』과『国际大纲』에 의해 제정되었다. 이들 기준은 중국어 교육문법요목의 목표와 원칙, 구성체계의 틀 등을 제시하므로 요목 제정에 중요한 잣대가 된다. 따라서 본 절에서는『语法等级大纲(1996)』과『国际大纲(语法)』의 비교에 앞서 이 두 요목의 기준인『汉语水平等级标准』과『国际大纲』을 먼저 비교 분석하고자 한다.

1) 『汉语水平等级标准』의 요목기준

『语法等级大纲(1996)』기준인 『汉语水平等级标准』의 전체 목적은 중국어교육의 통일된 교육요구, 교육등급, 교육수준을 규정하는 것이다. 즉, 교육기준을 과학적으로 등급화 하였다. 또한 『汉语水平等级标准』의 원칙은 종합성원칙, 대상성원칙, 제한성원칙, 계통성원칙, 지도성원칙[80]을 근거로 하였다. 이러한 원칙을 토대로 하여 『语法等级大纲(1996)』의 구성 체계는 '3등·5급·3요소'로 구성된다. 여기서 3등은 '초·중·고등'수준이고, 5급은 '1급~5급'이며, 3요소는 '화제내용(话题内容)', '언어범위(语言范围)', '발화능력(言语能力)'이다. 이들의 관계를 제시하면 다음과 같다.

---

80) 이들 원칙을 『汉语水平等级标准』의 서문에 다음과 같이 제시하였다.
   1) 종합성원칙은 대외한어교육의 40년간의 실천경험과 많은 연구 성과에 또 다른 학문영역의 새로운 연구 성과까지도 수용해야 한다. 또한 언어교육의 3요소인 화제내용, 언어범위, 발화능력에 언어의 5가지 표현기능인 읽기, 듣기, 말하기, 쓰기, 번역하기도 종합해야 한다.
   2) 대상성원칙은 등급별 교육적 요구에 내용이 적합해야 하고, 규정된 수량도 적절해야 한다. 즉 외국인이 중국어 학습 시 나타나는 특징이나 어려운 점에 맞추어야 하고, 실효성도 지녀야 한다.
   3) 한정성원칙은 '정성(定性)기술', '정량(定量)분석', '등급배열'을 하는 원칙이다.
      이때의 '정성기술'은 화제내용(话题内容), 언어범위(语言范围)를 성질을 규정하여 기술하는 것이고, '정량분석'은 교육적 요구와 등급수준에 대해 수량을 제한하는 것이다. 또한 '등급배열'은 '정성기술'과 '정량분석'을 기초로 하여 이와 관련된 교육내용을 각각 다른 범위, 등급, 수준별로 나누어 배열하는 것이다.
   4) 계열성원칙은 종적으로나 횡적으로 서로 일치하고, 상호보완해서 완전한 등급체계를 갖추어야 한다. 종적으로는 5등급과 그 등급에 따른 내용들이 언어기술이나 발화능력에서 단계적으로 심화되어야 한다. 또 횡적으로는 각 등급에 해당하는 언어 요소들 즉 화제내용, 언어범위, 발화능력이 서로 상호보완적이어야 하고, 제시된 기준에 일치해야 한다.
   5) 유도성원칙은 교육내용, 교육수준, 교수법에 대해 중국어교육의 통일된 목표체계로 이끌어야 한다. 예컨대 교육내용과 교육수준에서는 어휘, 한자, 어법이 과학적이고 통일되며, 규범화된 목표에 도달해야한다. 또한 언어기술이나 발화능력은 읽기, 듣기, 말하기, 쓰기, 번역하기 등은 전면적인 발전이 있어야 한다. 그리고 교수법 체계에서는 '구조-기능-문화의 상호결합'이 주도하여 교육 대상에 따라 다원화된 교수법을 제시할 수 있어야 한다.

〈표 13〉 『汉语水平等级标准』의 3요소[81]

		화제내용	언어범위	발화능력
초등	1급	• 가장 기본적인 일상 생활 • 제한적 학습활동 • 간단한 사회교제	• 보통어 전체 성, 운, 조 甲级词: 1033개 甲级字: 800개 甲级语法: 129항목	• 초보적인 읽기, 듣기, 말하기, 쓰기 능력 구비
	2급	• 기본적인 일상생활 • 학습과 일정 범위내의 사회교제 활동	• 보통어 전체 성, 운, 조 甲乙级词: 3,051개 甲乙级字: 1,604개 甲乙级语法: 252항목	• 기본적인 읽기, 듣기, 말하기, 쓰기 능력 구비

〈표 13〉에서는 『汉语水平等级标准』의 3요소인 '화제내용', '언어범위', '발화능력'을 등급별로 구분하여 해당되는 내용을 제시하였다. 여기서 '화제내용'은 등급별로 임무를 수행해야 하는 화제내용을 제시하였고, '언어범위'는 '발음, 어휘, 한자, 문법'을 등급별로 모두 파악할 수 있게 정량적으로 제시하였으며, '발화능력'은 '읽기', '듣기', '말하기', '쓰기', '번역하기'[82]로 구분하여, 도달해야 하는 수준을 제시하였다. 이 가운데 '듣기', '읽기', '말하기'에 해당되는 내용을 좀 더 상세하게 살펴보면 〈표 14〉와 같다.

〈표 14〉 『汉语水平等级标准』의 읽기 · 듣기 · 쓰기 수량제한[83]

		읽기	듣기	쓰기
초등	1급	• 본문 유사한 서술문 길이: 400~500자 속도: 100자/분 이해: 90%이상 • 같은 종류의 단문 (1%새 단어 포함) 속도: 80자/분 이해: 80%이상	• 강의실: 본문과 유사한 교재 길 이: 300~400자 말속도: 160자/분 • 실제교재: 익숙한 내용으로 묻고 답하기 말속도: 150자/분	• 받아쓰기: 이미 학습한 간단한 단락 속도: 10자/분 한자정확도: 90%이상 필사속도: 15자/분 • 본문모방 300자이내의 서술문

---

81) 예로 '초등(1-2급)'만 다루었다.

82) 번역하기는 3~5급에서만 제시하였다.

83) 예로 초등(1-2급)'만 다루었다.

급			
2 급	• 제재가 익숙한 단 　속도: 120자/분 　이해: 90%이상 • 새단어 2% 이내 포함한 　평이한 문장 　속도: 100자/분 　이해: 80%이상	• 강의실: 새단어 2%를 　포함한 화제가 익숙한 　제재 　길　이: 500~600자 　말속도: 180자/분 • 실제교제: 익숙한 내용 　으로 일반성 담화 　말속도: 170자/분	• 받아쓰기: 이미 학습한 　비교적 긴 단락 　속도: 13자/분 　한자정확도: 90%이상 • 2시간 내에 제재가 익숙 　한 서술문: 500자 이상

〈표 14〉에서는 '듣기', '읽기', '말하기'의 영역에서 등급별로 도달해야 하는 수준을 제시하였다. 좀 더 세부적으로 '읽기'는 읽을 문장의 길이, 속도, 이해정도 등을 제시하였고, '듣기'에서도 '수업시간의 듣기'와 실제 '담화상의 듣기'로 구분하여서 듣는 문장의 길이와 말속도도 제시하였다. 그리고 '쓰기'에서는 쓰는 글자 수, 속도, 정확도까지 제시하였다.

이러한 기준을 토대로 하여 『语法等级大纲(1996)』, 『词汇等级大纲』, 『汉字等级大纲』을 제정하였다. 이들의 유기적인 관계를 정량적으로 제시하면 다음과 같다.

〈표 15〉 기준과 『语法等级大纲』, 『词汇等级大纲』, 『汉字等级大纲』[84]

	기준	『词汇大纲』		『汉字大纲』		『语法大纲』	
초 등	1급기준	甲级词	1033个	甲级字	800种	甲级语法	129项
	2급기준	乙级词	2018个	乙级字	804种	乙级语法	123项
중 등	3급기준	丙级词	2202个	丙级字	601种	丙级语法	400点
고 등	4급기준	丁级词	3569个	丁级字	700种	丁级语法	516点
	5급기준						
总计		四级词	8822个	四级字	2905种	四级语法	1168项点

---

84) 刘英林 (1995) 참조.

이상의 내용을 요약하면『语法等级大纲(1996)』기준인『汉语水平等级标准』은 중국어교육의 통일된 교육요구, 교육등급, 교육수준을 규정하여 각 등급에 도달해야 하는 교육기준을 과학적으로 나눈 것이다. 또한 종합성원칙, 대상성원칙, 제한성원칙, 계통성원칙, 지도성원칙85)을 근거로 하였다. 이러한 원칙을 토대로 하여 '3등·5급·3요소'의 체계로 제시되었고, 여기서 3요소는 '화제내용', '언어범위', '발화능력(듣기, 읽기, 쓰기, 말하기, 번역하기)'에 해당하는 내용을 등급별로 제시하였다. 그리고 '언어지식(어휘, 한자, 문법)'과 관련된 요목은 이 기준과 유기적인 관계를 가지고 제정되었다.

---

85) 이들 원칙을『汉语水平等级标准』의 서문에 다음과 같이 제시하였다.

   1) 종합성원칙은 중국어교육의 40년간의 실천경험과 많은 연구 성과에 또 다른 학문영역의 새로운 연구 성과까지도 수용해야 한다. 또한 언어교육의 3요소인 화제내용, 언어범위, 발화능력에 언어의 5가지 표현기능인 읽기, 듣기, 말하기, 쓰기, 번역하기도 종합해야 한다.

   2) 대상성원칙은 등급별 교육적 요구에 내용이 적합해야 하고, 규정된 수량도 적절해야 한다. 즉 외국인이 중국어 학습 시 나타나는 특징이나 어려운 점에 맞추어야 하고, 실효성도 지녀야 한다.

   3) 한정성원칙은 '정성(定性)기술', '정량(定量)분석', '등급배열'을 하는 원칙이다.
     이때의 '정성기술'은 화제내용(话题内容), 언어범위(语言范围)를 성질을 규정하여 기술하는 것이고, '정량분석'은 교육적 요구와 등급수준에 대해 수량을 제한하는 것이다. 또한 '등급배열'은 '정성기술'과 '정량분석'을 기초로 하여 이와 관련된 교육내용을 각각 다른 범위, 등급, 수준별로 나누어 배열하는 것이다.

   4) 계열성원칙은 종적으로나 횡적으로 서로 일치하고, 상호보완해서 원전한 등급체계를 갖추어야 한다. 종적으로는 5등급과 그 등급에 따른 내용들이 언어기술이나 발화능력에서 단계적으로 심화되어야 한다. 또 횡적으로는 각 등급에 해당하는 언어 요소들 즉 화제내용, 언어범위, 발화능력이 서로 상호보완적이어야 하고 제시된 기준에 일치해야 한다.

   5) 유도성원칙은 교육내용, 교육수준, 교수법에 대해 중국어교육의 통일된 목표체계로 이끌어야 한다. 예컨대 교육내용과 교육수준에서는 어휘, 한자, 문법이 과학적이고 통일되며, 규범화된 목표에 도달해야한다. 또한 언어기술이나 발화능력은 읽기, 듣기, 말하기, 쓰기, 번역하기 등은 전면적인 발전이 있어야 한다. 그리고 교수법 체계에서는 '구조-기능-문화의 상호결합'이 주도하여 교육 대상에 따라 다원화된 교수법을 제시할 수 있어야 한다.

2) 『国际大纲』의 요목기준

『国际大纲』의 전체적인 목적은 "외국인 중국어 학습자로 하여금 중국어의 언어지식과 기술을 동시에 학습하여 학습목적을 강화하고, 스스로 학습과 공동학습의 능력을 배양하여, 효과적인 학습책략을 형성하고, 최종적으로 언어의 종합적인 능력을 구비하는데 있다."[86]라고 하였다. 그리고 '과학성원칙', '실용성원칙', '적절성원칙', '통용성원칙'[87]에 근거하여 제정되었다. 이러한 원칙을 토대로 『国际大纲』은 전체 5등급으로 나누어서 구성되었고, 등급별 목표도 구체적으로 아래와 같이 제시하였다.

---

86) 『国际大纲』의 서문에 제시하였다.
87) 이들 원칙을 『国际大纲』의 서문에 다음과 같이 제시하였다.
  1. 과학성원칙
    언어 교제능력 이론을 중심으로 많은 외국어와 제2언어 교육 요목의 경험과 성과를 참고로 하였고, 국제 중국어교육의 경험을 받아들였으며, 비교적 넓은 범위 내에서 조사연구를 진행하였다. 제정방법으로 경험을 기반으로 하고 실증을 집중적으로 하였으며, 이론과 실제를 서로 결합해서 비교적 강한 과학성과 전형성을 구비하였다.
  2. 실용성원칙
    국제 중국어교육 실천의 각도에서 출발해서 학과과정 목표와 학습자가 구비해야 하는 지식, 언어기능, 책략과 문화의식 등의 방면에서 등급을 나누고 분류하여 기술하였다. 동시에 『汉语教学话题及内容建议表』, 『汉语教学话题及内容举例表』, 『中国文化题材及文化任务举例表』, 『常用汉语语法项目分级表』, 『汉语拼音声母, 韵母与声调』, 『常用汉字800字表』, 『常用汉语1500高频词语表』 등 많은 실용참고 가치가 있는 부록을 구비했다. 사용자는 실제 교육 상황에 따라 참고하고, 선택하여 증가하는 내용은 개별화된 교육요강이나 교재 편집의 기준으로 제정하였다.
  3. 적절성원칙
    국제 중국어교육에 맞게 전문화에서 대중화, 보편화, 응용형의 발전추세로 가고 있다. 『国际汉语教学通用课程大纲』의 편집과정 중에 최대로 초·중·고등학교 및 사회 인사 등의 다른 대상의 특징까지도 아우를 수 있게 하였다. 또한 중국어 학습의 난이도를 최대한 낮추고, 목표등급에 대해 적당히 조절을 하였다. 중국어 교제능력으로 언어의 종합적 운용능력을 부각하여 국제 중국어교육의 실제 상황에 적합하게 하였다.
  4. 통용성원칙
    『国际汉语教学通用课程大纲』은 『国际汉语能力标准』 및 『欧洲语言教学与评估框架性共同标准』 등 국제적으로 공인된 언어능력 기준을 참고하였으며, 문화 간 언어교육의 각도에서 현 단계의 국제 중국어교육의 성과와 경험을 받아들였고, 전형적인 중국어지식, 문화지식 등 교육내용에 대해 정리하였다. 게다가 실제 사용할 수 있는 예시를 제시하였다. 그리하여 더 많은 국제 중국어교육의 종사자가 교육, 교사양성, 교재편집 등의 분야에서 참고로 사용하기 편리하게 하기 위해 사용된다.

〈표 16〉『国际大纲』의 등급별 목표[88]

등급	등급별 목표
1	• 학습자가 관계하고 있는 사람이나 일상생활에서 기본 언어재료를 이해하므로 비교적 정확하게 간단한 문장을 표현하고, 외우고, 베껴 쓸 수 있게 한다. • 중국어를 배우는 흥미와 자신감을 배양하기 시작한다. • 교사의 지도하에 초보적으로 간단한 학습책략, 의사소통책략, 자원책략, 학제간책략을 접하게 한다. • 중국 문화를 이해하기 시작하고, 초보적인 문화간의식과 국제적 시야를 가질 수 있게 한다.
2	• 학습자가 관계된 사람이나 일상생활의 기본 언어재료를 이해하고 파악할 수 있게 하여, 기본문형을 파악해서 간단한 문장을 만들 수 있다. • 사물에 대해 간단하게 기술할 수 있으며, 비교적 간단한 교류 방식으로 간단한 언어 교류를 진행한다. • 중국어 학습의 흥미와 자신감을 배양하기 시작한다. • 초보적으로 간단한 학습책략, 의사소통책략, 자원책략과 학제 간 책략을 배운다. • 중국 문화지식을 이해하기 시작하고, 초보적인 문화 간 지식과 국제적 시야를 가질 수 있게 한다.

〈표 16〉은 『国际大纲』의 전체목표를 등급별로 구분하여 제시한 것이다. 이들 목표는 『国际大纲』의 네 분야인 '언어지식', '언어기능', '책략', '문화지식'을 등급별로 구분하는 목표로 쓰였다. 이들 분야별로 내용이 다시 등급별로 제시되고 이들의 유기적인 관계를 통해 최종적으로는 외국인 학습자가 중국어를 종합적으로 활용할 수 있게 구성되었다. 아래의 〈표 17〉에서 『国际大纲』의 네 분야와 구체적인 내용을 살펴보면 다음과 같다.

---

88) 전체 5등급 가운데 1~2급만 제시하였다.

<표 17> 국제중국어교육 교과과정 목표구조 관계도[89]

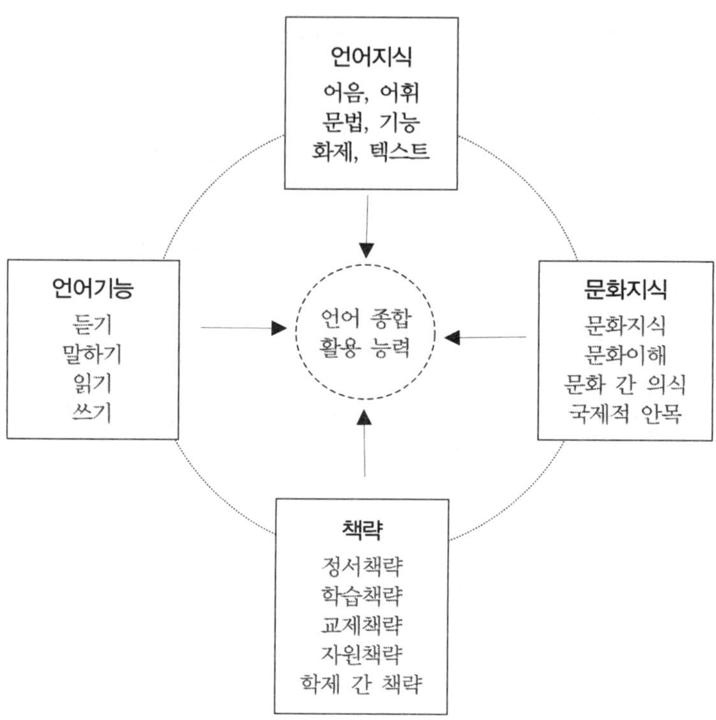

<표 17>의 네 분야는 '언어지식', '언어기능', '책략', '문화지식'으로 구분하여 제시하였다.[90]

① '언어지식'은 언어실행의 종합적인 능력을 구비하기 위한 조성부분으로 언어기능 발전에 중요한 기초가 된다. 하위 구조는 '어음', '어휘', '문법', '기능', '화제, 텍스트' 등으로 나누어 언어지식에 대해 기술하였다.

② '언어기능'은 종합적인 언어 실행능력의 중요한 부분으로 각 등급에서 기술하는 언어기능은 종합적인 기능에 대한 것으로 듣기, 말하기, 읽기, 쓰기로 나누어 제시하였다.

---

89) 『国际大纲』의 서문에서 표 인용.

90) 『国际大纲』, 앞의 책 서문 참조.

③ '책략'에는 '정서책략', '학습책략', '의사소통책략', '자원책략', '학제 간 책략'이 포함되어 있다. 이는 각 등급에서 학습자가 파악해야 하는 책략에 대해 필요한 부분을 교사가 교육과정에서 참고할 수 있게 제공하였다.

④ '문화지식': 언어는 풍부한 문화적 함의가 내포되어 있다. 따라서 교사는 당연히 학습자의 연령별 특징과 인지능력에 따른 문화지식의 내용과 범위를 점차 확대시켜 학습자가 시야를 넓힐 수 있게 하였다. 그리고 학습자가 세계의 많은 문화 중에서 중국문화의 위치와 작용을 이해하게 하였다. 이는 등급별로 학습자가 파악해야 하는 문화지식을 교사가 교육과정에서 참고할 수 있게 제공되었다.

이상의 네 분야의 내용은 분야별로 5등급에 걸쳐 나누어 제시됨으로 외국인 중국어 학습자가 해당되는 등급에서 네 분야의 내용을 종합적으로 실행할 수 있게 제시되었다. 네 영역 가운데 '언어지식', '언어기능'은 등급별 목표에 맞게 세목별로 제시가 되어있지만, '책략'과 '문화의식'은 교육내용으로 제시된다. 그리고 등급별 목표를 교사가 참고하여 학습자의 수준에 맞게 교육이 이루어져야 한다. 그렇다면 문법요목을 포함하고 있는 '언어지식'의 등급별 목표를 구체적으로 살펴보기 위해 1급을 예로 들어보면 다음과 같다.

〈표 18〉 1급 '언어지식' 목표

지식	목표 기술
1급 목표	• 학습자가 관계하고 있는 사람이나 일상생활에서 기본 언어재료를 이해하므로 비교적 정확하게 간단한 문장을 표현하고, 외우고, 베껴 쓸 수 있게 한다. • 중국어를 배우는 흥미와 자신감을 배양하기 시작한다. • 교사의 지도하에 초보적으로 간단한 학습책략, 의사소통책략, 자원책략, 학제 간 책략을 접하게 한다. • 중국 문화를 이해하기 시작하고, 초보적인 문화간의식과 국제적 시야를 가질 수 있게 한다.
어음	1. 한자병음의 정확한 독음을 파악하게 한다. 2. 초보적인 한자의 발음을 식별하게 한다. 3. 한자가 성조가 있는 언어이고, 중국어 보통어에 4가지 성조와 경성이 있다는 것을 이해시킨다.
한자	[교사지도 히]

어휘	1. 150개 정도의 상용한자를 익혀서 듣기, 말하기, 읽기, 쓰기를 할 수 있게 한다. 2. 기본적인 조자성분과 조성부분이나 한자의 편방부수를 식별하기 시작하게 한다. 3. 한자의 기본필획과 필순을 이해하게 한다. 4. 초보적인 중국어에서의 한자와 단어의 관계를 이해하게 한다. 5. 초보적인 300개의 일상생활, 학교생활과 관계된 가장 기본적인 어휘를 익히게 한다.
문법	[이해와 파악] 1. 기본어순 2. 상용문형, 일반의문문과 '不'를 사용한 부정문 3. 상용명사, 수사, 양사 4. 인칭대명사, 지시대명사 5. 사람과 사물을 기술하는 기본표현방식 6. 상용동사. 형용사와 정도부사
기능	1. 안부, 감사, 사과, 이별 등 상용교제기능을 이해할 수 있어야 한다. 2. 바디 랭귀지나 실물을 통해 가장 기본적인 일상생활의 교제를 완성할 수 있어야 한다.

화제	1. 가장 기본적이고, 가장 간단한 교제 용어를 파악한다.
	2. 개인과 밀접한 관계가 있는 간단한 화제를 이해하게 한다.
	  (예: 가정, 개인정보, 취미 등)
	3. 일상생활과 밀접한 관계가 있는 간단한 화제에 익숙하게 하다.
	  (예: 숫자, 시간, 날짜, 돈 등)

텍스트	생략

이상의 내용을 요약하면 『国际大纲(语法)』의 기준인 『国际大纲』은 외국인 중국어 학습자로 하여금 중국어의 언어지식과 기술을 동시에 학습하여 종합적인 언어능력을 구비하도록 하는데 목적이 있다. 그리고 외국인 학습자에게 적절하게 과학성원칙, 실용성원칙, 적절성원칙, 통용성원칙에 근거하여 전체 5등급 구분하였다. 또한 등급별 목표를 제시하고, 그 목표가 '언어지식', '언어기능', '책략', '문화지식'의 분야에 걸쳐 세부적으로 제시되었다. 따라서 외국인 학습자가 수준에 맞게 종합적인 중국어 구사능력을 향상시킬 수 있게 제정되었다.

이상으로 『汉语水平等级标准』과 『国际大纲』의 기준을 목적, 등급체계, 하부영역으로 나누어서 비교 분석하면 다음과 같다.

① 목적의 차이

두 기준은 목적에서부터 차이를 보인다.

『汉语水平等级标准』이 과학적이고 통일된 교육기준이라면, 『国际大纲』은 외국인 학습자로 하여금 종합적인 언어능력을 구비하게 하는 기준이다. 따라서 『汉语水平等级标准』은 교육을 체계화시키기 위한 기준이라면, 『国际大纲』은 외국인 학습자의 중국어 능력향상을 위한 효율적인 중국어 교육의 기준이라고 할 수 있다.

② 등급 체계의 차이

『汉语水平等级标准』과 『国际大纲』이 전체적으로는 5급으로 동일하다. 하지만 『汉语水平等级标准』은 단지 5급을 기준으로 각각의 세부 영역(화제내용, 언어범위, 발화능력)으로 나누었고, 이와 연계된 『词汇等级大纲』, 『汉字等级大纲』, 『语法等级大纲』등은 4급(甲, 乙, 丙, 丁)으로 나누었다. 반면, 『国际大纲』은 하부영역(언어기능, 언어지식, 문화의식, 책략)도 전체 등급별 목표에 맞게 5등급으로 나누어 제시되었다.

③ 하부 영역의 차이

『汉语水平等级标准』에서 구분한 '발화능력(듣기, 읽기, 쓰기, 말하기, 번역하기)'는 『国际大纲』에서 제시한 '언어기능(듣기, 읽기, 쓰기, 말하기)'영역과 유사하다. 그리고 '언어지식(어음, 어휘, 문법, 기능, 화제, 텍스트)' 가운데 '어음'은 『汉语水平等级标准』의 3요소 중 '언어범위'에 해당되며, 나머지 부분은 『词汇等级大纲』, 『汉字等级大纲』, 『语法等级大纲』 등의 요목으로 구분되었다. 두 기준 모두 '듣기, 읽기, 쓰기, 말하기'와 '어음, 어휘, 문법'을 공통적으로 다루고 있지만, 구성체계에 따라 달리 제시되었다. 그 밖의 차이점으로는 『国际大纲』의 '언어지식' 가운데 '기능', '화제', '텍스트'는 외국인 학습자의 의사소통 중심의 교육을 위해 새롭게 다루어진 부분이다. 그리고 '책략'과 '문화의식'은 중국어 교육 시 교사가 참고로 하기 위해 추가된 부분이다.

3. 『语法等级大纲(1996)』과 『国际大纲(语法)』의 구성체계 비교

본 절에서는 현행 중국어 교육문법요목인 『语法等级大纲(1996)』과 『国际大纲(语法)』의 구성체계를 요목별로 소개하고, 차이점을 살펴보고자 한다.

1) 『语法等级大纲(1996)』의 구성체계

『语法等级大纲(1996)』은 『汉语水平等级标准』을 토대로 하여 아래와 같은 체계로 제정되었다.[91]

〈표 19〉 『语法等级大纲(1996)』 등급관계도

	『汉语水平等级标准』		『语法等级大纲(1996)』	
초등	1급기준	甲급문법	129项(문법항목)	
	2급기준	乙급문법	123项(문법항목)	
중등	3급기준	丙급문법	400点(문법요소)	
고등	4급기준	丁급문법	516点(문법요소)	
	5급기준			
총 계		四级语法	1168项点	

〈표 19〉에서 알 수 있듯이 『语法等级大纲(1996)』은 『汉语水平等级标准』과 유기적인 관계를 갖고 있다. 『汉语水平等级标准』의 '초등수준'은 '1, 2급'으로 나뉘며 『语法等级大纲(1996)』의 '甲, 乙급'에 해당된다. '중등수준'은 '3급'으로 『语法等级大纲(1996)』의 '丙급'에 해당된다. 그리고 '고등수준'은 '4, 5급'으로 『语法等级大纲(1996)』의 '丁급'에 해당된다. 이러한 등급을 토대로 『语法等级大纲(1996)』은 '3등 · 4급 · 5단위(三等四级五层次)'로 구성되었다. 여기서 '3등'은 『汉语水平等级标准』에서의 '초 · 중 · 고등수준'이고, '4급'은 『语法等级大纲(1996)』의 '甲급, 乙급, 丙급, 丁급'이다. 그리고 '5단위'는 문법단위인 '형태소', '품사', '구', '문장', '문단'이다. 이를 다시 정리해보면, 『语法等级大纲(1996)』의 체계는 기준의 3요소(화제내용, 언어범위, 발화능

---

91) 본 절은 『语法等级大纲(1996)』에서 제시된 구성체계를 참고로 하여 기술하였다.

력)에 적합한 문법내용을 3등(초·중·고등), 4급(甲, 乙, 丙, 丁级)의 체계에 맞게, 다섯 개의 문법단위로 배열하였다. 이러한 체계로 제정된『语法等级大纲(1996)』의 문법 등급 분포도를 살펴보면 다음과 같다.

<표 20>『语法等级大纲(1996)』문법등급 분포도

初等水平		中等水平	高等水平
甲级문법	乙级문법	丙级문법	丁级문법
129항목(项)	123항목(项)	400요소(点)	516요소(点)
		형 태 소	형 태 소
품 사	품 사	품 사	품 사
구		구	
			구의 구성
	고 정 구	고 정 구	고 정 구
	고정형식	고정형식	고정형식
문장성분	문장성분	문장성분	
문장분류			
특 수 문	특 수 문	특 수 문	특 수 문
질문의 방법			
수 표기법			
강 조 법	강 조 법		
동작의 태		동작의 태	
		반 어 문	반 어 문
		회화형식	회화형식
복 문	복 문	복 문	복 문
			다중복문
			문 단

〈표 20〉의 문법등급 분포도를 살펴보기에 앞서 우선 언급되어야 할 부분이 바로 문법내용의 제시단위인 '문법항목'과 '문법요소'이다. '문법항목'과 '문법요소'는 『语法等级大纲(1996)』에서 문법내용을 제시하는 단위[92]이다. 이에 대해서 賈甫田(1989:57)은 다음과 같이 정의하였다.

> '문법항목'은 전체 문법체계의 유기적인 부분을 범주화하고, 문법범주나 문형체계를 개괄하는 성격을 지니고 있어 교재 내에서 문법주석으로 다루기 어렵다. 반면, '문법요소'는 문법항목과 달리 비교적 단순하고 독립성을 지니고 있어서 그 유무에 따라 문법체계에 영향을 끼치지 않으며, 교재에서 주석으로 처리할 수 있다.

이상의 내용을 토대로 '문법항목'은 '문법요소'의 상위범주라고 간주할 수 있고, '문법항목'에 '문법요소'가 반드시 포함되는 것[93]은 아니며, '문법항목'은 체계성을 지니고, '문법요소'는 독립성을 지닌다고 할 수 있다.

---

92) 『语法等级大纲(1996)』에 사용된 '문법항목'과 '문법요소'를 예로 정리하면 다음과 같다.

『语法等级大纲(1996)』 문법 항목, 요소 (예)

문법유형	문법항목	문법요소
품사 (명사)	【甲001】 1. 일반명사 妈妈, 教室, 词典, 自行车, 水平, 精神	【丙056】　人群(书本, 车辆, 纸张) 【丙057】　一带 【丙058】　上旬(中旬, 下旬)

위의 표에서 【甲001】에서 "妈妈, 教室" 등의 예는 각각의 문법요소들인데, 이들은 '일반명사'라는 공통된 특징으로 범주화하여 '문법항목'으로 쓰였다. 하지만 【丙056~058】에서는 각각의 명사들은 어떤 공통된 특징으로 귀납할 수 없으므로 독립된 형식인 '문법요소'로 배열되었다. 이로써 여러 '문법요소'의 공통된 특징을 범주화하여 하나의 문법형식으로 귀납한 것은 '문법항목'이 되고, 독립된 형식으로 어느 특정한 범주에 속하지 못하는 것은 '문법요소'이다. 그러므로 '문법항목'은 '문법요소'의 상위개념임을 알 수 있다.

93) 이미혜 (2005:41)에 따르면 문법항목(grammar entries)이란? 문법내용을 교육하기 위해 구체적으로 유형화 한 항목으로서, 단일형태소로 된 구성도 있고, 복합 형태로 이루어진 구성도 있다. 즉, 문법 항목은 문법 교육을 위해 구성된 모든 구체적인 항목을 가리킨다. 그리고 문법요소란, 문법적 기능을 담당하는 형태소를 말한다. 선정한 문법요소는 효과적인 교육을 위해 적절한 유형으로 재구성하여 문법 항목을 이룬다고 하였다. 그리고 이를 도식화하여 다음과 같이 제시하였다.

『语法等级大纲(1996)』에서 甲, 乙급에서는 '문법항목'으로 제시되고, 丙, 丁급에서 '문법요소'가 제시되었다.

『语法等级大纲(1996)』 문법등급의 분포를 살펴보면, 전체가 1,168개의 문법항목과 문법요소가 甲, 乙, 丙, 丁급으로 나눠서 등급별로 배열되었다.『语法等级大纲(1996)』에서 甲급은 129개의 문법항목, 乙급문법은 123개의 문법항목으로 구성되어 있고, 중등수준에 해당하는 丙级문법은 400개의 문법요소로 구성되어 있다. 그리고 고등수준의 丁급문법은 516개의 문법요소로 구성되어 있다.

전체적인 등급에 나타난 문법유형94)으로는 '형태소', '품사', '구', '구의 구성', '고정구', '고정형식', '문장성분', '문장분류', '특수문', '질문의 방법', '수 표기법', '강조법', '동작의 태', '반어문', '회화형식', '복문', '다중복문', '문단' 등이 있다. 이 가운데 학습자가 기본적인 문법유형은 '품사', '복문', '특수문' 등은 전 등급에 분포되어 있고, '구', '고정구', '고정형식' '강조법', '반어문', '회화형식' 등은 등급의 난이도에 맞추어서 일부 등급에만 분포되어 있다. 그리고 '문장분류', '의문문', '수표기법'은 甲급에만 배열되어 있음을 알 수 있다.

2)『国际大纲(语法)』의 구성체계

『国际大纲(语法)』는 요목기준(p.82)에서 살펴보았듯이 하부영역인 '언어지식',

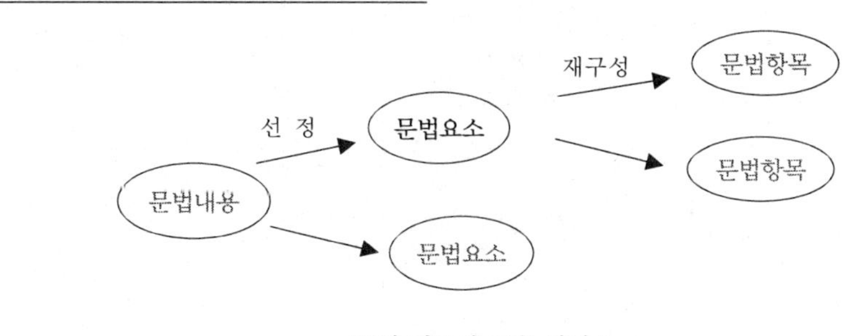

〈문법 항목의 도출 과정 〉

94) 일반적으로 '문법항목'으로 명하기도 하지만 본 연구에서는 문법 등급분포도에 제시된 문법 범주를 '문법유형'으로 통칭한다. 왜냐하면『语法等级大纲(1996)』의 문법내용에서 제시된 단위인 '문법항목'과 혼란을 막기 위함이다.

‘언어기능’, ‘책략’, ‘문화의식’ 네 분야 중 ‘언어지식’에 포함된다. 『国际大纲(语法)』는 전체 5등급으로 구분하여 각 등급별 목표에 맞게 다루어져야 하는 문법항목들을 세부적으로 구분하여 배열하였다. 『国际大纲(语法)』의 문법 등급분포도는 아래와 같다.

〈표 21〉『国际大纲(语法)』의 문법등급 분포도

1급 문법	2급 문법	3급 문법	4급 문법	5급 문법
[이해와 파악] 1. 기본어순 2. 상용문형 3. 일반의문문 4. 수사, 상용양사 5. 인칭대명사 6. 지시대명사 7. 상용정도부사 8. 사람·사물을 기술하는 기본 표현방식 9. “不”를 사용한 부정문	[이해와 파악] 1. 시간, 장소, 방향의 기본 표현방식 2. 인민폐, 금액 3. 부사어, 한정어의 기본구조와 기능 4. 특수의문문 5. 존재의 표현방식 6. 바람의 표현방식	[이해와 파악] 1. 상용전치사 2. 기본비교문 3. 사건이나 행위 기술진행의 표현 방식 4. “了”의 기본용법 5. “没有”의 부정문 6. 상용조동사	[이해와 파악] 1. 상용시간부사 2. 조사“过”의 용법 3. 시량보어 4. 동량보어 5. ‘是-的구문’의 용법 6. 겸어문 7. 상용복문	[이해와 파악] 1. 결과보어 방향보어 가능보어 정도보어 2. “把”구문 3. 피동의미의 표현 4. 각종복문
1. 동사술어문 (是, 有)	1. 시간명사 (년, 월, 일·주·시간)	1. 전치사 (공간위치 : 从, 向, 从~ 到~)	1. 시간부사 (还, 已经, 再-又, 就-才)	1. 결과보어 (일반형용사 “完”, “到”, “好” 부정식)
2. 일반의문문 (吗, 吧, 呢)	2. 금액	2. 진행형	2. ‘조사了’	2. 결과보어 가능식
3. 형용사 술어문	3. 명사술어문 (시간, 금액)	3. ‘조사着’	3. ‘조사过’	3. 상용가능보어
4. 명사술어문 (연령 / 출신지)	4. 시간부사어	4. 존현문	4. 시량보어	4. 방향보어 (단순, 복합 방향 보어, 파생용법, 가능식)
5. “不” 부정문	5. 장소부사어	5. ‘조사了’	5. 동량보어 (次, 遍, 趟)	5. 정도보어

6. 명령문 (请+동사)	6. 소속관계 표현	6. "没有" 부정문	6. 비교문	6. '把구문'
7. 감탄문	7. 방위사	7. 类同의 표현	7. 겸어문	7. 피동의미표현 (의미상피동문, '被자문')
8. 인칭대명사 (복수형인칭대명사, 지시대명사)	8. 의문대명사 의문문	8. 비교문	8. 특수문 '是的구문'(시간, 장소, 방식강조)	8. 각종복문
9. 성도부사 (부사어)	9. 존재표현 (在, 是, 有)	9 부사 "最"	9. "怎么了" 의문문	
10. 수사	10. 거리표현 (离)	10. 이중목적어 구문	10. 복문	
11. 상용양사 (个·名)	11. 바람표현 (要, 想)	11. 연동문		
12. 접속사(和)	12. "的"구조	12. 선택의문문		
	13. 동사중첩	13. 정반의문문		
	14. 상용양사 (件, 条, 块, 张, 斤)	14. "怎么"의문방식		
	15. 범위부사 부사어 (都/也)	15. "怎么样", "好 吗", "可以吗", "行吗" 의문문		
		16. 조동사: "能", "会", "可以", "应该", "愿意"		
		17. 전치사 (대상: 跟, 给)		

〈표 21〉의 문법등급 분포도에서 제시된 문법항목들은 등급별 목표에 따라 요구되는 문법항목을 제시하였다. 좀 더 상세하게 살펴보면 『国际大纲(语法)』에서 제시된 문법항목은 『语法等级大纲(1996)』과 같이 문법유형(예로 '형태소', '품사', '구', '문

장', '단락')별로 배열하지 않고, 목표에 따라 필요한 문법항목만을 언급하였다. 예를 들면 '문장성분' 가운데에서도 '주어', '관형어', '목적어', 품사에서 '이합사', '겸류사' 등에 대해서는 전혀 언급되지 않았다. 그리고 문법항목의 용어를 기능중심으로 제시하였다. 예로 '부사어', '보어'를 세분화시켜서 '부사어'는 '정도부사가 부사어로 쓰이는 경우', '시간부사어', '장소부사어', '범위부사어'로 구분하였고, '보어'도 '시량보어', '동량보어', '결과보어', '결과보어가능식', '상용가능보어', '방향보어'로 나누어 제시함으로써 외국인 학습자가 제시된 문법항목의 용어로 내용을 알 수 있게 쉽게 제시하였다.

이상으로 『语法等级大纲(1996)』과 『国际大纲(语法)』의 구성체계를 모두 살펴보았다. 제시한 내용을 토대로 두 요목의 구성체계를 요약해서 비교하면 다음과 같다.

〈표 22〉 『语法等级大纲(1996)』과 『国际大纲(语法)』 구성 체계 비교

	『语法等级大纲(1996)』	『国际大纲(语法)』
등급	3등 · 4급 · 5단위	5급
단위	문법유형(문법항목, 문법요소)	문법항목[95]
등급 분포	'품사', '문장성분', '특수문'은 전 등급에 분포되어 있고, 대부분은 문법유형이 최소 두 등급이상 분포	'명사술어문', '비교문', '조사了'만 두 등급에 배열되어 있고, 나머지 문법항목은 한 등급에만 분포
문법 내용	중국어 문법체계의 전반적인 내용을 다룸	등급별 목표에서 요구하는 필요한 문법항목만을 다룸[96]

〈표 22〉에서 『语法等级大纲(1996)』과 『国际大纲(语法)』의 구성체계를 비교 분석한 내용을 살펴보면 『语法等级大纲(1996)』은 3등 · 4급 · 5단위이고, 『国际大纲(语法)』은 5급이다. 그리고 『语法等级大纲(1996)』에서는 중국어의 전반적인 문법체계를 다

---

95) 『国际大纲(语法)』에서 사용하는 문법내용의 단위는 『语法等级大纲(1996)』에서 사용한 '문법항목'과 '문법요소'를 통칭한 '문법항목'으로 볼 수 있다.

96) p.67의 〈표 9〉 참조.

루었다. 따라서 '품사', '문장성분', '특수문' 등은 전 등급에 분포되어 있고, 나머지 문법항목은 최소 두 등급이상 분포되어 있다. 하지만 『国际大纲(语法)』에서는 등급별 목표에서 요구하는 문법항목만을 다루었다. 따라서 '명사술어문', '비교문', '조사 了'만 두 등급에 배열되었고, 나머지 문법항목은 한 등급에만 분포되어 있다.[97]

4. 『语法等级大纲(1996)』과 『国际大纲(语法)』의 등급배열 비교

일반적으로 문법요목에서 문법항목을 배열할 때에는 등급배열의 원칙에 근거하게 된다. 『语法等级大纲(1996)』의 서문에 제시된 것처럼 '단계성원칙'에 따라 쉬운 것에서 어려운 것으로, 간단한 것에서 복잡한 것으로, 또한 중요한 것, 복잡한 것은 간단한 문법항목이나 문법요소의 뒤에 배열시켰다. 또한 각각의 중요한 항목 중에서는 어려운 항목, 쉬운 항목 모두 단계적으로 배열시켰다. 반면 『国际大纲(语法)』은 등급배열에 대한 기준에 대해서 언급되어 있지 않다. 그렇다면 이 두 요목의 등급배열을 비교하기 위해서는 두 가지 관점으로 나누어 살펴보고자 한다. 하나는 문법항목들 간에 구조나 의미의 상호연관성에 따른 '상대적 등급배열'[98]이고, 또 하나는 한 문법항목 내의 다양한 의미기능이나 복잡한 통사구조를 세분화시켜서 배열하는 '누적식 순서배열'[99]이다. 따라서 본 절에서는 두 문법요목을 이 두 관점을 기준으로 하여 비교 분석해 보고자 한다.

---

97) 『国际大纲(语法)』에서는 '명사술어문', 조사 "了", '비교문'만이 두 등급에 분포되었고, 그 밖의 문법항목은 한 등급에만 분포되었다.

98) '상대적 등급배열'이란 문법항목의 구조형식이나 의미기능의 상관관계에 따라 문법항목을 등급배열하는 것이다. 자세한 내용은 p.125에서 자세히 다루기로 한다.

99) 박용진 외 공역(2005:38, 214) 재인용.
본 연구에서 '누적식순서배열'은 邓守信이 제시한 '내부순서배열'과 '외부순서배열'을 통칭하여 문법항목을 단계적으로 구분하고, 누적화 시켜서 배열하는 것을 의미한다.
여기서 '내부순서배열'은 항목의 구조는 동일하나 의미상 다른 것을 뜻한다. 그리고 동일한 문법적 범주에 속하지 않더라도 관련 없는 어휘들이 자연스런 의미집단을 형성하는 경우도 말한다고 하였다. 또한 '외부순서배열'은 구조나 유형들의 순서를 배열하는 것을 의미한다고 하였다.

1) 문법항목 간의 상대적 등급배열

두 요목에서 문법항목들 간에 상호관계에 따른 상대적 등급배열이 어떻게 이루어졌는지 예[100])를 들어 살펴보고자 한다.

> 예 1) 她把衣服洗得很干净。
> 예 2) 你把今天的报拿来。

이상의 두 예문 모두 '把자문'이다. 이 중에 예 1)은 술어 뒤의 성분이 '상태보어'이고, 예 2)는 술어 뒤의 성분이 '방향보어'이다. 그렇다면 '把자문'을 배우기 전에 '상태보어'나 '방향보어'를 먼저 학습하는 것이 더 효율적일이라고 생각할 수 있다. 이때 '把자문'과 '상태보어', '방향보어'의 상관관계를 고려해야 한다. 이러한 문법항목의 선후관계가 두 요목에 어떻게 배열되었는지 살펴보면 다음과 같다.

〈표 23〉 '把자문'과 '방향·상태보어'의 상대적 등급배열 비교

	등급	甲	乙	丙	丁	
『语法等级大纲(1996)』	把자문	✓	✓	✓	✓	
	상태·방향보어	✓		✓		
	등급	1	2	3	4	5
『国际大纲(语法)』	把자문					✓
	상태·방향보어					✓

일반적으로 중국어교육에서 '상태·방향보어'가 '把자문'보다 먼저 등급배열이 되는 것이 더 효율적이라고 할 수 있다. 그러나 〈표 23〉의 『语法等级大纲(1996)』에서는 '把자문'은 전 등급에 배열되어 있고, '상태·방향보어'는 甲, 丙급에만 배열되어 있다. 따라서 甲급에서 함께 다루어지고 있음을 알 수 있다. 또한 『国际大纲(语法)』에서도 두 항목 모두 5급에 배열되어 있다. 따라서 두 요목 모두 동일한 등급

---

100) 『语法等级大纲(1996)』의 【甲098】에서 발췌한 예문이다.

에 함께 배열되어 있어 상대적 등급배열이 이루어지지 않았음을 알 수 있다. 또 다른 예101)로 살펴보자.

　　예3) 飞机票买到了。
　　예4) 晚饭做好了。

　　이상의 예문은 '결과보어'가 사용된 문장에서 "了"를 함께 사용하고 있는 예문이다. 일반적으로 '결과보어'는 사건이 이미 발생한 상황을 나타낸다. 이는 동태조사 "了"가 '동작이 이미 발생했음을 나타내는 내용'을 학습한 뒤에 결과보어를 배워야 하는 것이 바람직하다. 그렇다면 두 요목에서 '결과보어'와 조사 "了"102)의 상대적 등급배열이 어떻게 배열되었는지 살펴보면 다음과 같다.

〈표 24〉 '결과보어'와 동태조사 "了"의 상대적 등급배열 비교

	등급	甲	乙	丙	丁
『语法等级大纲(1996)』	결과보어	√	√	√	
	동태조사了	√		√	

	등급	1	2	3	4	5
『国际大纲(语法)』	결과보어					√
	조사了			√	√	

　　〈표 24〉에서 '조사了'는 '사건의 발생'을 나타내므로 '결과보어'와의 상관관계를 고려한다면 '조사了'가 '결과보어' 보다 앞에 등급배열 되는 것이 더 효율적이다. 이러한 관점으로 두 요목을 살펴보면, 『语法等级大纲(1996)』에서 '결과보어'는 甲부터 丙까지 배열되었고, '동태조사了'는 甲급과 丙급에서만 배열되었다. 확실한 것은 두 문법항목 모두가 甲, 丙급에 함께 배열되었기 때문에 상대적 등급배열이 이

---

101) 『国际大纲(语法)』의 5급의 '결과보어'에서 발췌한 예문이다.
102) 여기서는 『国际大纲(语法)』의 조사 "了"는 동태조사로 쓰였을 때를 의미한다.

루어지지 않았다. 하지만 『国际大纲(语法)』에서는 '조사了'가 3, 4급에 배열되어 5급의 '결과보어'보다 앞에 배열되어 있다. 따라서 『国际大纲(语法)』에서는 두 문법항목의 상대적으로 등급이 배열이 진행되었음을 알 수 있다.

이상의 두 예를 통해 거의 모든 문법유형이 전 등급에 배열되어 있는 『语法等级大纲(1996)』은 실제로 문법항목 간에 상대적 배열이 이루어지기가 어렵다고 할 수 있다. 반면 『国际大纲(语法)』에서는 등급별로 필요한 항목만을 거의 한 등급에만 배열하였기 때문에 비교적 문법항목들 간에 상대적 등급배열이 진행되었다고 할 수 있다. 그렇다면 〈표 25〉에서 『国际大纲(语法)』을 문법유형별로 정리하여 '상대적 등급배열'이 어떠한 유형으로 이루어졌는지 살펴보도록 하자.

〈표 25〉 『国际大纲(语法)』 문법항목의 상대적 등급배열

1급	2급	3급	4급	5급
문장 분류				
동사술어문 형용사술어문 명사술어문 명령문 감탄문 "不"부정문	명사술어문 의문대명사 의문문 '的자 구조'	"没有"부정문 이중목적어구문 선택의문문 정반의문문	복문 怎么了의문문	각종복문
품 사				
인칭대명사 정도부사 "很" 수사 양사 접속사 "和"	시간명사 방위사 동사중첩	전치사 부사 "最"	시간부사 (还, 已经, 再-又, 就-才)	
문장 성분				
	시간부사어 장소부사어		시량보어 동량보어	결과보어 결과보어 가능식 상용가능보어 방향보어 정도보어

표 현			
금액, 날짜, 요일, 시간 소속관계표현 존재표현 거리표현 바람표현	동등표현		피동 표현
동작의 태			
	진행형 조사了 조사着	조사了 조사过	
특수문			
	존현문 비교문 연동문	비교문 겸어문 是~的구문	把자문 피동문(被자문, 의미상피동문)

〈표 25〉에서는 『国际大纲(语法)』의 문법항목 간의 상대적 등급배열이 어느 정도 반영되어 있는지를 살펴보기 위해 문법유형별로 정리하였다.

'문장분류'에서는 기본적으로 '동사, 형용사, 명사술어문'이 낮은 등급에 배열되었고, '복문'이나 '각종 복문'은 높게 배열되어 있다. 그리고 '부정문' 중에서도 '没有 부정문'은 연관성이 있는 '조사了', '진행형', '조사着' 등과 같은 등급에 배열되어 있어 상호연관성이 잘 고려되었음을 알 수 있다. 하지만 '没有 부정문'에서는 이와 관련된 설명이나 예문은 다루어지지 않았다.

'품사'의 경우에도 비교적 간난한 '인칭대명사', '정도부사 很', '수사', '양사', '접속사 和', '방위사', '시간명사' 등은 1, 2급에 분포되어 있고, 문법적 기능이 복잡하거나, 의미기능이 다양한 '전치사', '시간부사' 등은 3, 4급에 분포되어 있어 단계성을 잘 고려되었음을 알 수 있다.

'문장성분'에서 '부사어'와 '보어'의 등급배열에서 '부사어'는 2급에, '보어'는 4, 5급에 배열되어 있다. 일반적으로 '부사어'가 '보어'에 비해 통사적 구조가 간단하다. 또한 한국인 학습자에게 '보어'는 '부사어'에 비해 어렵기 때문에 문법항목 간의 상대적 등급배열이 잘 이루어졌다고 할 수 있다.

이상으로 『国际大纲(语法)』의 서문에 등급배열에 대한 원칙이 제시되지는 않았지만, 전반적으로는 난이도가 쉬운 것에서 어려운 것으로 간단한 것에서 복잡한 것으로 등급배열이 잘 이루어졌다고 할 수 있다. 또한 일부 중국어의 특징이 반영된 문법항목에서는 문법항목의 상대적 등급배열이 어느 정도 이루어졌음을 알 수 있다. 하지만 〈표 23〉, 〈표 24〉의 예에서 살펴본 것처럼 문법항목의 구체적인 상관관계까지는 고려되지 못했음을 알 수 있다. 자세한 내용은 p.125에서 자세히 다루도록 하겠다.

2) 문법항목 내의 누적식 순서배열

동일한 문법항목에서 일부 항목은 통사구조가 복잡하거나, 의미기능이 다양하여 기능별로 구분하여 단계적으로 배열되어야 하는 항목이 있다. 이런 항목을 단계적으로 배열하여 누적화하는 것을 '누적식 순서배열'이라고 한다. 이는 형태론적 측면과 통사론적 측면으로 나누어서 구분할 수 있다. 형태론적 측면에서는 동일한 어휘가 여러 가지 의미기능을 하는 경우를 이르고, 통사론적 측면에서는 한 문법항목 내에서 여러 가지 통사적 제약이나 구조를 단계화하는 것을 이른다.

중국어에서 통사구조가 비교적 복잡한 항목 중의 하나가 바로 '把자문'이다. '把자문'은 邓守信(2005:23-24)이 5단계로, 卢福波(2003:85)가 4단계로 구분하여 단계화 하여 순서배열을 정하였다. 그렇다면 두 요목에서는 '把자문'이 어떻게 단계적으로 제시되었는지 살펴보면 다음과 같다.

<표 26> 『语法等级大纲(1996)』의 '把자문'의 누적식 순서배열

등급	把字句의 구조형식	예
甲	• 주어 + 把 + 목적어 + 동사 + 一(了) + 동사 • 주어 + 把 + 목적어 + 동사 + 보어(1)	• 你把你的意见说一说。 • 我把信寄走了。
乙	• 주어 + 把 + 목적어1 + 동사 + 在 (到, 给) + 목적어2 • 주어 + 把 + 목적어 + 동사 + 了(着)	• 他把那件上衣放在床上了。 • 他把大衣丢了。
丙	• 주어 + 把 + 목적어1 + 동사 + 成(作) + 목적어2 • 주어 + 把 + 목적어 + 동사 + 보어(2) • 주어 + 把 + 목적어 + 给 + 동사	- 他把试卷揉成一团了。 • 他把老张认作父亲。 • 我们把开会的时间延长了一天。 • 他爸爸把他狠狠地打了一顿。 • 我们要把这项新工作推向新阶段。 • 他把这马累得浑身大汗。 • 他把我的英镑给丢了
丁	• 주어 + 把 + 목적어(행위자) + 동사 (자동사) + 기타 • 주어 + 把 + 목적어(행위자) + 동사 + 기타 • …把 + 목적어1 + 동사 + 得 + 상태 보어 • …把 + 목적어 + …化 • …把 + 목적어 + 동사 + 得 + 比… • …把 + 병렬목적어 • …把…把…把	• 这些天你看把大家愁成啥样了。 • 这突发事件把我们的计划都打乱了。 • 王教授的死把他夫人哭得吃不下饭, 睡不好觉。 • 他们决定把工厂的各项定制度化, 以加强生产管理。 • 我们要把自己的家乡建设得比沿海发达地区还要好。 • 他把一个破旧的小包, 一条脏得要命的手绢, 一齐塞进口袋里。 • 鲸鱼把人, 把船, 把什么都吞掉了。

<표 26>의 예를 통해 『语法等级大纲(1996)』의 '把자문'은 '단계성 원칙'에 의해 복잡한 통사구조를 등급별로 구분하여 단계적으로 배열되어 있음을 알 수 있다. 이는 단계적으로 누적식 순서배열 대로 문법교육이 가능하다. 그렇다면 『国际大纲 (语法)』에서는 '把자문'이 어떻게 배열되었는지 살펴보면 다음과 같다.

〈표 27〉『国际大纲(语法)』'把자문'의 순서배열

【5급】把字句의 구조형식	예
주어＋把＋명사＋동사＋보충성분 주어＋把＋명사＋동사＋형용사 주어＋把＋명사＋동사＋방향보어 주어＋把＋명사＋동사＋在＋장소 주어＋把＋명사＋동사＋给＋사람	·我把房间打扫干净了。 ·你把铅笔递过来。 ·我把车停在学校门口了。 ·请你把我的包拿到205房间。 ·他把这封信交给了玛丽。

〈표 27〉을 통해 『国际大纲(语法)』에서 '把자문'은 5급에만 배열되어 있다. 그리고 '把자문'의 구조형식이 『语法等级大纲(1996)』에 비해 비교적 간단하게 분류되어 있으며, 단계화 하지 않고 한 등급에서만 제한적으로 배열하였다.

'把자문'에 대해서 두 요목 모두 여러 가지 통사구조를 유형별로 정리하여 구분하였다. 『语法等级大纲(1996)』에서는 복잡한 통사구조를 등급별로 단계화하여 '누적식 순서배열'이 이루어졌다고 할 수 있다. 그러나 『国际大纲(语法)』에서는 비교적 간단하게 4종류의 통사구조만 제시하였지만, 여러 등급에 배열하지 않고, 한 등급에서만 다루고 있어 '누적식 순서배열'이 이루어지지 못했음을 알 수 있다. 이와 같은 관점으로 두 요목을 살펴보면, 『语法等级大纲(1996)』에서는 거의 대부분의 문법항목이 전 등급에 배열되어 있기 때문에 통사구조가 복잡하거나 의미기능이 다양한 문법항목들을 단계적으로 누적식 순서배열이 이루어졌다. 반면 대부분의 문법항목이 한 등급에만 배열되어 있는 『国际大纲(语法)』에서는 다양한 통사구조를 갖는 문법항목이라도 '누적식 순서배열'이 진행되지 못했음을 알 수 있다.

그렇다면 『语法等级大纲(1996)』에서는 어떻게 누적식 순서배열이 적용되었는지를 살펴보면 다음과 같다. 『语法等级大纲(1996)』은 누적식 순서배열이 '구조중심'에서 '의미중심'으로, '기본 용법'에서 '활용된 용법' 으로 또 '규칙적인 것'에서 '불규칙적인 것'으로 구분할 수 있다고 하였다. 이와 같은 기준에 따라 예를 들어 살펴보면 다음과 같다.[103]

---

103) 吕文华(1992:113-115) 참조.

〈표 28〉『语法等级大纲(1996)』 누적식 순서배열 유형

유형	甲级	乙级	丙级	丁级
	비교문			
구조 중심 ↓ 의미 중심	【甲097】 • 上海比北京热 • 这座山比那 座山高			【丁357】 • 他比阿Q还阿Q • 为人民而死重 于泰山。
	동목구			
간단한 것 ↓ 복잡한 것	【甲043】 • 打电话 • 买东西 • 进行讨论 • 遇到困难	【乙070~071】 대상자목적어: • 你们要严肃处 理 这个问题 행위자목적어: • 前边走过来了 一 位护士	【丙172】 분량: • 我饭量大, 吃大碗 장소: • 家里没人, 他整天 吃食堂 의존(凭借): 他从小吃父母, 直到 现在	
	인칭 대명사			
기본 용법 ↓ 활용 용법	【甲005】 • 你(您) • 我, 我们 • 咱们		【丙082】 인칭대명사 활용 • 欢迎大家来我院 参观, 访问(단수가 복수로 쓰임) • 我想去游览, 但是 人家 不让你去游 览(2인칭이 1인칭 으로 쓰임)	
	가능 보어			
규칙적 ↓ 불규칙적	【甲081】 긍정식: 동사＋"得…" • 这篇课文你 们看得懂吗?	【乙075】 • 解决得了/ 不了 • 吃得上 / 不上 • 打得过 / 不过	【丙267~272】 1. 부정식으로 많이 쓰이는 것 • 算不得(恨不得, 吹不得…)	

• 今天的作业
  我们写得完。
부정식:
• 这本书我们
  看不懂。
• 这些书我拿
  不动。
	• 买得起/不起
	• 记得起来/
	  不起来
	• 做得出来/
	  不出来
	(예문생략)
		• 顾不得(记不得,
		  舍不得, 怪不得
		  …)
		• 哭不得(笑不得,
		  怨不得…)
		2. 긍정, 부정식 모
		  두 쓰이는 것
		• 合得来/不来
		  (说得来/不来…)
		• 靠得住/不住
		  (忍得住/不住…)
		• 犯得着/不着
		  (怪得着/不着…)	

　　『语法等级大纲(1996)』의 대부분 문법항목이 전 등급에 배열되어 있지만 〈표 28〉는 제시한 기준에 따라 단계화하여 '누적식 순서배열'이 이루어졌음을 알 수 있다. 이는 문법항목의 특징에 따라 기준이 다를 수는 있지만 전체적으로 단계화가 이루어졌다. 그러나 甲급의 문법항목들은 전반적으로 구조중심적이고 규칙적이며, 기본적이고 간단한 문법항목들이 배열되어 있다는 것이 특징이다. 따라서 甲급의 문법항목은 체계성을 지니며 중국어 문법체계를 전반적인 틀을 갖추었다고 할 수 있다.104) 그러나 乙~丁급의 문법항목은 의미기능이 확대되는 활용용법을 주로 다룸으로 문법항목이 복잡하고 불규칙적이며, 독립성을 지닌 '문법요소'로 배열되어 있다. 결과적으로 『语法等级大纲(1996)』은 甲급에서 중국어 문법체계의 틀을 형성한다고 할 수 있을 정도로 많은 문법항목이 분포되어 있고, 乙~丁급으로 올라갈수록 의미상기능의 확대되고, 구조는 복잡해진다. 따라서 『语法等级大纲(1996)』은 '단계성원칙'에 근거한 '누적식 순서배열'이 이루어졌음을 알 수 있다.

---

104) 여기에 대한 이유를 『语法等级大纲(1988)』 서문에서 다음과 같이 설명하였다.
　　"중국어교육에서 기본문법의 중요성을 강조하면서 학습자가 가능한 빨리 중국어문법의 개괄적인 상황을 이해하는데 도움이 되고자 함이며, 중국어의 기본문법 규칙을 파악하고, 언어기초를 견고히 다져, 학습준비 조건을 구비하기 위함이다. 그 밖에도 기본문법의 체계에 집중하여 단기 중국어교육에 편리를 도모하기 위해서이다."

5.『语法等级大纲(1996)』과『国际大纲(语法)』의 문법항목 비교

『语法等级大纲(1996)』과『国际大纲(语法)』은 앞(p.64)에서 언급했듯이『语法等级大纲(1996)』은 '구조 중심요목'이고,『国际大纲(语法)』은 '기능·개념 중심요목'이다. 이러한 요목의 유형적 차이는 문법항목에도 영향을 미친다. 그리고『语法等级大纲(1996)』의 경우는 중국어 문법체계의 전반적인 문법항목으로 제시하였다. 반면『国际大纲(语法)』은 의사소통 기능에 표현되어야 하는 필요한 문법항목만을 제시하였기 때문에 기본적인 항목이지만 다루지 않은 문법항목도 있다. 예컨대, 품사의 '명사', '형용사', '동사'와 문장성분의 '주어', '관형어', '목적어' 등이 그러하다. 요목의 유형이 '구조 중심요목'인지 '기능·개념 중심요목'인지의 차이가 문법항목을 표현하는 용어에도 영향을 미칠 수 있다. 예컨대,『语法等级大纲(1996)』의 문법항목의 용어는 주로 어문 교육문법에서 사용하던 용어를 그대로 사용한 반면,『国际大纲(语法)』의 문법항목은 용어만으로 그 기능을 알기 쉽게 풀어서 제시하였다. 그 예로 결과보어에서 확대된 가능보어를 '결과보어의 가능식'으로, 시간부사가 문장에서 부사어로 쓰이는 경우를 '시간부사가 부사어로 쓰인 경우' 등으로 제시하므로 학습자의 의사소통 중심의 문법교육에서 문법지식 활용에 중점을 두었음을 알 수 있다. 특히 '시간부사가 부사어로 쓰인 경우'는 품사와 문장성분간의 대응관계를 반영하였으므로 이는 외국인 중국어 학습자가 쉽게 이해할 수 있게 제시한 기능 중심의 문법항목이다.

이것으로 교육문법요목에서 문법항목의 용어, 유형, 기술방식은 외국인 학습자가 문법지식을 활용하는데 중요한 작용을 한다. 따라서 본 절에서 두 요목에서 문법항목의 선정과 용어의 차이, 그리고 문법항목을 제시한 유형과 기술의 차이를 비교해 보고자 한다.

1) 문법항목 제시유형 비교

문법항목의 유형이란 문법요목에서 문법항목을 제시하는 방식으로 일반적으로 요목의 유형에 따라 문법항목의 유형도 달라질 수 있다. 하지만 대부분의 문법요

목은 문법내용을 유형적으로 제시하고, 해당되는 예를 제시함으로써 실제 중국어
교육에 적용할 수 있게 하였다. 그리고 교육문법요목인 경우는 교육적으로 활용
할 수 있는 여러 정보를 제공하기도 한다. 그렇다면『语法等级大纲(1996)』과『国际
大纲(语法)』의 문법항목은 어떤 유형으로 제시되었는지 살펴보도록 하자.

　『语法等级大纲(1996)』은 서문에서 문법항목을 '열거형(尽举性)', '예시형(举例性)',
'절충형(介乎两者之间)' 세 가지 유형으로 나눠서 언급하였다. 여기서 '열거형'에 甲,
乙, 丙급의 '부사', '전치사', '접속사'와 丁급의 '고정구', '고정형식' 등이 있으며, '예
시형'에는 丙, 丁급의 '형태소', '회화형식', 甲, 乙, 丙, 丁급의 '이합사' 등이 있다.
그리고 '절충형'에는 甲, 乙, 丙, 丁급의 '특수문', '복문'이 여기에 속한다. 그 예를
각 유형별로 살펴보면 다음과 같다.

〈표 29〉『语法等级大纲(1996)』의 문법항목 제시유형

열거형		예시형		절충형	
해당항목	【甲, 乙, 丙】 부사, 전치사, 접속사 【丁급】 고정구, 정형식	해당항목	【丙,丁】 형태소, 회화형식 【甲, 乙, 丙, 丁】 이합사	해당항목	【甲, 乙, 丙, 丁】 특수문형, 복문
예) 부정부사	【甲022】 不, 没(有), 别	예) 회화형식	【丙 316】 说X就X, 说走就走, 别光说不动呀! 说嫁就嫁, 不要再犹豫了。	예) 특수문	【甲097】 1.비교문 马比牛跑得快 2. 跟(和, 同)~一样 她的年纪跟我一样 3. 有(没有~这么(那么) 我说汉语没有他那么好。

　〈표 29〉에서 '열거형'은 주로 형태론의 문법유형인 '품사', '고정구', '고정형식' 등
의 항목을 제시한 유형이고, '예시형'도 일부 형태론에 포함되는 '형태소'나 '회화형
식' 등에서 유형적인 구조를 제시하고, 그에 따른 예문도 제시한 형식이다. 그리고
'절충형'은 문법항목을 열거하고, 그 예도 제시하는 형식이다.

『国际大纲(语法)』문법항목의 유형은 어떻게 제시되었는지 서문에 전혀 언급하지 않았다. 그러나『语法等级大纲(1996)』을 참조하여 유형별로 분류하면 다음과 같이 구분할 수 있다.

<표 30> 『国际大纲(语法)』의 문법항목 제시유형

	구조형	열거형	교체형
해 당 항 목	[1급] 동사술어문, 형용사술어문, 시간부사어, 장소부사어, 특수문 등 대부분의 문법항목이 여기에 해당된다.	[1급] 인칭대명사, 정도부사가 부사어로 쓰일 경우, 상용양사 [2급] 의문대명사 의문문, 상용양사	[1급] 시간명사 [2급] 선택의문문, 복문, 각종 복문
구 조 형 식	[3급] 정반의문문 • 주어＋형용사＋不＋형용사? • 주어＋동사＋不＋동사＋(목적어)? • 주어＋동사＋没＋동사＋(목적어)?	[1급] 정도부사가 부사어로 쓰인 경우 (很, 非常, 真, 太)	[2급] 시간명사 ＿＿年 ＿月 ＿日
예 문	• 那件衣服贵不贵? • 你来不来? • 你看没看电影?	• 布朗非常忙。	• 2007年 12月 5日

<표 30>에서 제시된 유형들은『国际大纲(语法)』에서 일부만 발췌한 것이 아니라, 요목의 전체를 분석하여 세 가지 유형으로 구분하여 제시한 것이다.

통사구조를 제시한 '구조형'과 문법항목에 해당되는 예만을 제시한 '열거형', 고정구조에 교체할 수 있게 제시한 '교체형'으로 나눌 수 있다. 여기서 대부분의 문법항목이 '구조형'으로 제시하였고, 일부 문법항목만이 '열거형'과 '교체형'으로 제시하였다. '구조형'은 위의 예처럼 유형적인 통사구조를 소개하고, 그에 따른 예를 들었다. '열거형'은『语法等级大纲(1996)』과 같이 해당항목을 열거하고, 그에 대한

예만을 든 것이다. 그리고 '교체형'은 통사구조만을 제시하고, 그 구조에 교체하여 표현할 수 있게 한 유형이다.

이상으로 『语法等级大纲(1996)』과 『国际大纲(语法)』의 문법항목 제시유형을 비교해 보았다. 그 결과 기본적인 유형적 구조를 소개한 '열거형'은 두 요목에서 공통적으로 다루어진 제시유형으로 주로 형태론에 속하는 문법항목을 나타내는 방식이다. 그리고 『语法等级大纲(1996)』의 '절충형'은 『国际大纲(语法)』의 '구조형'과 '교체형'을 접목한 유형으로 주로 문법항목의 통사구조를 제시하고, 예문을 소개하여 교체할 수 있게 한 유형이다. 『语法等级大纲(1996)』의 '예시형'은 문법항목에 해당되는 예를 소개한 유형이고, 『国际大纲(语法)』의 '교체형'은 특징적으로 외국인 학습자의 의사소통 상황에서 직접 활용하기 편리하게 제시한 유형이다. 이것으로 요목의 유형과 문법항목의 특징에 따라 문법항목의 제시유형이 다름을 알 수 있다.

2) 문법항목 기술 비교

『语法等级大纲(1996)』과 『国际大纲(语法)』의 문법항목의 기술 방식은 대부분이 구조유형과 통사적 제약을 설명하고 있다. 그 중 일부 항목들은 의미상 기능에 중점을 두어 의미기능의 차이를 구분하여 기술하였다. 이러한 관점으로 본 절에서는 두 요목의 문법항목을 '통사구조나 통사제약을 기술한 항목'과 '의미기능을 반영한 항목'으로 구분하여 비교해 보고자 한다.

① 통사구조나 통사제약을 기술한 항목

두 요목 대부분의 문법항목이 통사구조만을 제시하고, 그에 해당하는 예만을 소개하였다. 하지만 그 가운데 『语法等级大纲(1996)』의 일부 문법항목만이 통사적 제약이나 부가설명을 하고 있다. 두 요목에서 '피동문'의 기술을 예로 살펴보면 다음과 같다.

〈표 31〉 『语法等级大纲(1996)』과 『国际大纲(语法)』의 '피동문' 기술

피 동 문	
『语法等级大纲(1996)』【甲 096】	『国际大纲(语法)』【5급】
1. 유표지 피동문 (1) 주어＋被／叫／让＋목적어＋동사＋ 　　기타성분 • 我的自行车让小王骑走了。 • 我的词典叫阿里借去了。 • 活儿都被他们干完了。 (2) 주어＋被／叫／让＋동사＋기타성분 • 画被买走了。 • 门被推开了。 • 小周被批评了一顿。 2. 의미상피동문 • 信写好了。 • 练习作完了。 • 面包吃了一半。	1. 의미상 피동문 　: 행위대상자＋동사＋보충성분 • 作业写完了。 • 这顿饭吃得很香。 2. "被"字句 　: 행위대상자＋被(＋행위자)＋동사＋ 　보충성분 • 我的腿被守门员撞伤了。 　: 행위대상자＋是＋행위자＋동사＋的 • 这本书是马老师编的。

　〈표 31〉에서 '피동문'을 두 요목에서 어떻게 기술하였는지 살펴보았다. 두 요목 모두 '피동문'을 '의미상 피동문'과 '유표지 피동문'으로 구분하여 제시하였고, 이들의 통사구조를 제시하여 그것에 해당되는 예문을 소개하였다. 이처럼 통사관계를 기술한 방식은 두 요목에서 가장 일반적으로 사용되고, 가장 많이 사용되는 기술 방식이다. 그 밖에 예로『语法等级大纲(1996)』의 '동작의 태', '동보구에서 주의 사항' 등을 살펴보면, 이 항목들은 문법항목의 통사적 제약이나 의미상 기능을 상세하게 기술하였다. 『语法等级大纲(1996)』은 이 두 항목 이외에 통사적 제약이나 의미기능을 설명한 항목은 없다. 그리고『国际大纲(语法)』에서도 통사적 제약을 설명한 항목은 거의 없다. 그렇다면 두 요목 가운데 통사제약을 기술한 항목으로『语法等级大纲(1996)』'동작의 태'와 '동보구에서 주의사항' 외에는 없다고 할 수 있다. 이 두 항목의 통사적 제약을 구체적으로 살펴보면 다음과 같다.

<표 32> 『语法等级大纲(1996)』의 통사제약을 기술한 문법항목

【甲 116】 동작의 태 (완성태)	【丙170】 2. 동보구에서 주의해야 할 2가지 사항
1. 완성태는 동태조사 "了"를 써서 나타낸다. • 午饭我只吃了一碗面条。 • 我给朋友写了一封长信。 2. 동태조사 "了"는 단지 동작의 완성과 관계있고, 동작발생의 시간과는 관계가 없으며, 과거, 미래, 자주 발생하는 동작에도 쓰일 수 있다. • 明天吃了早饭我们一起去公园。 • 每天我下了课就回宿舍。 3. 부정식은 술어동사 앞에 "没有"를 붙이고, 동태조사 "了"는 다시 붙일 수 없다. • 星期日我没(有)去看电影。 • 昨天我没给朋友写信。	(1) 动结式: 动结式은 주로 동사 뒤에 결과를 나타내는 동사나 형용사로 구성된다. ;통계에 따르면 动结式의 두 번째 성분의 동사와 형용사로 자주 쓰이는 것과 중요한 순서대로 나열하면 다음과 같다. 完, 好, 成, 走, 动, 掉, 住, 懂, 给, 坏, 满, 饱, 通, 破, 死, 了(了liǎo), 着(zháo), 长(cháng):遍, 透, 断, 光 등등 (2) 动趋式: 动趋式구는 주로 동사 뒤에 방향을 나타내는 동사로 구성된다. [통계에 따르면 动趋式로 쓰이는 방향을 나타내는 두 번째 성분의 동사로 자주 쓰이는 것과 중요한 순서대로 나열하면 다음과 같다. 上, 下, 进, 出, 回, 过, 起:上来, 下来, 进来, 出来, 回来, 过来, 起来:上去, 下去, 进去, 出去, 回去, 过去:开, 开来 등등]

〈표 32〉의 '동작의 태'에서는 통사적 제약을 상세히 설명하고 예도 소개하였다. 그리고 '동보구에서 주의사항'에서는 통사적 제약과 함께 참고할 수 있는 자료도 함께 제시하였다. 이처럼 통사구조 이외에 문법항목의 특징이나, 그 특징에 맞게 부연설명하여 기술하는 것은 외국인 학습자가 중국어를 배우는 데 유용한 정보를 제공하며 중국어 문법교육의 효율을 증대시킨다고 할 수 있다.

이상으로 『语法等级大纲(1996)』과 『国际大纲(语法)』에서 두 요목 모두 통사구조에 중점을 두고 제시한 문법항목이 거의 대부분이다. 이러한 방법은 어문 교육문법요목과는 달리 통사구조를 유형적으로 제시함으로써 외국인 학습자가 중국어의 통사구조를 쉽게 파악할 수 있게 기술하였다. 또한 『语法等级大纲(1996)』에서는 통사적 제약을 상세하게 기술한 항목도 있지만, 『国际大纲(语法)』에서는 통사적 제약을 소개한 항목은 한 항목도 없었다.

② 의미상 기능을 제시한 항목

『语法等级大纲(1996)』과 『国际大纲(语法)』 모두 의미상 기능에 대해서는 상세한 기술이 이루어지지는 않았다. 단지 의미상 기능이 문법항목을 기술할 때 두 가지 유형으로 나타났다. 하나는 '통사구조를 다시 의미상 기능에 따라 분류한 항목'이고, 또 하나는 '통사구조 자체가 나타내는 의미기능에 중점을 두고 선정한 항목'이다. 전자의 유형은 『语法等级大纲(1996)』에서만 제시되었고, 후자의 경우는 두 요목 모두 다루고 있다.

우선, 통사구조를 의미기능에 중점을 두고 분류한 문법항목의 예로는 『语法等级大纲(1996)』의 '【丙172】 2. 동목구조(목적어)의 의미 분류' 가 있다.

〈표 33〉 『语法等级大纲(1996)』에서 의미기능으로 분류한 항목

【丙172】 2. 동목구조(목적어)의 의미 분류	
• 행위대상을 나타낼 때 • 행위자를 나타낼 때 • 결과를 나타낼 때 • 장소를 나타낼 때 • 원인을 나타낼 때 • 도구를 나타낼 때 • 의존을 나타낼 때 • 방식을 나타낼 때 • 분류를 나타낼 때 • 대상을 나타낼 때	• 你们吃鱼, 我们吃虾。 • 家里来客人了。 • 他炒鱼香肉丝。 • 家里没人, 他整天吃食堂。 • 他正在村里养病。 • 我饭量大, 吃大碗。 • 他从小吃父母, 直到现在。 • 为了节约, 我们吃包伙。 • 我属马, 他属虎。 • 今天我请你吃饭, 明天你请我。

〈표 33〉의 '동사와 목적어의 의미관계'를 행위자, '결과', '장소', '원인', '도구', '의존', '방식', '분류', '대상'으로 분류하였다. 이처럼 의미기능에 따라 상세하게 분류하므로 외국인 중국어 학습자가 통사구조를 쉽게 이해할 수 있게 한다. 반면 『国际大纲(语法)』에서는 〈표 33〉와 같이 구분한 항목은 한 항목도 없다. 거의 대부분이 통사구조를 제시하고 예만을 제시하는 유형으로 다루어졌다. 하지만 일부 항목만 자체의 의미기능에 중점을 두고 선정하였다. 이런 문법항목은 두 요목에서 모두 다루어지고 있었다.

<표 34> 의미기능에 중점을 두고 선정한 문법항목

『语法等级大纲(1996)』	『国际大纲(语法)』
수 표기법	【1급】1. 시간 명사
【甲110】 년, 월, 일 표기법 【甲111】 시간 표기법 【甲112】 금액 표기법 【甲113】 번호 표기법 　　　　 (방, 차, 전화번호 등)	1. 시간명사 　1) 년, 월, 일 표현 　2) 주 표현 　3) 시간 표현 2. 금액 표현
강 조 법	【1급】9. 존재 표현
【乙089】 부사 "就" 강조 　　　　 这就是我住的宾馆。 【乙090】 동사 "是" 강조 　　　　 我对这件事是感兴趣。 【乙091】 이중부정으로 강조 　　　　 没有人不讨厌他。 【乙092】 부사 "可" 강조 　　　　 我可没说过这话。 【乙093】 "非…不可" 강조 　　　　 这道题可不简单。 【乙094】 "…也(都) / 也没(不)" 강조 　　　　 这个单位的人我一个人也(都)不认识。	• "在"字句: 방위명사(구) + 在 + 방위구 　北京大学在清华大学西边。 • "有"字句: 방위구 + 有 + 명사(구) 　桌子上有两本书。 • "是"字句: 방위구 + 是 + 명사(구) 　图书馆西边是运动场。 【1급】11. 바람 표현 • 주어 + 要 + 명사 　我要一瓶可乐。 • 주어 + 要·想 + 동사구 　我想去中国。 　玛丽要去图书馆。

〈표 34〉를 통해『语法等级大纲(1996)』에서 의미기능 특징에 따라 선정된 문법항목으로 '수 표기법'과 '강조법'이 있다. 이들 항목은 의사소통 기능을 중요시 하여『国际大纲(语法)』에서도 다루어졌다. 그리고『国际大纲(语法)』에서는 통사구조로 제시되던 문법항목을 그 의미특징을 부각시켜 '존재표현', '바람표현' 등 표현항목을 새로이 추가되었다. 이 표현항목은 학습자가 의사소통 시에 의미기능에 적절하게 문법항목을 활용할 수 있어, 외국인 학습자가 정확한 문법구조를 적절한 의미상황에서 사용할 수 있다는 장점이 있다. 이 항목은 의사소통 중심『国际大纲(语法)』의 특징이기도 하다. 이것으로『语法等级大纲(1996)』과『国际大纲(语法)』의 문법항목은 요목의 유형과 목표에 따라 문법항목의 선정과 문법항목의 제시 유형,

기술에서 차이를 보였다. 주로 형태론적인 측면에서 다루어지는 문법항목은 '열거형'이 주를 이루고, 통사론적 측면에서 다루어지는 문법항목은 '구조형'이 주를 이루었다. 그리고 예시형은 두 분야에 모두 쓰인다고 할 수 있다. 또한 문법항목의 기술방식에 있어서 가장 많이 쓰이는 방식은 구조를 제시하고, 예를 소개하는 형식이다. 하지만 『语法等级大纲(1996)』의 일부 항목은 통사적 제약이나 참고사항을 제시하기도 하였다. 반면 『国际大纲(语法)』은 거의 대부분의 문법항목을 구조로 제시하고 예만을 소개하였다. 그 밖에도 『语法等级大纲(1996)』에서는 문법항목의 의미기능에 중점을 두고 분류하거나, 문법항목 자체의 의미에 따라 분류한 항목을 다루었다. 예로 '수표기법', '강조법' 등의 문법항목이 여기에 포함된다. 하지만 『国际大纲(语法)』에는 문법항목 자체의 의미기능에 중점을 둔 '수표기법'과 다양한 '표현항목'이 있다. 이 '표현항목'은 『国际大纲(语法)』의 특징이라고 할 수 있다.

이상으로 Ⅳ에서는 『语法等级大纲(1996)』과 『国际大纲(语法)』을 한국인 학습자에게 적용했을 때 적절한지의 여부를 요목의 유형, 요목의 기준, 구성체계, 등급배열, 문법항목 등을 기준으로 하여 비교 분석하였다. 비교 분석한 내용을 살펴보면, 『语法等级大纲(1996)』은 중국인과 외국인 학습자를 대상으로 하여 중국어교육의 통일된 교육요구, 교육등급, 교육수준을 규정하고, 각 등급에 도달해야 하는 교육기준을 과학적으로 나눈 것에 목적이 있다. 반면 『国际大纲(语法)』은 외국인 학습자만을 대상으로 하여, 외국인 중국어 학습자가 중국어의 언어지식과 기술을 동시에 학습하여 중국어의 종합적인 능력을 구비하는데 목적이 있다. 따라서 『国际大纲(语法)』은 중국어 의사소통 능력의 향상에 궁극적인 목표를 두고 있는 한국인 학습자에게 『语法等级大纲(1996)』보다 더 적절하다고 할 수 있다. 왜냐하면 『国际大纲(语法)』에는 외국인 학습자에 대한 특징이 잘 반영되어 있다. 그리고 『国际大纲(语法)』은 전 세계의 외국인 중국어 학습자가 쉽게 중국어를 배울 수 있게 전체적인 난이도를 낮추고, 문법항목을 간략하게 제시하였다. 또한 문법항목도 『语法等级大纲(1996)』과 같이 중국어의 전반적인 문법내용을 제시한 것이 아니라 외국인 학습자가 어려워하는 부분과 중국어의 특징적인 부분을 집중적으로 다루었다. 예로 품사 중의 '부사', '전치사', '조사' 와 문장성분 중의 '부사어', '보어'

등을 중점적으로 다루어서 외국이 학습자를 특징을 적극 반영하였다. 또한 『语法等级大纲(1996)』은 문법항목을 제시할 때 용어를 이론문법이나 어문 교육문법체계에서 사용하는 용어로 제시하였다. 반면 『国际大纲(语法)』은 외국인 학습자가 문법내용을 잘 이해할 수 있게 문법항목의 용어를 쉽게 풀어서 제시하였다. 예로 '시간부사가 부사어로 쓰인 경우', '결과보어가능식', '방향보어가능식' 등이 그러하다. 그리고 『语法等级大纲(1996)』에는 어문 교육문법체계에서 다룬 문법항목과 외국인 학습자를 고려한 일부 문법항목을 함께 제시하였다. 반면 『国际大纲(语法)』은 학습자가 표현하고자 하는 의미를 문법지식을 통해 실천할 수 있는 '표현항목'을 제시하였다. 이것으로 외국인 학습자에게 표현중심 문법교육이 필요함을 인식하게 하였다. 이상과 같은 특징을 통해 『语法等级大纲(1996)』보다는 『国际大纲(语法)』이 한국인 학습자의 중국어 교육에 적용하는 것이 보다 더 적절하다고 여겨진다.

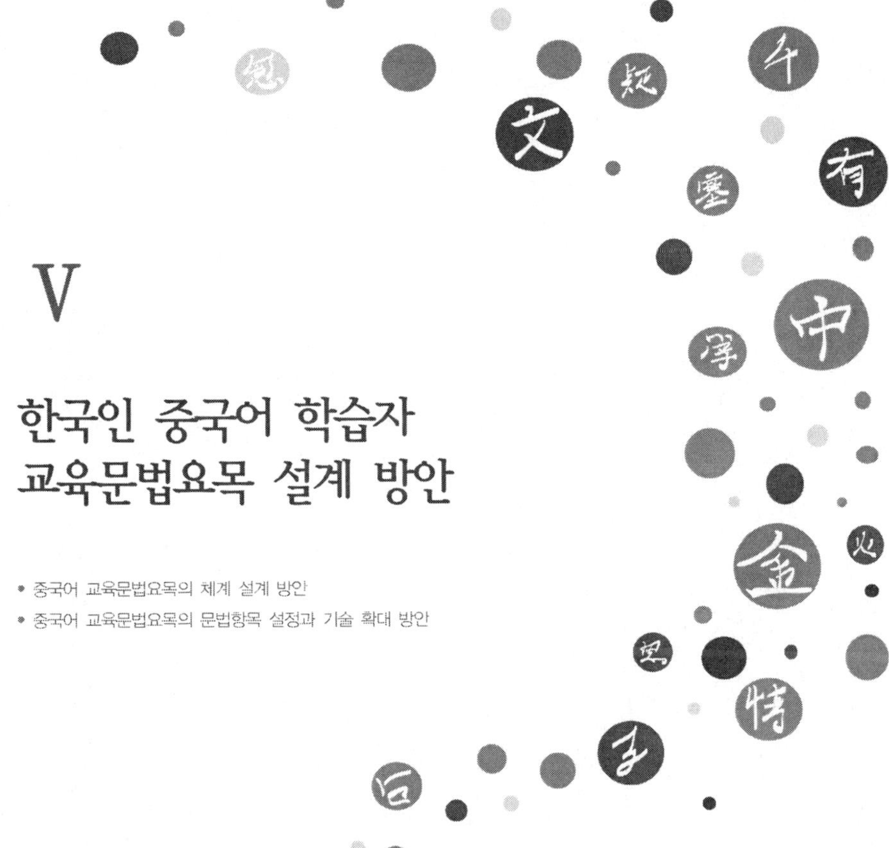

V

한국인 중국어 학습자 교육문법요목 설계 방안

* 중국어 교육문법요목의 체계 설계 방안
* 중국어 교육문법요목의 문법항목 설정과 기술 확대 방안

Ⅳ장에서는 한국인 학습자에게 적절한지를 알아보기 위해 중국 내 중국어 교육문법요목인 『语法等级大纲(1996)』과 『国际大纲(2008)』을 비교 분석하였다. 그 결과 『语法等级大纲(1996)』은 중국 내에서 중국인과 외국인을 대상으로 하여 제정되었으며, 이론문법과 어문 교육문법체계에서 영향을 받아 중국어 문법체계의 전반적인 부분을 다루었다. 그리고 외국인 학습자에 대한 특징은 일부 항목을 통해서만 실현되었음을 알 수 있었다. 반면 『国际大纲(语法)』은 중국어의 국제화 전략에 맞춰 세계 각국의 외국인 중국어 학습자를 대상으로 하여 제정되었다. 따라서 외국인 중국어 학습자의 의사소통능력 향상에 목표를 두고 문법체계의 정립보다 의사소통기능에 중점을 두고 제정되었다. 즉, 문법교육을 위한 '문법체계'가 아닌 '의사소통기능'의 향상을 위한 문법체계를 형성하여, 실천중심의 문법교육으로 인식이 전환되었음을 알 수 있다. 이러한 목표는 한국인 학습자의 중국어교육의 목표에도 부합됨을 알 수 있다. 따라서 『国际大纲(语法)』가 한국인 학습자에게 더 적절하다고 여겨진다. 그렇다면 포괄적 외국인 중국어 학습자를 대상으로 제정된 『国际大纲(语法)』을 한국인 학습자에게 적용을 시킨다면 적절할까? 『国际大纲(语法)』의 적용대상을 한국인 중국어 학습자로 범위를 축소시킨다면 한국인 학습자에 대한 개별성에 대한 고려도 반드시 필요할 것이다.

정윤철(2009:12-13)은 요목개발에 고려해야 할 원칙을 '일반성'과 '개별성'으로 구분하였다. '일반성'이 포괄적 학습자를 대상으로 한 것이라면 '개별성'은 구체적인 학습자를 대상으로 한 것이라고 할 수 있다. 이 둘은 서로 대립되는 성격이 아니며, 오히려 상호보완적인 성격을 지닌다고 하였다. 이에 근거하여 볼 때 『国际大纲(语法)』은 포괄적 외국인 학습자를 대상으로 하였기 때문에 '일반성'을 지닌다고 할 수 있다. 그렇다면 한국인 학습자를 위한 교육문법요목이 마련되기 위해서는 일반성을 지닌 『国际大纲(语法)』이 전제되어야 하고, 아울러 한국인 학습자를 위한 개별성에 대한 연구 성과도 반영되어야 할 것이다. 그 개별적인 연구 성과로 한국인 학습자의 모국어와 중국어의 언어 간 대조분석[105], 한국인 학습자가 중국어에

---

105) '언어 간 대조'란 두 언어 사이에 존재하는 유사한 언어현상에 대한 연구를 말한다.(예: 한국어의 동사와 중국어의 동사 등의 대조연구)

서 혼동을 일으킬 수 부분에 대해서는 언어 내 대조[106], 한국인 학습자가 중국어 학습 시 나타내는 오류분석[107] 등이 있다. 따라서 본 장에서는 Ⅳ장에서 분석한 『国际大纲(语法)』의 체계와 특징을 토대로 하여, 한국인 학습자에게 적용했을 때 적절하지 못한 부분에 대한 문제점을 분석하고자 한다. 그리고 이러한 문제점을 한국인 학습자의 개별성이 반영된 몇 가지 방안을 통해서 한국인 학습자를 위한 중국어 교육문법요목을 마련하고자 한다.

1. 중국어 교육문법요목의 체계 설계 방안

본 절에서는 『国际大纲(语法)』을 활용하여 한국인 중국어 학습자 교육문법요목의 체계를 마련하기 위한 세 가지 방안을 제시하고자 한다. 첫 번째 방안은 의사소통중심의 교육에서 문법지식의 효용성을 향상시키기 위한 '통합적 범주화'이다. 두 번째 방안은 문법항목의 특징에 따라 문법항목 간의 상관관계를 고려하여 배열하는 '상대적 등급배열'이다. 마지막으로 동일한 문법항목에서 복잡한 통사구조와 다양한 의미를 단계적으로 나누어 누적화하기 위한 '누적식 순서배열' 이다.

1) 체계의 통합화

4장 5절(p.96)에서 살펴보았듯이 『语法等级大纲(1996)』과 『国际大纲(2008)』에서는 모두 문법항목의 구조형식을 제시하고, 예를 소개하는 방식으로 기술되었다. 이는 어문 교육문법체계인 『暂拟』와 『提要』에서도 마찬가지 상황이다. 이들 대부분은 문장구조를 분석하여 각 구조들의 기능과 문장성분 간에 관계를 통해 의미를 분

---

106) '언어 내 대조'란 한 언어 내에 존재하는 유사한 언어현상에 대한 연구를 말한다.(예: 중국어의 再, 又 등의 대조연구)

107) Brown(2000:217)에 의하면 "오류란 원어민의 성인 문법으로부터 일탈된 것으로 학습자의 중간언어 능력을 반영하는 것"이라고 정의하고 있다. 또한 Nunan(1988b:28)은 바르지 못한 발화를 표준문법 규준에서의 일탈이 아닌 부분적으로 바르고 불완전한 발화로 봄으로써 이를 '틀린 것'이라기보다 다소 '다른 것'으로 보았다.(이정희(1991:13)에서 재인용)

석하는 방식으로 제시되었다. 이와 같은 방식은 구조형식을 분석하여 의미를 파악하게 하는 '이해(解码)[108] 중심의 문법교육'을 위한 것이라고 할 수 있다. 이는 중국어 문법체계가 머릿속에 내재되어 있는 중국인의 어문 문법교육에서는 문법지식이 향상될 수 있다. 하지만 외국인 중국어 학습자에게는 이러한 방식 이외에 또 다른 방식의 문법교육이 요구된다. 외국인 학습자는 의사소통 시 모국어와 다른 체계인 중국어를 구사할 때, 표현하고자 하는 적절한 의미와 그 의미를 표현할 수 있는 문장구조를 통해서 실현하게 된다. 여기에 대해 卢福波(2004:36-40)는 중국어 교육문법체계는 '구조, 의미, 화용'보다는 '표현(表达)[109]'을 근서로 해야 한다. 또 표현하고자 하는 의미는 구조형식을 통해서 실현하게 되므로 중국어 교육문법체계는 '표현'을 기준으로 문법체계를 세워야 한다고 주장하였다. 이러한 관점을 토대로 하여 본 절에서는 한국인 중국어 학습자에게 『国际大纲(语法)』을 적용하였을 때 이 요목의 체계가 '표현'을 위한 체계로 구성되었는지 살펴보고, 그 부분에 대한 문제점을 '통합적 범주화' 방안을 통해 해결해 보고자 한다.

① 표현구조와 표현범주의 연계성 부족

한국인 중국어 학습자는 중국어로 표현하고자 하는 내용과 의미를 문장구조를 통해서 실현하게 된다. 그렇다면 한국인 학습자는 의미를 문장구조로 표현하게 하는 교육방법이 구조를 통해 의미를 이해하게 하는 문법교육보다 더 효과적이라는 가정 하에, 『国际大纲(语法)』의 '표현항목'[110]을 재해석하고, 동일한 표현구조를

---

108) 卢福波(2004:36-37)에 따르면 '이해(解码)'는 '형식'에서 '의미'로의 결합이라고 하였다. 즉 문장 내의 단어와 단어는 어떤 방식으로 결합되었고, 그 구조는 어떤 기능을 가지며, 각각의 성분 간에 어떠한 관계를 갖는지를 의미한다고 하였다.

109) 黄章恺(1995:8)는 '표현'과 관련해서 '표현문법(表达语法)'은 '어떤 의미가 표현될 수 있는 언어 형식을 찾는 것'이라고 정의 내렸다. 그리고 이미혜(2005:45)에 의하면 '표현'은 문법형태와 단어의 결합으로 이루어진 복합구성으로서 하나의 어휘처럼 덩어리로 사용되지만, 통사적 의미나 기능을 갖기도 하고 화용 기능을 수행하기도 한다. 통사적 기능을 담당하는 표현들은 문장 내에서 시제, 서법 등의 문법적 기능을 수행하거나 특정한 의미(의무, 허용, 추측, 평가 등)를 갖는다. 그리고 화용 기능을 담당하는 표현들은 담화에서 기능을 수행한다. 이들은 모두 교육문법 항목에 포함되는 문법 항목이다."라고 하였다.

110) 일반적으로 표현의미를 나타내는 항목을 '문법항목'에 포함시켜 사용하고 있으나, 이미혜 (2004:208)에서는 문법항목을 '문법'과 '표현'으로 구분하여 제시할 수 있다고 하였다. 이를 근거로 본 연구에서는 『国际大纲(语法)』의 문법구조에 중점을 두고 제시한 항목을 '문법항

갖는 항목들의 표현범주와의 연계성을 검토해 보고자 한다.[111]

『国际大纲(语法)』은『语法等级大纲(1996)』과 달리 '표현항목'을 다루고 있는 것이 특징이다. 이들 '표현항목'은 의미기능을 중심으로 나눈 항목으로 '날짜, 요일, 시간표현', '금액표현', '소속관계 표현', '존재표현', '거리표현', '바람표현', '사건 진행 표현', '동등표현', '피동표현' 등이 있다.

<표 35> 『国际大纲(语法)』의 '표현항목'

등급	표현 항목	구조형식	예문
2	날짜, 요일, 시점 표현	1. 년, 월, 일의 표현: • 年 月 日 2. 요일 표현: • 星期 3. 시간 표현: • 点 分 • 差 分 点	• 2007年 12月 日 • 星期一～星期五 • 8点, 8点10分 • 差5分8点 • 差1刻10点
	금액표현	• 元(块)　角(毛)　分	• 105块6毛8分
	소속관계 표현	• 명사 / 대명사 + (的) + 명사	• 这是我的书。 • 她是我弟弟。
	존재표현	1. "在" 자문: • 방위사(구) + 在 + 방위구 2. "有" 자문: • 방위구 + 有 + 명사(구) 3. "是" 자문: • 방위구 + 是 + 명사(구)	• 北京大学在清华大学西边。 • 桌子上有两本书。 • 图书馆西边是运动场。
	거리표현	• A지점 + 离 + B지점 + 명사(구)	• 北京大学离清华大学很近。
	바람표현	• "要", "想"	• 我要一瓶可乐。

목'라고 명하고,『国际大纲(语法)』에서 표현에 중점을 두고 제시된 문법항목을 '표현항목'이라고 한다.

111) 박정운(2000:82)에 따르면 문법은 구문들의 목록이며 통사부는 자립적인 것이 아니다. 구문 (construction)은 형태-의미의 짝으로 정의된다. 따라서 형태소나 단어도 형태-의미의 짝이 기 때문에 어휘부와 문법(통사부)이 서로 별개의 것으로 취급되지 않고, 하나의 범주로 취급된다. 그리고 통사부와 의미부 또한 서로 독립적이지 않다.

3		• 주어 + 要 + 명사 • 주어 + 要 / 想 + 동사구	• 我想去中国。 • 玛丽要去图书馆。
	사건진행 표현	• 주어 + 正 + 동사구 + 呢	• 布朗正看书呢。
	동등표현	• …跟 / 和 …(不)一样 • …跟 / 和 …(不)一样 + 형용사	• 我跟你不一样。 • 他和我一样高。

5	피동표현	1. 의미상 피동
		• 행위대상자 + 동사 + 보충성분
		2. '被자문'
		• 행위대상자 + 被(+ 행위자) +
		  동사 + 보충성분
		• 행위대상자 + 是 + 행위자 +
		  동사 + 的
			• 作业写完了。
			• 这顿饭吃得很香。
			• 我的腿被守门员撞伤了。
			
			• 这本书马老师编的。

〈표 35〉에서 제시된 표현항목을 통해『国际大纲(语法)』은 문법교육에서 '표현'에 대한 필요성을 인식했다고도 할 수 있다. 하지만『国际大纲(语法)』의 표현항목은 기준이 다소 모호하고, 일부 문법항목과 표현상 의미가 중복되어 적용상에 문제를 발생할 수 있다. 예를 통해서 살펴보면 다음과 같다.

〈표 36〉『国际大纲(语法)』의 '표현항목'과 중복되는 '문법항목'

등급	표현항목	구조형식	등급	문법항목	구조형식

2	시간표현	1. 년, 월, 일의 표현:
		• 年 月 日
		2. 주 표현:
		• 星期
		3. 시점 표현:
		• 点 分
		• 差 分 点
			4	시간부사가
				부사어로
				쓰인 경우
					1. 还
					• 还 + 동사구
					2. 已经
					• 已经 + 동사구
					3. 再와 又
					• 주어 + 再 + 동사구
					• 주어 + 又 + 동사구
					4. 就와 才
					• 주어 + (시간) + 就 +
					  동사구
					• 주어 + (시간) + 才 +
					  동사구

2	소속관계 표현	• 명사 · 대명사 + (的) + 명사	2	'的구조'	• 명사 · 대명사 + 的
2	존재표현	1. '在자문' • 방위사(구) + 在 + 방위구 2. '有자문' • 방위구 + 有 + 명사(구) 3. '是자문' • 방위구 + 是 + 명사(구)	3	존현문	• 방위구 + 동사 + 着 + 명사(구)
2	거리표현	• A지점 + "离" + B지점 + 远 / 近 / 거리 수	3	전치사 (공간 방위)	1. 从 + 기점 + 동사구 2. 向 + 방향 + 동사구 3. 往 + 방향 + 동사구 4. 从 + 기점 + 到 + 종점
2	바람표현	• "要", "想" • 주어 + 要 + 명사 • 주어 + 要 · 想 + 동사구	3	조동사 "愿意"	• "愿意" + 동사구

〈표 36〉에서는 〈표 35〉의 '표현항목'과 동일한 의미를 나타내는 '문법항목'을 비교하여 제시하였다. 〈표 36〉을 순서에 따라 세부적으로 살펴보면 다음과 같다.

2급의 '시간표현'에서 시간표현을 나타내는 시간명사가 제시되었다. 하지만 4급에서 시간의미를 지닌 부사가 '시간을 나타내는 부사가 부사어로 쓰인 경우'로 제시되었다. 이들은 같은 '시간표현'을 나타내는 항목이지만 각각 표현항목과 문법항목으로 구분되어 제시되었음을 알 수 있다.

2급의 '소속관계 표현'에서 제시된 예 "这是我的书。"는 2급의 '的자 구조'의 예 "这是玛丽的。"와 같이 '소속'의 의미를 나타낸다. 그리고 '소속관계 표현'의 "这是我的书。"에서 "书"만 생략하면 동일한 형태이다. 그러나 이 두 항목을 같은 등급에 각각 구분지어 '표현항목'과 '문법항목'으로 제시되었다.

2급의 '존재표현'에서는 "在, 有, 是"가 동사로 쓰여 존재표현을 나타낸다. 하지만 3급에서 제시된 '존현문'도 존재의 표현을 나타내기도 하지만 이 두 항목으로 각각 구분지어 제시되었다.

2급의 전치사 "离"는 공간적 거리를 나타내어 '거리표현'으로 다루어지기도 하지만, 공간적 거리 이외에 시간적 거리(시간대)의 의미도 지닌다. 하지만 시간적 거리의 의미는 다루어지지 않고 있다. 그리고 3급의 '전치사'에서 '从 + 기점 + 到 + 종점'은 '이동거리'를 나타내어 역시 거리표현을 나타낸다 하지만 2급의 '거리표현'에서는 다루어지지 않고, '전치사'라는 문법항목으로 다루어졌다. 동일한 의미를 나타내는 두 항목이 '표현항목'과 '문법항목'으로 구분되어 제시되었다.

2급의 '바람표현'에서 동사 "要"와 조동사 "要, 想"은 '바람'의 의미를 나타내는 경우로 제시되었다. 하지만 3급의 '조동사'의 "愿意"도 바람의 의미를 나타내지만 '조동사'로 제시되어 동일한 의미표현을 하는 항목이 구분되어 제시되었음을 알 수 있다.

이상의 내용을 통해『国际大纲(语法)』에서는 동일하거나 유사한 표현을 나타내지만 일부는 '표현항목'으로 일부는 '문법항목'으로 구분지어 제시되었음을 알 수 있다. 따라서『国际大纲(语法)』에서 제시된 대부분의 '표현항목'들이 요목 전반에 걸쳐 표현 항목으로 귀납해내지 못하여 일관성에 있어 학습자들의 혼란을 가중시킬 수 있다.

한국인 학습자에게는 모국어 체계도 존재하고, 그 밖에 외국어에도 존재하는 보편적인 언어현상을 나타내는 '범주'가 머릿속에 인식되어 있다. 하지만『国际大纲(语法)』에도 이러한 보편적인 언어현상[112]을 나타내는 유사한 '표현범주'[113]에 해당되는 문법항목이 있음에도 불구하고 범주화시키지 못하고 있음을 〈표 21〉를 통해서 알 수 있다. 그 예로 '시제'는 모든 언어의 보편적인 현상이라고 할 수 있다. '시제(tense)'란 어떤 행위, 사건, 상태의 시간적 위치를 언어적으로 나타내어 주는 문법범주[114]를 이른다. 이는 한국인 학습자의 모국어인 한국어에도 '시제'가 존

---

112) 유럽공통참조기준(2007:126)에서는 '문법범주'를 다음과 같이 예로 소개하였다.

• 수, 성, 격	• 구체 / 추상, 가산 / 불가산	• 자동 / 타동, 능동 / 수동	• 시제

113) '표현'은 문법의 통사구조나 의미기능을 통해 화자가 나타내고자 하는 의미와 내용으로 정의내리고, 공통된 의미와 내용을 갖는 항목들의 공통된 특징을 귀납하여 범주화한 것을 '표현범주'라 한다.

114) 이익섭 외(1999:18, 267-292) 참조.
　　'문법범주'는 문법단위들이 어떤 문법적 의미를 나타낼 때 그 기능들을 몇 가지 묶은 것을 말한다.

재하고, 한국인 학습자가 가장 많이 학습하는 영어에도 존재하는 문법범주이다. 그렇다면 한국인 학습자가 '시제'를 중국어로 표현할 때는 중국어의 시제개념에 대응되는 문법항목을 찾게 된다. 하지만 현재 중국어 교육문법체계에서는 '시제'를 나타내는 문법항목들이 범주화되어 있지 않다. 이는 중국어 문법연구에서 아직 시제가 정론화되지 못했기 때문이기도 하다. 하지만 중국어를 구사할 때 시제 표현을 쓰지 않는 것은 아니다. 예로『国际大纲(语法)』의 4급 '是…的구문'에서 제시된 예로 "我是1968年出生的。"는 한국어로 "나는 1968년에 태어났다"로 번역할 수 있다. 그렇다면 역으로 한국인 학습자가 "나는 1968년에 태어났다"라는 의미를 중국어로 표현하려고 할 때 한국인 학습자는 각각의 단어의 의미와 함께 '과거시제'와 대응되는 문법항목을 찾으려고 할 것이다. 이와 비슷한 예로 5급의 '정도보어'에서 제시된 예 "我今天吃得不太多。"는 한국어로 "나는 오늘 그다지 많이 먹지 않았다."이다. 이 예문도 마찬가지로 바꾸어서 중국어로 표현하고자 할 때 역시 '과거시제'와 대응되는 중국어 문법항목을 찾으려고 할 것이다. 하지만 중국어에서의 '시제'는 외국인 학습자를 대상으로 하는 중국어 교육문법체계에서 뿐만 아니라『国际大纲(语法)』에서도 언급되지 않았다. 하지만 한국인 학습자의 중국어교육에서는 '시제'를 표현할 수 있게 중국어 문법항목들을 제시하여야 할 것이다. 즉 한국인 학습자를 위한 중국어 교육문법에서 '시제'에 해당되는 문법항목들의 범주화가 절실히 요구된다고 할 수 있다.

　그 밖에『国际大纲(语法)』에서는 '시제' 뿐만 아니라 '능동', '피동', '수' 등의 보편적인 언어현상을 나타내는 것도 범주화 되어 있지 않다. 다시 말해서『国际大纲(语法)』에는 표현범주[115]에 대응되는 중국어 표현구조[116]가 존재하는데도 불구하고 제시되어 있지 않다고 할 수 있다. 이러한 부분을 한국인 학습자가 이미 알고 표현범주와 그에 연관된 표현구조를 제시한다면, 표현하고자 하는 의미를 좀 더

---

115) 여기서 '표현범주'란 공통된 의미와 내용을 갖는 항목들의 공통된 특징을 귀납하여 범주화 한 것이다. 그리고 '표현범주'에 문법범주가 포함된다. 왜냐하면 문법범주도 문법의미의 공통된 기능을 범주화 시킨 것이므로 최종적으로는 외국인 학습자가 표현하고자 하는 의미나 내용과 유관하기 때문이다.

116) '표현구조'는 '표현범주'에서 나타내는 의미가 대응되는 '구조형식'을 말한다.

쉽고 효율적으로 표현구조를 통해 표현할 수 있으리라 여겨진다. 그리고『国际大纲(语法)』에서 문법항목에 해당되는 구조형식은 대부분이 상세하게 제시되어 있으나 일부 항목은 예만을 제시하고 있어 정확한 구조형식을 파악하기가 어렵다. 그 예로 1급 '정도부사'의 "很, 非常, 真, 太"와 '상용양사'의 "个, 名", 그리고 2급 '상용양사'의 "件, 条, 块, 张, 斤" 등이 그러하다. 한국인 학습자를 위한 중국어 교육문법 요목에서는 가능한 표현구조를 제시할 때 문법항목의 특징이 반영되고, 문장구조는 정확한 구조형식으로 제시되어야 할 것이다. 왜냐하면 한국어는 첨가어(혹은 교착어)로 어간에 조사나 어미와 같은 문법형태소들이 결합되어 문법관계를 표시하거나 단어를 형성하기 때문이다.[117] 한국어는 격조사가 발달되어 있기 때문에 목적어는 목적격으로 주어는 주격으로 부사어는 부사격으로 표현되므로 대체적으로 어순이 바뀌어도 표현하고자 하는 의미는 바뀌지 않는다. 따라서 한국어의 어순은 자유롭다고 할 수 있다. 반면 고립어인 중국어는 어순이 바뀌게 되면 격도 바뀌어서 의미가 달라지게 된다. 따라서 한국인 학습자가 중국어를 학습할 때 모국어의 자유로운 어순과 격조사를 통해서 표현했던 격을 중국어에 대응시킬 때는 다소 어려움을 느끼게 된다. 한국어에서의 격은 중국어에서 '어순'과 '전치사'를 통해서 실현하게 되므로[118] 이러한 어려움은 중국어 문법교육에서 '어순'을 구체적으로 제시함으로써 해결될 수 있을 것이다. 따라서 '표현범주'에 대응되는 '표현구조'를 제시할 때 문법특징의 반영과 함께 정확한 어순을 제시한다면 한국인 학습자의 문법교육에 효율적으로 활용할 수 있으리라 여겨진다.

② 통합적 범주화 방안

한국인 중국어 학습자에 대한 중국어교육의 궁극적인 목표는 의사소통능력의 향상이다. 그렇다면 중국어 문법교육 또한 의사소통 중심으로 이루어져야 한다. 따라서 '이해' 위주의 문법교육에서 벗어나 '표현' 위주의 문법교육이 이루어져야 할 것이다. 즉 한국인 중국어 학습자가 표현하고자 하는 의미는 중국어의 적절한 '표현구조'나 '표현요소'를 통해서 실현되어야 한다. 그렇다면『国际大纲(语法)』을

---

117) 이익섭 외(1999:21-25) 참조.
118) 김충실(2006:71-75) 참조.

한국인 학습자에게 적용하기 위해서는 5장 1절에서 제시한『国际大纲(语法)』의 '표현항목'과 '문법항목'이 중복되는 부분을 해결하어야 할 것이고, 보편적인 언어현상을 나타내는 '표현범주'에 해당되는 '문법항목'을 범주화해야 할 것이다. 따라서 본 절에서는 이러한 문제점을 '통합적 범주화'를 통해서 해결하고자 한다.

'통합적 범주화'란 공통된 표현을 나타내는 문법항목들을 범주화[119]하는 것을 말한다. 여기서 '통합'은 각각의 '표현범주'에 해당하는 '표현구조'와 '표현요소'[120]를 제시하므로 학습자가 표현하고자 하는 의미와 구조를 통합적으로 다룬다는 것을 의미한다. 이 방안을 통해 한국인 학습자가 의도하는 표현을 정확한 '표현구조'나 '표현요소'로 실현하여 의사소통 능력을 향상시키고자 한다.

'통합적 범주화'의 '표현범주'들은 한국어나 대부분의 언어에 공통적으로 존재하는 범주를 기준으로 '서법', '부정', '양태', '수', '시간', '공간', '상', '시제', '비교', '능동', '사동(역)', '피동'으로 구분하였다.

본 절에서는『国际大纲(语法)』을 '통합적 범주화'의 기준에 의해 〈표 37〉과 같이 재배열하였다.

〈표 37〉 '통합적 범주화'에 의한『国际大纲(语法)』의 재배열

표현 범주	구분	등 급	표현구조 및 표현요소
서법	진술문	1	• 주어＋동사＋목적어 예) 玛丽是美国人。 • 주어＋부사＋형용사 예) 我很高兴。 • 주어＋연령·출신지

---

119) 김제열(2001:213-214)에 따르면 학습자들이 사용하고자 하는 문법요소들이 어떤 부류들과 같은 유형으로 인지해야하는지 같은 범주들 중에는 그 문법요소는 어느 위치를 차지하는지 알기 어려우므로 문법형태들이 범주화되어야 한다고 주장하였다. 또한 문법형태를 범주화하여 제시하는 것은 학습자의 언어에 대한 보편적인 지식·인식 체계를 제2언어 학습에 이용하고자 하는 것이므로 굳이 꺼릴 필요가 없다고 주장하였다. 특히 성인학습자라면 이미 모국어의 문법 체계를 인지하고 있으며, 그것을 제2언어학습에 이용하고자 하는 자연스러운 시도를 하게 된다고 하였다, 따라서 문법 요소를 범주화하여 제시하므로써 분류, 기록, 연역, 재결합, 정교화, 전이 등의 학습자 전략 활동을 촉진할 수 있다고 하였다.
120) '표현요소'는 '표현범주'에서 나타내는 의미가 대응되는 '어휘'를 말한다.

				예) 玛丽20岁。/ 王明上海人。
			2	• 주어 + 시간·금액 예) 明天星期四。/这本书32块5毛。
의 문 문		일반 의문문	1	• 절 + 吗? / 절 + 吧? 예) 玛丽是大学生吗? / 约翰是美国人吧?
		추가 의문문	1	• 절, 명사, 대명사 + 呢? 예) 我是中国人, 你呢? • 절 + 好吗? 예) 我们吃中餐, 好吗? • 절 + 可以吗? 예) 我这样说, 可以吗? • 절 + 行吗? 예) 这样写, 行吗?
		정반 의문문	1	• 주어 + 동사 + 不 + 동사? 예) 你来不来? • 주어 + 형용사 + 不 + 형용사? 예) 那件衣服贵不贵?
			3	• 주어 + 동사 + 没 + 동사? 예) 你看没看电影?
		의문 대명사 의문문	2	• 주어 + 동사 + 谁? 예) 他是谁? • 주어 + 동사 + 什么 + 명사? 예) 你叫什么名字? • 주어 + 在 + 哪儿 + 동사? 예) 你在哪儿上学? • 주어 + 什么时候 + 동사 + (목적어)? 예) 你什么时候开学? • 哪 + 양사 + 명사 예) 你是哪国人? • 几 + 양사 + 명사 예) 你什么时候开学? • 多少 + (양사) + 명사 예) 这本书多少钱? • 주어 + 怎么 + 동사(구)? 예) 这个字怎么念? • 주어 + 多大? 예) 你的孩子多大了?

		3	• 명사 + 怎么了? 예) 你怎么了? • 명사(구) + 怎么样? 예) 这本汉语书怎么样?
	선택 의문문	3	• (是) + A + 还是 + B? 예) 你喝茶还是喝咖啡?
	감탄문	1	• 太 + 형용사 + 了 예) 太棒了! • 真 + 형용사! 예) 真好!
	명령문	1	• 请 + 동사술어 예) 请进!
부정	"不"를 이용한 부정문	1	• 주어 + 不 + 동사(구) 예) 我不喜欢唱歌。
	"没有"를 이용한 부정문	3	• 주어 + 没(有) + 동사구 예) 我没(有)看电视。
	부정적 강조121)		『国际大纲(语法)』에서 다루지 않음
	금지, 권고부정122)		『国际大纲(语法)』에서 다루지 않음
양태	시도, 완곡	2	• 주어 + 동사 + 동사 + (목적어) 예) 我试试这件衣服。 • 주어 + 동사 + 一下 + (목적어) 예) 你看一下儿这本书。
	바람	3	• 주어 + 要·想 + 동사 + 목적어 예) 我想去中国。 예) 玛丽要去图书馆。
	요구		• 주어 + 要 + 목적어 예) 我要一瓶可乐。
	가능	3	• 주어 + 能·会 + 동사 + 목적어 예) 玛丽能来。 예) 我会打网球。
	허락		• 주어 + 可以 + 동사 + 목적어 예) 这儿可以拍照。
	당위		• 주어 + 应该 + 동사술어

				예) 你应该早点儿来。
	추측			『国际大纲(语法)』에서 다루지 않음
	정도			『国际大纲(语法)』에서 다루지 않음
	강조	시간, 장소, 방식	4	• 주어 + (是) + 강조구분(시간·장소·방식) + 的 예) 我是1968年出生的。 　　他是从美国来的。 　　他是坐飞机来的。
		긍정		『国际大纲(语法)』에서 다루지 않음
		반어문		『国际大纲(语法)』에서 다루지 않음
	평가, 판단, 묘사		5	• 주어 + 동사 + 得 + 정도부사 + 형용사 예) 玛丽跑得很快。
수	어림수			『国际大纲(语法)』에서 다루지 않음
	명량 복수		1 2	• 수사 + 명량사(本, 张, 个, 把 등) + 명사 예) 我买了三本书。 • 표현요소: 你们, 我们, 他们
	동량		4	• 동사 + 수사 + 동량사(下, 次, 回, 遍 등) 예) 我去了一趟香港。
시간	시점	발생시점	2	• 주어 + 시간명사 + 동사 + 목적어 예) 我每天早上6点半起床。 • 표현요소: 就, 才등 123) 예) 我今天6点就起床了。 　　他今天8点半才来上班。
				『国际大纲(语法)』에서 다루지 않음
		종료시점		『国际大纲(语法)』에서 다루지 않음
	시간대			『国际大纲(语法)』에서 다루지 않음
				『国际大纲(语法)』에서 다루지 않음
	시량 124)	경과 시간량	4	• 주어 + 순간동사125) + 시량보어 + 목적어 + 了。 예) 他大学毕业10年了。
		지속 시간량	4	• 주어 + 지속동사126) + 了 + 시량보어127) + 的 　+ 목적어 + (了)。 예) 我学了两个小时。

				我学了两个小时的汉语了。
공간	(존재 / 행위) 공간		2	• 장소주어＋有＋존재 사람이나 사물 목적어 예) 北京大学在清华大学西边。 • 장소주어＋是＋(알고 있는)장소, 사람, 사물 목적어 예) 图书馆西边是运动场。 • 사람이나 사물＋在＋지점 / 장소목적어＋동사＋목적어 예) 我在一家电脑公司工作。
			3	• 장소주어＋동사구＋출현사람 / 사물 예) 墙上挂着一张世界地图。
	이동 공간	(공간)거리	2	• A＋离, 到＋B＋远 / 近 / 거리수 예) 北京大学离清华大学很近。
			3	• 주어＋从 기점＋到 종점＋동사 예) 从这儿到你们大学怎么走?
		이동기점	3	• 주어＋从＋이동기점＋동사＋(목적어) 예) 我刚从英国回来。
		이동종점		『国际大纲(语法)』에서 다루지 않음
		이동방향	3	• 주어＋向·往＋방위사＋동사 예) (你)一直向北走。/往右拐。
			5	• 주어＋동사＋来·去 예) 他跑来了。 • 주어＋동사＋上, 下, 进, 出, 回, 过, 起＋来·去(단, 起去는 없음) 예) 跑进来/搬下去
상	동작의 진행		3	• 주어＋在＋동사＋(목적어)＋呢 예) 玛丽在睡觉(呢)。 • 주어＋正在＋동사＋(목적어)＋呢 예) 王先生正在打电话(呢)。
	동작의 지속		3	• 주어＋동사＋着＋명사 예) 布朗戴着一副眼睛。
	동작의 완료		3	• 주어＋동사＋了＋수량·동량사＋목적어 예) 我买了两件衬衫。 　　 这本书我看了两遍。
			4	• 주어＋동사＋了＋명사＋就·再＋동사＋

				(목적어) 예) 我下了课就来你这儿了。
	상황 변화		3	• 수사 · 명사 + 了 예) 我儿子8岁了。/ 秋天了。 • 형용사 · 동사 + 了 예) 花红了。/玛丽病了。 • 절 + 了 예) 我昨天去王府井了。
			4	• 주어 + 不 + 동사술어 + 了 예) 我个去了。 　　他不喝酒了。
	동작의 경험		4	• 주어 + 동사술어 + 过 + 목적어 예) 我去过中国。
시제 (128)	절대시제	미발생	2	• 주어 + 시간명사 + 동사 + (목적어) 예) 我每天早上6点半起床。 • 주어 + 在 + 행위장소 + 동사 + (목적어) 예) 我在一家电脑公司工作。
			3	• 조동사 + 동사 + (목적어) 예) 玛丽要去图书馆。
			3	• 주어 + 没(有) + 동사구 예) 我没(有)看电视。
			4	• (就/快)要 + 동사 + (목적어)了 예) 快要下雨了。/ 飞机就要起飞了。 • 조동사 + 동사 + (목적어) + 了 예) 你可以下班了。
			5	• 동사 + 가능보어 + (목적어) 예) 拿得起来 / 拿不起来(부정형)
		발생	4	• 주어 + 순간동사 + 시량보어 + 목적어 + 了。 예) 他大学毕业10年了。 • 주어 + 지속동사 + 了 + 시량보어 + (的) + 목적어。 예) 我学了两个小时(的)汉语。
			4	• 주어 + (是) + 강조구분(시간 · 장소 · 방식) + 的 예) 我是1968年出生的。

		5	• 주어 + 동사 + 결과보어(好, 完, 到 등) + 목적어 예) 飞机票买到了
	상대시제[129]	4	• 주어 + (시간명사) + 동사了 + 명사 + 就·再 + 동사구 예) 我吃了饭再去。
비교	동등 비교	3	• A + 跟·和 + B + (不)一样 예) 我跟你不一样。 • A + 跟·和 + B + (不)一样 + 형용사 예) 他和我一样高。
	차등 비교	3	• A + 比 B + 형용사 예) 今天比昨天冷。
		4	• A + 比 B + 更·还 + 형용사 예) 今天比昨天还冷。 • A + 比 B + 동사 + 得多·一点儿·수량보어 예) 我比我弟弟大三岁。 他的汉语比我好多了。
	근사치 비교	3	• A + 有 + B + (这么·那么) + 형용사[130] 예) 我有我哥哥那么高。
사 역[131]		4	• 주어 + 请·叫·让 + 어떤 사람 + 동사 + 목적어 예) 我请王老师看电影。 妈妈不让我抽烟。
능 동		5	1. 어떤 명확한 사물이 동작발생으로 인해 (고정) • 주어(행위자) + 把 + 행위대상(자) + 동사 + 在·到 + 장소 예) 我把车停在学校门口了。 请你把我的包拿到205房间。
			2. 어떤 명확한 사물이 동작발생으로 인해 관계가 이동하는 경우 • 주어(행위자) + 把 + 행위대상(자) + 동사 + 给 + 어떤 사람 예) 他把这封信交给了玛丽。
			3. 어떤 명확한 사물이 동작발생으로 인해

		어떤 변화가 생기거나 결과가 발생하는 경우 • 주어(행위자) + 把 + 행위대상(자) + 동사 + 형용사(결과보어) 예) 我把房间打扫干净了。
		4. 어떤 명확한 사물이 동작발생으로 인해 위치가 이동하는 경우 • 주어(행위자) + 把 + 행위대상(자) + 동사 + 방향보어 예) 你把铅笔递过来。
피 동	5	• 행위대상자 + 행위자 + 동사 + 得 + 정도부사 + 형용사 예) 这首歌玛丽唱得很好听。 * 의미상피동문 • 주어(행위대상자) + 동사 + 보충성분 예) 这顿饭吃得很香。 * 피동문 • 행위대상자 + 被 + 행위자 + 동사 + 보충성분 예) 我的腿被守门员撞上了。 • 행위대상자 + 是 + 행위자 + 동사 + 的 예) 这本书是马老师编的。

---

121) 본 항목은 부정적인 의미를 표현하는 강조로 '강조'와 '부정'에 모두 포함될 수 있으나 부정적인 표현의미가 더 강하다고 여겨 '부정'범주에 포함시켰다.

122) 본 항목은 '금지', '권고'는 '양태'의 범주에 포함될 수도 있으나 '부정'의 의미가 강하므로 '부정'범주에 포함시켰다.

123) 『语法等级大纲(1996)』에서는 시간부사로 "正, 刚, 常(常), 已经, 正在, 总(是), 就, 才" 등을 제시하였다.

124) '시량'은 '수'범주에도 포함되지만 '시간'의 성격이 강하므로 '시간'의 범주에 포함시켰다.

125) '경과 시간량'을 나타내기 위해서는 동사가 '순간동사'이여야 한다. 즉 이 동작이 발생한 뒤의 시량보어만큼 경과하였음을 나타낸다. 이때 순간동사에는 "死, 丢, 断, 毕业, 发生, 结婚, 离开" 등이 있다.

126) '지속 시간량'을 나타내기 위해서는 동사가 '지속동사'이여야 한다. 즉 이 동작이 동사 뒤의 시량보어만큼 지속됨을 의미한다. 이때 지속동사에는 "睡, 学习, 玩, 跑, 病, 想, 等" 등이 있다.

127) '시량보어'로 쓰일 수 있는 시간의 양을 표현하는 어휘로 "一年, 一个月, 一天, 一个星期, 一个小时, 一分钟, 一刻" 등이 있다.

128) '시제범주'의 항목들의 모두가 다른 범주의 문법항목들과 중복되어 제시되기도 한다. 예로 '조동사', '가능보어', '주어 + (是) + 강조구분(시간·장소·방식) + 的' 등이 있다.

〈표 37〉은 '통합적 범주화'의 기준에 의해 『国际大纲(语法)』을 재배열한 것이다. 그리고 '통합적 범주화'의 '표현범주'는 한국어나 대부분의 언어에 공통적으로 존재하는 범주 가운데 중국어 문법항목이 존재하는 것만을 범주화 하였다. 구체적으로는 '서법', '부정', '양태', '수', '시간', '공간', '상', '시제', '비교', '사역', '능동', '피동'으로 구분하였다. 〈표 37〉의 통합적 범주화는 여러 표현범주를 기준으로 이에 해당되는 '표현구조'나 일부 '표현요소'를 제시하였다. 표현구조를 제시할 때 문법항목의 특징을 최대한 반영하였고, '표현구조'를 통해 정확한 어순으로 제시하므로 한국인 학습자가 중국어를 구사할 때 어순의 오류를 줄이고자 하였다. 그리고 중국어를 구사 할 때 실제 적용하기 용이하도록 제시하였다. 〈표 37〉의 표현범주를 구분하여 제시할 때는 『国际大纲(语法)』의 등급의 순서에 따라 배열하였다. 따라서 실제 『国际大纲(语法)』을 한국인 학습자에게 활용할 때는 이 통합적 범주화에서 제시된 표현범주들을 기준으로 하고, 등급별로 적용할 수 있도록 배열하였다. 이들 범주를 구체적으로 살펴보면 '서법'은 중국어에서 '문장유형'에 해당되는 부분으로 문장의 용도별로 분류한 '진술문(평서문)', '의문문', '감탄문', '명령문'이 여기에 해당되고, 그리고 여기에 해당하는 표현구조를 제시하였다.

'부정', '양태'는 실제 표현의미와 가장 많은 연관성을 지니는 범주이다. 특히 '양태'에서 '바람'은 『国际大纲(语法)』에서 제시된 항목이다. 이것을 확대시켜 각종 '조동사'가 나타내는 여러 표현기능을 '요구', '가능', '허락', '당위' 등으로 구분하여 제시하였다. '강조' 또한 『汉语教科书』부터 다루어진 외국인 학습자를 위해 제시된 범주이다. 그리고 '동사 + 得 + 결과보어·방향보어'로 제시된 '가능보어'[132]는 '가능'을 의미를 나타내는 항목으로 '가능'범주에 포함시켰다. 이와 같은 항목들을 범주

---

129) 李铁根(1999:30) 참조.

130) 『国际大纲(语法)』에서는 'A + 没有 + B + 형용사'를 'A + 比 B + 형용사'의 부정형으로 제시하였다. 예)我没有玛丽高。

131) 여기서 '사역'은 한국어에서 '사동'으로 표현된다. 하지만 본 연구에서는 한국인 학습자가 가장 많이 배우는 '영어'에서의 용어를 사용하여 친숙히 이해하게 하기 위해 '사역'으로 표현하였다.

132) 실제 조동사(能, 会, 可以)와 가능보어의 '가능'의미의 세부적인 차이가 있다. 이에 대해서는 p.173에서 상세하게 다루기로 한다.

화하므로 실제 의사소통 시 적용하기 쉽도록 하였다.

'수'는 대부분의 언어에 공통적으로 존재하는 문법범주이다. 중국어에서 '수'와 연관지어 '수량'의 표현을 하기 위해서는 '양사'를 사용하여야 한다. 따라서 실제 사용 단위로 정확하게 표현할 수 있게 '표현구조'로 상세하게 제시하였다.[133] '어림수'와 '복수'의 개념에서는 『国际大纲(语法)』의 '복수'는 인칭대명사의 복수 형태를 표현요소로 제시하였다. 그리고 어림수는 다루어지지 않았다.

'시간', '공간'의 범주는 실제 중국어 의사소통 시 많이 사용되는 표현범주이면서 또 한국인 하습자의 오류를 많이 범하는 표현범주이기도 하다. 한국어에서 여러 시간표현과 공간표현이 어순변화 없이 격조사에 의해 실현된다. 반면 격조사나 어미가 없는 중국어에서는 어순이나 전치사 등을 통해 실현되기 때문에 한국인 학습자의 오류를 줄이고, 효율적으로 표현하기 위해 범주화 하였다. 여기서 '시간' 범주는 실제 의미기능에 따라 '시점(발생시점, 종료시점)', '시간대[134]', '시량(경과 시간량, 지속 시간량)'으로 구분하였고, '공간'범주는 '존재·행위 공간', '이동 공간(공간거리, 이동기점, 이동종점, 이동방향)'으로 구분하였다.[135] 그리고 이들 항목에서 중요한 의미기능을 하는 전치사들이 표현구조를 통해 정확하게 파악하고 표현할 수 있게 하였다.

'시제'와 '상'에 대해서 한국어와 비교해 봤을 때, 한국어에도 '시제'와 '상'의 개념이 존재한다.

'상(aspect)'은 한국어에도 교육문법에서 다루어지지는 않지만 문법연구 분야에서는 '완료상'과 '진행상'을 포함한 '동작상'과 '예정상' 등이 있다.[136] 그리고 중국어에도 '상'에 대한 많은 연구가 이루어졌다. 그러나 〈표 37〉의 '상(aspect)'의 기준은 외국인 학습자를 위해 제정된 『汉语教科书』와 『语法等级大纲(1996)』에서 제시되었던 다섯 가지의 상(태)[137]만을 다루었다.

---

133) p.159에서 상세히 다루기로 한다.

134) '시간대'는 시간거리를 의미한다.

135) 정윤철(2005:21)에서 제시한 시간, 공간의 기준에 따라 분류하였다.

136) 고영근, 남기심(2008:312-314) 참조.

137) 〈표 38〉에서는 '동작의 진행(진행태)', '동작의 지속(지속태)', '동작의 완료(완료태)', '상황변화 (변화태)', '동작의 경험(경험태)'를 다루었다.

‘시제’는 상대 기준 시(혹은 사건 시)에 의한 ‘상대시제’와 발화시를 기준으로 하는 ‘절대시제’가 존재한다. 예를 통해서 살펴보자

    (1-가) 너 지금 무얼 하니?
    (1-나) 나 지금 책 <u>읽어</u>. [현재: 절대기준시]

    (2-가) 너 어제 무얼 했니?
    (2-나) 나 어제 책 <u>읽었어</u>. [과거: 절대기준시]

    (3-가) 형이 와서 내가 <u>읽는</u> 책을 빼앗아 갔다. [과거: 상대 기준시]
    (3-나) 형이 와서 내가 <u>읽는</u> 책을 빌려 달라고 한다. [현재: 상대 기준시]

이상의 예 가운데 (1-나)의 ‘읽어’는 절대시제의 ‘현재’이고, (2-나)의 ‘읽었어’는 절대시제의 ‘과거’이다. 이 두 예문은 발화시점을 기준으로 하는 ‘절대시제’임을 알 수 있다. 하지만 (3-가, 나)의 ‘읽는’은 모두 ‘현재’를 나타낸다. 하지만 (3-가)의 ‘빼앗아 갔다’의 상황으로 ‘과거’임을 알 수 있고, (3-나)는 ‘달라고 한다’의 상황으로 ‘현재’가 됨을 알 수 있다. (3-가, 나)는 모두 상대기준시에 의한 것이므로 이는 ‘상대시제’임을 알 수 있다.[138] 이와 같은 시제의 기준을 중국어의 시제와 비교해보면 다음과 같다.

    (1-a) <u>他昨天休息</u>。
    (1-b) 小王和小赵都去了北京。

    (2-a) 昨天吃了晚饭以后<u>我给你打过一次电话</u>。
    (2-b) **明天吃了晚饭以后**<u>我给你打一次电话</u>。 [139]

---

138) 이익섭 외(1999:272-274)에서 예문 인용.
139) 李铁根(1999:30) 예문 인용.

중국어의 (1-a)에서는 "昨天"과 (1-b)에서 "了"를 통해 발화시를 기준으로 하여 '절대시제'의 '과거'를 나타냄을 알 수 있다. 하지만 (2-a)에서는 "我给你打过一次电话"가 "昨天"라는 상대기준시를 통해 '발생'했음을 알 수 있다. 그리고 (2-b)의 "我给你打一次电话"는 "明天"라는 상대기준시를 통해 '미발생(발생하지 못했음)'을 알 수 있다. 이것으로 (1)은 절대시제이고, (2)는 상대시제이다.

이것으로 한국어와 중국어의 시제범주가 유사함을 알 수 있다. 그러므로 〈표 37〉의 '시제'범주를 한국어와 중국어의 동일한 기준에 따라 '절대시제'와 '상대시제'로 구분하였고, '절대시제'는 '발생'과 '미발생'[140]으로 구분하어 해낭되는 '표현구조'를 제시하였다.

'비교'의 범주에서는 비교대상 간의 동등함을 표현하는 '동등비교', 차이를 표현하는 '차등비교', 그리고 "有"가 수량이나 정도에 이름을 나타내는 '근사치 비교'로 구분하여 제시하였다.

'사역'은 한국어의 '사동'으로 '남으로 하여금 어떤 동작을 하게 하는 것'[141]의 의미와 동일하다. 중국어는 "请, 叫, 让"을 통해서 동사 "请, 叫, 让" 뒤의 대상이 동작을 행하게 하는 표현이다. 하지만 중국어의 '사역'에서 다루어진 동사 "叫, 让"은 '피동'에도 사용되므로 학습자가 정확하게 이해하고, 표현하기가 쉽지 않다. 이런 어려움을 해결하기 위해 '피동'과 '사역'의 의미기능을 정확하게 구분할 수 있게 범주를 구분하였고, 그 범주에 해당되는 '표현구조'를 구체적으로 제시하였다. 따라서 두 범주에서 표현하고자 하는 의미가 정확한 표현구조를 통해 실현됨으로서 그 차이점을 명확하게 구분하고자 하였다.

한국어에서 '능동'은 '스스로의 힘으로 행하는 행위나 동작을 말한다.' 여기서 능동에 사용하는 타동사로는 '보다', '쓰다', '파다', '놓다', '섞다' 등이 있으며, 이들 모두 목적격 조사 '을/를'을 지니는 목적어를 갖는다.[142] 한국어에서 '능동'의 의미를 나타내는 문장은 중국어에 '술목구', '把구문', '겸어문', '피동문', '이중목적어구문'으로 대응된다. 하지만 이들 문장 모두가 '능동'의미를 지녔다고 할 수는 없다. 중국

---

140) 본 연구에서는 중국어의 시제표현을 '과거', '현재', '미래'가 아닌 '발생', '미발생'으로 처리하였다.
141) 고영근, 남기심 (2009:288) 참조.
142) 고영근, 남기심, 앞의 책 p.295 참조.

어에는 '능동'의 개념이 중요시 되지 않기 때문이기도 하다. 따라서 〈표 37〉의 '능동'범주는 한국어에서 제시한 능동의 개념이 아닌, '피동'에 상대되는 개념으로 [동작성], [타동성], [행위성], [영향성]도 지녀야 한다. 이를 기준으로 하면 중국어의 능동에는 '把구문'이 포함된다고 할 수 있다. 따라서 〈표 37〉의 '능동'범주에 '把구문'을 포함시켜 다루었다.143) 그리고 '把구문'이 나타내는 의미를 기능별로 나누어서 단계적으로 구분하여 제시하였다.144)

　중국어의 '능동'은 '피동'과 대립되는 개념으로 한국어에서도 유사하게 나타난다. 우선 한국어의 예를 들어 살펴보면 다음과 같다.

　　(1-가) 어머니가 아기를 업었다.
　　(1-나) 아기가 어머니에게 업혔다.

　이상의 예를 통해서 능동문인 (1-가)의 예에서 능동문의 목적어인 '아기'가 피동문인 (1-나)의 주어가 되었다. 또한 (1-가)의 주어 '어머니'에서 주격조사 '-가' 대신 목적격 조사 '-에'/'-에게'를 취하여 (1-나)의 부사어로 바뀌고, 서술어인 타동사 '업었다'는 피동사 '업혔다'로 바뀌면서 피동문으로 만들어졌다.

　중국어에서 이와 대응되는 것을 예로 살펴보면 다음과 같다.145)

　　(1-a) 老张**把**我的车子骑去了。
　　(1-b) 我的车子**被**老张骑去了。

　이상의 예 (1-a)에서는 행위자 주어인 "老张"이 전치사 "把"를 통해 행위대상 "我的车子"를 "骑去"하였으므로 '능동'을 표현한다. (1-a)의 행위자인 주어 "老张"을 전치사"被"의 목적어로 쓰고, 또 "把"의 목적어 "我的车子"가 주어로 쓰여 '피동'의미로 바뀌었다. 이것으로 한국어와 중국어에 모두 '능동'과 '피동'의 표현범주가 존재

---

143) 김충실 (2008:27) 참조.
144) 여기에 관한 내용은 〈표 51〉에서 자세히 다루기로 한다.
145) 고영근, 남기심(2008:296) 참조.

하고, 상대되는 개념임을 알 수 있다. 그러므로 '통합적 범주화'에서 '피동'범주를 제시하였고, '피동'의 의미를 나타내는 문법항목들의 '표현구조'를 상세히 제시하였다. 그 중 '표현구조'에서 '행위대상자'를 주어로 제시함으로써 다른 문법항목과 어순은 동일하지만 의미상의 차이가 있음을 나타내고자 하였다.

이상으로 '통합적 범주화'를 살펴보았다. '통합적 범주화'는 '표현범주'별 의미에 대응되는 '표현구조'와 '표현요소'를 통해 한국인 학습자가 표현하고자 하는 의미를 더 정확하고, 효과적으로 표현할 수 있게 제시하였다.

2) 등급배열의 상관성

4장 4절에서 살펴보았듯이 『语法等级大纲(1996)』의 문법항목은 '단계성 원칙'에 의해 '쉬운 것에서 어려운 것', '간단한 것에서 복잡한 것', '규칙적인 것에서 불규칙적인 것' 등으로 배열되었다. 반면 『国际大纲(语法)』은 의사소통 능력 향상에 중점을 두고 제정되었으므로 등급별 목표에 맞게 문법항목이 배열되었다. 따라서 일부는 문법항목 간에 구조형식이나 의미기능의 난이도에 따라 상호 연관성을 고려한 항목도 있었지만, 한국인 학습자에게 적용하기에는 아직 부족함이 있다. 그리고 한국인 학습자의 효율적인 중국어 학습을 위해서는 문법항목간의 구조형식과 의미기능의 상관관계에 따른 문법항목의 등급배열이 고려되어야 한다. 따라서 본 절에서는 『国际大纲(语法)』을 한국인 학습자에게 적용하였을 때 구조형식이나 의미기능의 상관성에 따라 선후관계가 고려되고, 그에 따른 기준을 통해 등급배열이 요구되는 항목을 예를 통해 살펴보고자 한다. 이들 문법항목간의 상호 연관성을 중국어 문법항목의 특징과 한국인 학습자의 특징을 통해 살펴볼 것이며, 이들의 선후관계는 '상대적 등급배열' 방안을 통해 해결해 보고자 한다.

① 문법항목 간의 상관관계 결여

앞서 언급한 문법항목 간의 상관성을 간단한 예를 통해 살펴보면, 중국어의 강조구문인 '是~的구문'에는 "是"가 쓰였다. 그렇다면 '是~的구문'은 반드시 '是자문' 뒤에 배열되어야 한다. 이것이 문법항목 간의 상관성을 고려한 선후배열이다. 이러한 관점으로 본 절에서는 『国际大纲(语法)』의 문법항목들 간의 중국어 특징으로 인한 상관성을 살펴보고, 또 한국인 학습자에게 적용하였을 때 상관관계를 고려해야 하는 항목도 살펴보고자 한다. 즉 이는 두 가지 관점으로 진행될 수 있다. 하나는 중국어 자체의 특징으로 인한 상관성이 요구되는 문법항목과 다른 하나는 한국인 학습자의 특징으로 인한 상관성이 요구되는 문법항목으로 나누어서 살펴볼 수 있다. 중국어 자체 특징으로 인한 상관관계에 대한 분석은 언어 내 대조를 통해서 이루어질 수 있고, 한국인 학습자의 특징으로 인한 상관관계에 대한 분석은 한·중 언어 간 대조와 한국인 학습자의 오류 양상을 통해 분석될 수 있다.

중국어의 문법항목 가운데 단순히 하나의 문법기능을 하는 것이 아니라 비교적 복잡한 문법항목 내에 또 다른 문법항목을 포함하는 경우가 있다.[146] 이런 경우에는 기본구조의 문법항목이 확대된 항목보다 먼저 제시되어야 한다. 중국어 문법항목 가운데 복잡한 구조를 갖는 '특수문('比자문', '把자문', '의미상피동문' 등)'은 문장구조 내에서 술어를 수식하는 기타성분으로 보어를 갖는 경우가 여기에 해당된다. '보어'를 기타성분으로 지니는 '특수문'을 예를 통해 살펴보면 다음과 같다.

예1) 今天比昨天冷得很。['比자문']
예2) 我比他高五厘米。['比자문']
예3) 作业写完了。[의미상피동문]
예4) 这顿饭吃得很香。[의미상피동문]
예5) 我把房间打扫干净了。['把자문']
예6) 你把铅笔递过来。['把자문']

이상의 예에서 예1)은 '比자문'에서 정도보어 "很"이 보충성분으로 쓰였고, 예2)는 수량보어 "五厘米"가 보충성분으로 쓰였다. 예3)과 예4)는 모두 의미상피동문으로 예3)에서는 결과보어 "完"이, 예4)는 상태보어 "很香"이 보충성분으로 쓰였

---

146) 박용진 외 공역 (2005)에서 재인용.
邓守信은 이런 경우를 '구조의존'이란 용어로 설명하였다. 여기서 '구조의존'이란 하나의 구조 안에 또 하나의 구조가 삽입되어 있는 것을 말하는데 이러한 경우 '삽입구조'는 '기반구조(삽입되어 있는 구조)'보다 앞서 배워야 한다고 하였다.

다. 예 5)와 예 6)은 '把자문'으로 예 5)는 결과보어 "干净"이, 예 6)은 방향보어 "过来"가 보충성분으로 쓰였다. 위 예문 모두 각종 보어를 보충성분으로 갖는 특수문임을 알 수 있다. 그렇다면 이들 문법항목을 배열할 때는 보충성분으로 쓰인 '보어'들을 먼저 배우고 난 뒤에 '특수문(비교문, 의미상피동문, 把자문)'을 배우는 것이 학습자가 특수문을 쉽게 이해할 수 있을 것이다. 그러나 『国际大纲(语法)』에서 그렇게 배열되어 있지 않고, 〈표 38〉와 같이 배열되어 있다.

〈표 38〉 『国际大纲(语法)』의 '특수문'과 '보어'의 상관관계

1급	2급	3급	4급	5급	
		•비교문		•결과보어 •가능보어 •방향보어 •정도보어	•'被자문' •'把자문' •의미상피동문

〈표 38〉에서 알 수 있듯이 '보어'를 보충성분으로 가질 수 있는 '把자문', '의미상피동문', '被자문'이 '보어'와 함께 5급에 배열되어 있다. 뿐만 아니라 '把자문'과 '가능보어'는 공기할 수 없는 항목인데도 함께 5급에 배열되어 있다. 이와 같은 경우 '把자문'을 학습하고 난 후에 '가능보어'를 배열하는 것도 하나의 방법일 수 있다. 그러나 이들 항목들 모두 5급에 함께 배열되어 있어, 문법항목 간의 상관성에 대한 고려가 부족함을 알 수 있다. 이들 항목들을 동일한 등급 내에서 중국어교육에 적용하게 되면 특수문과 특수문에 포함되는 여러 '보어'를 함께 배우게 된다. 이는 보어에 대한 충분한 이해가 이루어지지 못하고 특수문을 학습하게 된다. 이를 학습자가 쉽게 학습하게 하기 위해서는 교사가 수관적으로 분법항복의 선후관계를 정해야 하는 불편함이 따르고, 그렇지 못한 경우에는 학습자가 스스로 해결해야 한다. 특히 중국어의 '보어'는 한국인 학습자가 어려워하는 문법항목 중의 하나이다. 따라서 이들 문법항목은 항목들 간에 상관관계가 요구된다. 그 이유는 중국어의 '보어'는 한국어의 '보어'와는 달라서 한국어에서 '부사어'와 '보조동사'로 대응되

거나 대응되는 성분이 없는 '영대응[147]'이기 때문이다. 이러한 이유로 한국인 학습자가 중국어 '보어'를 정확하게 표현하기란 쉽지 않다. 예[148]를 통해 한국인 학습자들이 '보어'사용에서 나타나는 오류유형을 살펴보면 다음과 같다.

    예 1) *一个人进去黑暗的屋子里有点儿恐怖。
    예 2) *我们坐电动船一个小时。
    예 3) *如果夜深了, 在客厅里一个人也没有时, 你觉得有点儿恐怖吗?
        那么就开电灯一下。
    예 4) *因为天气不好, 所以我们没有看[ ]长白山天池。
    예 5) *有一天, 在学校周围逛街的时候, 碰[ ]了一个漂亮的中国女孩儿。

이상의 예를 살펴보면 예 1)은 방향보어 "去"를 가진 술보구조에서 장소 목적어 "黑暗的屋子里"의 위치를 잘못한 사용하는 오류를 범하였다. 예 2)는 시량보어 "一个小时"가 동사술어 "坐"뒤가 아닌 목적어 뒤에 사용하는 오류를 범하였다. 이와 비슷하게 예 3)의 동량보어 "一下"도 동사술어 "开"가 아닌 목적어 뒤에 사용하였다. 그리고 예 4)와 예 5)는 동사술어 "看", "碰" 뒤에 각각 결과보어 "到"가 누락되어 오류를 범하였다. 이들 오류를 분석해 보면, 예 1)에서 방향보어 "去"가 한국어에서 '~가다'라는 보조동사로 쓰이므로 '들어가다'를 함께 표현하, 목적어 위치와 관련된 통사적 제약에 대한 지식의 부족으로 범한 오류이다. 예 2)와 예 3)은 시량보어 "一个小时"와 동량보어 "一下"의 문장 내에서의 위치를 정확하게 이해하지 못해서 범한 오류이다. 예 4)~예 5)의 오류는 중국어의 결과보어가 한국어에 대응되는 성분이 없는 '영대응'이므로 중국어의 '동사술어'로만 표현하여 결과보어를 '누락'시켜 범한 오류 이다. 이와 같은 오류는 한국인 학습자가 중국어 보어의 특징에 대한 이해의 부족으로 발생하기도 하지만 주로 한국어와의 차이로 인해 나타

---

147) 여기서 '영대응'이란 대조의 두 성분 중에 한 성분에 대응되는 또 다른 성분이 없는 경우를 이른다.

148) 황옥화(2008:195-196)의 '한국학생 중국어습득과정에서 나타난 오류자료' 가운데 '보어' 부분에서 예문을 발췌하였다.

나는 오류라고 할 수 있다. 그러면 이러한 오류의 원인을 좀 더 정확하게 분석하기 위해서 중국어의 보어가 한국어에서 실현되는 양상을 예를 통해 좀 더 구체적으로 살펴보도록 하자.

예 6) 我听懂了他的话。(나는 그의 말을 알아들었다.)
예 7) 这首歌他很快就记住了。(이 노래를 그는 금방 다 기억[ ]했다.)
예 8) 他跑来了。(그가 달려왔다.)
예 9) 他从钱包里拿出他的身份证。(그는 지갑에서 신분증을 꺼내었다.)
예 10) 我看不懂他写的字。(나는 그가 쓴 글자를 알아 볼 수가 없다.)
예 11) 他说汉语说得很流利。(그는 중국어를 아주 유창하게 말한다.)
예 12) 她高兴得很。(그녀는 아주 기뻐하였다.)
예 13) 我昨天看了两次他。(나는 어제 그를 두 번 보았다.)
예 14) 我住了两年了。(나는 2년째 살고 있다.)

이상의 예 6)은 "懂"이 '결과보어'로 쓰였고, 이것은 한국어의 '들었다'는 보조동사로 대응된다. 예 7)은 "住"는 '결과보어'로 쓰여 한국어에 대응되는 성분이 없는 '영대응'이다. 따라서 "记"의 의미만 대응된다. 예 8)의 "来"가 '방향보어' 쓰였으며, 한국어의 '왔다'의 보조동사로 실현된다. 예 9)는 '목적어'를 갖는 방향동사를 사용한 문장으로 "出"가 '방향보어'로 쓰였고 한국어에 "내었다"로 대응된다. 예 10)은 "不懂"이 '가능보어'로 쓰였으며, '~수가 없다'로 대응된다. 따라서 예 6)과 예 8)~예 10)의 예문의 보어는 모두 한국어에서는 모두 '보조동사'로 실현됨을 알 수 있다. 그리고 (7)은 결과보어가 한국어에서 '영대응'이므로 대응되는 성분이 없었다. 예 11)의 "很流利"는 '상태보어'로 한국어에서 '아주 유창하게'로 대응되었다. 예 12)의 "很"이 '징도보어'로 쓰였으며, '매우'로 내응되었다. 예 13)의 "两次"는 '동량보어'로 한국어에서 '두 번'으로, 예 14)의 "两年"은 '시량보어'로 쓰여 한국어에서 '2년째'로 대응된다. 이것으로 예 11)~예 14)의 보어들은 모두 한국어의 '부사어'로 실현됨을 알 수 있다.

이상의 예를 통해서 한국인 학습자에게 중국어의 '보어'는 모국어와의 차이로 인해 오류가 발생할 수 있다는 것을 알 수 있다. 그렇다면 이러한 오류를 줄이기 위해서는 각종 보어들을 배열할 때 한국인 학습자의 모국어와 대조분석하거나 오류자료를 반영하여서 상호연관성을 고려하여야 할 것이다.

　우선『国际大纲(语法)』의 보어들은 어떻게 등급배열 되어 있는지 살펴보면 〈표 39〉과 같다.

<표 39> 『国际大纲(语法)』의 '보어'의 등급배열

1급	2급	3급	4급	5급
			•시량보어 •동량보어	•결과보어 •결과보어가능식 (가능보어) •방향보어가능식 (가능보어) •상용가능보어 •방향보어 (단순, 복합, 파생적 용법) •정도보어[149]

　〈표 39〉에서 '보어'의 등급배열을 살펴보면, 4급에서는 '시량보어', '동량보어'가 배열되었고, 5급에서는 '결과보어', '결과보어 가능식', '방향보어 가능식', '상용가능보어', '방향보어', '정도보어'가 배열되었다. 여기서 한국어에서 '부사어'로 실현되는 것으로 '시량보어', '동량보어', '정도보어', '결과보어'는 4, 5급에 나눠서 배열되었다. 그리고 그 밖에 한국어에서 '보조동사'로 표현되는 보어들은 모두 5급에 배열되어 있다. 여기서 한국인 학습자가 중국어 보어를 사용할 때 한국어에서 실현되는 양상에 따라 난이도는 차이가 난다. 하지만 '보어'의 대부분이 5급에 함께 배열되어 있어 5급 내의 각종 보어들을 동일하게 적용하여 발생되는 문제점은 중국어 교사가 주관적으로 문법항목의 선후관계가 고려해서 배열하거나, 학습자의 주관에 의해 해결되어야 한다. 따라서 이러한 혼란을 막기 위해서는 문법항목 간의 상관관계를 고려하여 등급배열 되어야 할 것이다.

---

149) 『国际大纲(语法)』에서 '정도보어'에서 상태보어의 예문만을 소개하였으며 실제 '정도보어'의 문법내용은 언급되지 않았다. 따라서 본 연구에서는 『国际大纲(语法)』에서 제시한 정도보어는 상태보어를 포함한 개념으로 사용한다.

② 상대적 등급배열 방안

이미혜(2005:72)에 의하면 의사소통 중심의 교육에서는 문법배열이 문법자체의 난이도나 특성만을 고려할 문제가 아니라 교육요목의 유형에 따라 선정하고 배열하므로, 문법항목의 배열을 위한 절대적인 기준을 마련하는 것은 거의 불가능하다고 하였다. 하지만 본 연구에서는 의사소통 중심의 문법교육을 위해 제정된『国际大纲(语法)』을 토대로 하고, 중국어의 문법항목간의 구조나 의미기능에 따른 특징과 한국인 학습자의 특징을 반영하여 '상대적 등급배열'을 하게 되면, 보다 효과적인 한국인 중국어 학습자 중국어 교육요목을 마련할 수 있으리라 여겨진다. 이 상대적 등급배열에 대해 杨寄洲(2000:10-11)는 문법요목의 배열기준은 문법항목 간에 고정적인 문법의 배열순서나 상호간의 관계, 그리고 구조의 복잡한 정도와 난이도에 따라 과학적으로 등급배열 될 수 있다고 설명하면서 간접적으로 '상대적 등급배열'의 필요성을 강조하였다. 그리고 앞 절에서 살펴본 '특수문(把자문, 被자문, 比자문)' 과 이 항목들의 보충성분으로 쓰이는 '보어'의 상관관계에 대해 다음과 같이 소개하였다.

<table>
<tr><td colspan="2" align="center">〈표 40〉 '把자문'의 상대적 등급배열150)</td></tr>
<tr><td align="center">먼저 제시할 문법항목</td><td align="center">이후에 제시할 문법항목</td></tr>
<tr><td align="center">결과보어, 방향보어
정도보어(상태보어), 수량보어
의미상피동문</td><td align="center">'把자문', '比자문'</td></tr>
<tr><td align="center">'把자문'</td><td align="center">가능보어, '被자문'</td></tr>
</table>

〈표 40〉은 중국어의 문법항목 긴의 구조자체의 특징을 반영히여 제시한 내용이다. '把자문'을 기준으로 하여 효율성을 고려하여 '상대적 등급배열'을 하면 다음과 같다. 의미상피동문이 '把자문'보다 먼저 배열되어야 하는 이유로 문법교육에서 의미상피동문을 먼저 배우고 난 다음에, 의미상피동문 앞에 "把"를 붙이면

---

150) 杨寄洲(2000:10-11)의 분석을 토대로 재구성한 표이다.

자연스럽게 '把자문'을 배울 수 있다. 예로 "今天的作业做完了"를 학습하고 난 후에 "(我)把今天的作业做完了"를 학습하게 되면, 구조적으로 쉽게 이해할 수 있다는 원리이다. 이렇게 하면 '把자문'의 구조에 있어 교육적 측면에서 난이도가 감소할 수 있을 것이다. 이는 5장 1절에서 살펴본 것처럼 한국어에 '능동'과 '피동'의 대립되는 개념으로 인식하고 있는 한국인 학습자에게도 효율적인 방법이라 여겨진다. 이와 관련지어 유표지 피동문인 '被자문'과 '把자문'도 같은 원리이다. 이들 항목도 '피동'과 '능동'의 의미로 상반되기 때문에 구조상으로 서로 호환될 수 있다. 따라서 '被자문'이 '把자문' 뒤에 등급 배열되는 것이 적절하다고 여겨진다. 그 밖에도 '把자문'은 가능보어가 함께 쓰일 수 없는 통사적 제약이 있다. 따라서 다른 보어와는 달리 가능보어는 '把자문' 뒤에 배열하는 하게 된다면 부정적 전이를 줄일 수 있을 것이다.[151] 이상으로 특수문과 보어들의 상관관계를 살펴보았다. 하지만 이들 보어 간에도 앞에서 지적하였듯이 상관관계를 고려한 배열이 요구되는 항목이다.

본 절에서는 『国际大纲(语法)』의 보어를 한국인 학습자가 학습할 때 고려해야 할 기준을 '문법항목 간의 상관관계', '한국어에 대응성분', '통사적 제약', '빈도수'로 구분하여, 한국인 학습자를 위한 보어의 상대적 등급배열을 하고자 한다. 이들 기준 가운데 가장 중요시 되는 것은 '문법항목 간의 상관관계'이다 이는 중국어 학습할 때 모든 외국인 학습자에게 적용되는 공통된 기준과도 같다고 할 수 있다. 예로 '가능보어'는 '방향보어'와 '결과보어' 이후에 제시되어야 한다는 것과 "没"를 사용하여 부정하는 보어는 '조사了' 이후에 제시되어야 한다는 것 등이 문법항목 간의 상관성에 대한 고려이다. 그 다음 기준은 '한국어의 대응성분'으로 중국어의 보어가 한국어에 대응되는 성분을 분석하기 위한 것이다. 이 기준을 통해 중국어가 한국어에 대응될 때 대응성분이 복잡한 지(○), 간단한 지(×)에 따라 오류발생율도 달라지고, 오류 양상이 다양해진다. 따라서 이 기준을 적용하여 한국인 학습자의 특징을 반영하고자 한다. 그리고 '통사적 제약에서는 여러 보어들의 통사적 구조에 있어서 오류를 많이 범하는 이유로는 '목적어의 위치'와 '부정부사의 위치'

---

151) 앞의 논문, pp.10-11 참조.

등이 있다. 따라서 대표적인 이 두 요소를 통사적 제약의 요소로 제시하고자 한다. 마지막 기준은 '빈도수'이다. 이는 중국 내에서 사용되고 있는 보어의 빈도수를 가장 마지막으로 적용하고자 한다. 이상과 같은 기준에 따라 한국인 학습자를 위한 『国际大纲(语法)』의 보어들을 '상대적 등급배열'하고자 한다.

'상대적 등급배열'에서 참조할 '한국어의 대응성분'과 '보어'의 빈도수에 대한 자료를 살펴보면 다음과 같다.

우선 '한국어에 대응성분'에 대해서 黄玉花(2004:12)는 중국어의 결과보어는 한국어에서 '부사어', '영대응'으로, 방향보어는 '보조동사', '영대응'으로, 수량보어(시량·동량)는 '부사어'로, 정도보어는 '부사어', '보조동사'로, 가능보어는 '보조동사'로 대응된다고 하였다. 보어의 빈도수에 대해서 吕文华(1995:37)의 조사에 따르면 다음과 같은 빈도수의 비율을 제시하였다.

〈표 41〉 '보어'의 빈도수[152]

보어 종류	문장수	비율(%)
방향보어	1,476	38.02
결과보어	1,238	31.89
정도보어	358	9.22
가능보어	315	8.14
동량보어	216	5.56
시량보어	183	4.71
수량보어	71	1.82
전치사보어	25	0.64
합계	**3882**	**100**

이상의 자료를 참고로 하여 한국인 학습자에게 '보어'의 상대적 등급배열을 위한 기준들을 정리하여 표로 제시하면 다음과 같다.

---

152) 吕文华(1993:39)의 자료를 참고하여 재구성하였다.

<표 42> 중국어 '보어'의 상대적 등급배열의 조건 분석표 153)

기준 구분 / 보어 종류	문법항목상 관관계	한국어에 대응성분	통사적 제약		빈도수
			목적어	부정형	
방향보어	조사了	보조동사, ø	○	没	1
결과보어	조사了	부사어, 보조동사, ø	×	没	2
정도보어 (상태보어)	부사어	부사어, 보조동사	○	없음/不	3
가능보어	방향보어 결과보어	보조동사	○	不	4
동량보어	조사了	부사어	○	没	5
시량보어	조사了	부사어	○	没	6

〈표 42〉에서 제시된 기준 '문법항목 상관관계', '한국어에 대응성분', '통사적 제약', '빈도수'의 순서는 한국인 학습자를 위한 '보어'의 상대적 등급배열을 하기 위해서 비중이 높은 순서대로 제시한 기준이다. 그렇다면 이들 기준별 조건을 살펴보면, '문법항목의 상관관계'에서 가장 중요하게 지켜져야 할 것은 '방향보어', '결과보어'를 배열한 뒤에 '가능보어'를 배열해야 한다는 것이다. 이는 '가능보어'의 통사적 특징상 '가능보어'는 '결과보어'와 '방향보어'로서 구성되기 때문이다. 이 밖에도 '가능보어'는 〈표 40〉을 통해 알 수 있듯이 '把구문'보다 뒤에 배열되어야 한다. 그 밖에도 '정도보어'는 '부사어'는 상관관계를 고려해야 할 항목이다. 이들은 한국어에서는 모두 '부사어'로 대응되는 구조이므로 '부사어'를 먼저 제시하고 난 다음에 '정도보어'가 제시되는 것이 효율적이다. 그리고 '가능보어'154)를 제외한 나머지

---

153) 〈표 43〉의 분석표에서 『国际大纲(语法)』에서 제시한 대로 '정도보어'는 '상태보어'를 포함하는 개념이다. 그리고 '방향보어'도 단순, 복합보어와 방향보어의 파생용법을 하나의 항목으로 포함된 개념이다. 이후 방향보어의 단계적인 등급배열은 p.142의 '누적식 등급배열'에서 자세히 다루기로 한다.

154) 여기에 '상태보어'도 포함되지만 본 절에서는 '정도보어'에 포함시켜 다룸으로 별도로 언급하지 않는다.

보어들은 부정부사 "没"로 부정형을 구성하기 때문에 '조사了'와의 상관관계를 고려해야 한다. 이상과 같은 이 기준들을 통해서 1차적으로 다음과 같은 등급배열을 구성할 수 있다.

【1차 상대적 등급배열】

정도보어, 결과보어, 방향보어, 시량보어, 동량보어　　　→　　　**가능보어**155)

그 다음 기준은 '한국어에 대응성분'이다. 이는 중국어의 보어가 한국어에 대응되는 성분에 따라 한국인 학습자의 오류율과 오류양상이 달라지기 때문에 한국인 학습자의 특징을 반영할 수 있는 중요한 기준이다. 이 때 "보조동사"는 중국어의 보어가 한국어의 보조동사로 대응되는 경우이고, "부사어"는 한국어의 부사어로 실현되는 경우이다. 그리고 "ø"은 한국어에 대응되는 성분이 없는 "영대응"의 경우이다. 〈표 42〉의 '한국어에 대응성분'은 앞에서 제시된 黃玉花(2004:12)의 대조자료를 통한 분석을 토대로 제시하였다. 그 밖에도 앞에서 한국인 학습자의 '보어'의 오류분석을 통해 살펴보았듯이 한국인 학습자는 '보조동사'로 대응되는 경우가 오류가 가장 적었고, 그 다음이 '부사어', '영대응'의 순서로 나타났다. 따라서 '2차 상대적 등급배열'은 '1차 상대적 등급배열'을 토대로 하고, 〈표 42〉의 '한국어에 대응성분'의 결과를 반영하면 다음과 같이 배열할 수 있다.

【2차 상대적 등급배열】

방향보어　　→　　정도보어, 결과보어, 시량보어, 동량보어　　→　　**가능보어**

그 다음 기준은 '통사적 제약'이다. 이는 문법항목의 구조유형 특징으로 한국인 학습자가 보어를 학습할 때 많은 오류를 범하는 유형이 '목적어의 위치', '부정사의 위치' 등이다. 따라서 이 두 요소들이 문장 내의 통사적 제약에 따라 구분하였다.

---

155) 진하게 표기 된 항목은 등급배열의 순서가 고정된 항목이다. 또한 이들을 기준으로 다시 '상대적 등급배열'이 이루어진다.

이 때 "○"은 '목적어'로 인해 통사적 제약이 복잡한 것이고, "×"는 통사적 제약이 비교적 간단한 것이다. 이와 같은 '통사적 제약'과 '2차 상대적 등급배열'을 토대로 하여 '3차 상대적 등급배열'하면 다음과 같다.

【3차 상대적 등급배열】

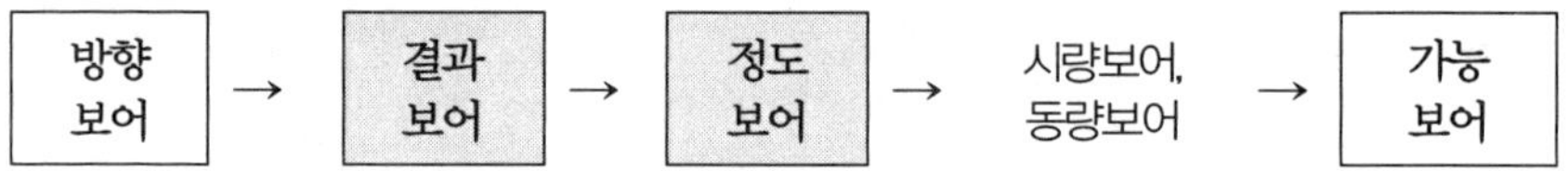

마지막 기준은 '빈도수'이다. 빈도수에 따라 등급배열이 이루어지는 것도 중요하다 하지만, 일반적으로 한국인 학습자에게는 앞에서 제시된 기준들이 오류에 더 많은 영향을 미쳤다. 따라서 '빈도수'를 가장 비중이 낮은 기준으로 제시하게 되었다. 하지만 '빈도수'도 고려해야 할 필수적인 기준이다. 따라서 〈표 42〉의 빈도수를 참고로 하여 3차 상대적 등급배열을 토대로 4차 상대적 등급배열을 하면 다음과 같다.

【4차 상대적 등급배열 】

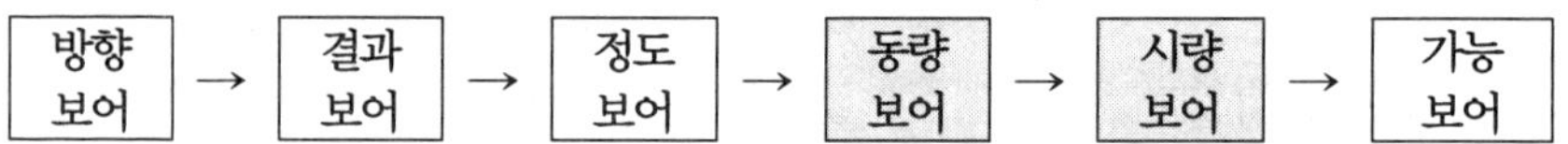

이상의 '4차 상대적 등급배열'은 한국인 학습자가 보어를 학습할 때의 '상대적 등급배열'이다. 이를 '빈도수' 자료로 다시 재점검을 해보면 '가능보어'를 제외하고는 빈도수의 순서대로 배열되었다. 여기서 '가능보어'는 '빈도수'에 따르는 것보다 '문법항목의 상관관계'에 따른 배열하는 것이 한국인 학습자에게 더 효율적이라고 여겨 이상과 같이 배열하였다. 이상의 분석을 정리하면 다음과 같다.

〈표 43〉 한국인 학습자를 위한 '보어'의 상대적 등급배열

〈표 43〉의 여러 보어들의 상대적 등급배열은 절대적 기준은 아니지만, 한국인 학습자의 개별적인 특징과 중국어 보어의 여러 통사적인 특징을 토대로 분석된 자료이다. 이 등급배열은 향후 지속적인 대조분석과 오류분석 자료를 토대로 재구성될 수 있을 것이다.

3) 등급배열의 누적화

앞 절에서는 교육문법 요목에서 등급배열을 할 때 서로 다른 문법항목 간의 상관관계를 고려하는 '상대적 등급배열'에 대해서 살펴보았다. 그렇다면 본 절에서는 한 문법항목이 두 등급 이상에 배열되는 경우 한 문법항목이 갖고 있는 복잡한 구조나 다양한 의미기능을 던계화시기고, 누적화[156]하여 등급 배열하는 방법을 모색하고자 한다.

---

156) 박용진 외 공역 (2005:22)에서 재인용.
　　邓守信은 '누적식 어법'을 제시하였다. 이는 문법교육의 방법은 누적될 수 있고, 누적되어야만 한다고 주장하였다.

앞의 〈표 25〉에서 살펴보았듯이 『国际大纲(语法)』의 문법항목 가운데 '비교문', '조사了', '명사술어문'을 제외한 문법항목은 모두 한 등급에 배열되어 있다. 이를 통해서 『国际大纲(语法)』의 문법항목은 난이도나 문법항목의 여러 기능에 따른 단계성에 대한 고려가 부족함을 알 수 있다. 그리고 『国际大纲(语法)』에서 제시된 문법항목 가운데 한국인 학습자가 한 등급에서만 학습하기에 다소 어려운 문법항목들도 있기 때문에 이들 항목들을 한국인 학습자의 특징에 맞게 단계적으로 구분하여 누적화하여 배열해야 한다. 따라서 본 절에서는 누적화가 요구되는 문법항목을 예를 들어 항목의 단계성 여부를 분석하고 이들의 문제점을 문법항목들의 복잡한 구조나 다양한 기능을 단계적으로 구분한 '누적식 순서배열'[157) 방안을 제시하고자 한다.

① 문법항목 내의 단계성 결여

『国际大纲(语法)』을 한국인 학습자에게 적용시켰을 때 누적화가 요구되는 일부 문법항목들이 있다. 즉 한 등급에 국한되어 제시하기에는 구조가 복잡하거나 의미기능이 다양한 항목들이다. 〈표 20〉을 통해서 일부 문법항목('품사', '복문', '특수문' 등)이 전 등급에 단계적으로 누적화되어 분포되어 있음을 알 수 있다. 하지만 『国际大纲(语法)』는 요목의 유형적 특징에 따라 의사소통에 필수적인 항목만을 제시하였기 때문에 '비교문', '명사술어문', '조사了'만 두 등급에 배열되었고, 나머지는 문법항목은 모두 한 등급에 배열되었다. 따라서 『国际大纲(语法)』을 한국인 학습자에게 적용하기 위해서는 한국인 학습자에게 난이도가 높은 문법항목이나 통사구조가 비교적 복잡하고, 의미기능이 다양한 문법항목인데도 한 등급에 배열되어 있는 이들 문법항목들을 분석하고자 한다. 이 가운데 한국인 학습자가 오류를 많이 범하는 '把자문'과 '방향보어'를 예로 들어 그 단계성을 살펴보고자 한다.

우선 『国际大纲(语法)』 '把자문'의 단계성을 『语法等级大纲(1996)』와 비교를 통해 살펴보면 다음과 같다.

---

157) p.142에서 제시할 것이다.

〈표 44〉『语法等级大纲(1996)』과 『国际大纲(语法)』의 '把자문' 단계성

등급	『语法等级大纲(1996)』	등급	『国际大纲(语法)』
甲급	1. 주어 + 把 + 목적어 + 동사 + 一(了) + 동사 你把你的意见说一说。	5급	주어 + 把 + 명사 + 동사 + 보충성분
甲급	2. 주어 + 把 + 목적어 + 동사 + 보어(1) 我把信寄走了。	5급	1) 주어 + 把 + 명사 + 동사 + 형용사 (결과보어) 我把房间打扫干净了。
乙급	1. 주어 + 把 + 목적어1 + 동사 + 在(到, 给) + 목적어2 (여기서는 반드시 "把"를 사용해야 한다.) 他把那件上衣放在床上了。	5급	2) 주어 + 把 + 명사 + 동사 + 방향 (방향보어) 你把铅笔递过来。
乙급	2. 주어 + 把 + 목적어 + 동사 + 了(着) 我把介绍信带着。	5급	3) 주어 + 把 + 명사 + 동사 + 在 + 장소 (전치사보어) 我把车停在学校门口了。
丙급	1. 주어 + 把 + 목적어1 + 동사 + 成(作) + 목적어2 (여기서는 반드시 "把"를 사용해야 한다.) 他把试卷揉成一团了。	5급	4) 주어 + 把 + 명사 + 동사 + 到 + 장소 (전치사보어) 请你把我的包拿到205房间。
丙급	2. 주어 + 把 + 목적어 + 동사 + 보어(2) 我们把开会的时间延长了一天。 (시량보어) 他爸爸把他狠狠地打了一顿。 (동량보어) 你们想把这孩子带往何处?(전치사보어) 今天把我冻得直打多嗦。(상태보어)	5급	5) 주어 + 把 + 명사 + 동사 + 给 + 어떤 사람 他把这封信交给了玛丽。
丙급	3. 주어 + 把 + 목적어 + 给 + 동사 大风把柱子给刮倒了。		
丁급	1. 주어 + 把 + 목적어(행위자) + 동사 (자동사) + 기타성분 (여기서는 '뜻대로 되지 않음'을 나타낸다.) 这些天你看把大家愁成啥样了。		
丁급	2. 주어 + 把 + 목적어(행위자) + 동사 (자동사) + 기타성분 (여기서는 결과		

의미를 나타낸다.) 爆炸声把他们从梦中惊醒了。		
3. ···+把+목적어1+동사+得+ 　상태보어 每次女儿来之前, 采购, 洗刷, 烹饪 都把老人累得腰酸腿疼。		
4. ···+把+목적어+···化 他们决定把工厂的各项定制度化, 以加强生产管理。		
5. ···+把+목적어+동사+得+比··· 他把自己的事业看得比什么都重。		
6. ···+把+병렬 목적어 他把一个破旧的小包, 　一条脏得要命的手绢, 　一齐塞进口袋里。		
7. ···把···把···把 鲸鱼把人, 把船, 把什么都吞掉了。		

　〈표 44〉를 통해서 두 요목에서 '把자문'의 등급별 배열분포와 각 등급에 해당하는 구조형식을 알 수 있다. 이 비교를 통해서 두 요목 모두 구조유형별로 상세하게 구분되어 있음을 알 수 있다. 하지만 『语法等级大纲(1996)』에서는 구조유형이 쉬운 것에서 어려운 것으로 등급별로 배열되었으며, 등급별로 단계적으로 누적화되었음을 알 수 있다. 그러나 『国际大纲(语法)』에서는 구조유형별로 나누기는 하였으나 5급에만 배열되고 등급별 누적화가 이루어지지 않았음을 알 수 있다. 좀 더 세부적으로 '把자문'의 문법구조를 살펴보면, 『语法等级大纲(1996)』은 기타성분으로 쓰이는 여러 유형들을 구분하여 제시하였다. 특히 구체적인 여러 단어 "给", "在", "到", "成" 등을 제시하였다. 반면 『国际大纲(语法)』에서는 '주어+把+명사+동사+보충성분'의 구조에 해당되는 유형을 아래에 다섯 가지 유형으로 구분하여 제시하였다. 이들의 분류는 대부분이 보어의 기타성분에 따라 구분하여 제시되었다. 이것으로 『国际大纲(语法)』은 전체적인 목표에 부합되기 위해서 '把자문'의 구조유형이 많이 간소화 되었으며 의미기능별 구분이나 기술도 전혀 이루어지지 않고, 단계적으로 구분되지 않았음을 알 수 있다. 『国际大纲(语法)』의 '把자문'이 한

국인 학습자에게 적절하게 단계화 되어있는지를 알아보기 위해 한·중 대조분석 자료를 통해 살펴보도록 하겠다.

중국어의 '把자문'은 한국어의 목적격 조사 '를'에 대응되지만 한국어의 '를'은 중국어에서 여러 가지 문법항목으로 대응된다. 이들의 대응분포를 다음과 같다.

<표 45> '를' 구문이 대응되는 중국어 구문의 구조 대조[158]

중국어 구문	동사술어문	'把자문'	겸어문	피동문	이중목적어문
용례(개)	2,731	251	33	7	7
비율(%)	79.1	7.3	0.9	0.2	0.2

김충실(2008:26-28)에서 제시한 <표 45>을 통해서 중국어의 '把자문'이 한국어 '를'로 대응되는 비율은 85%이지만 한국어의 '를'이 다시 '把자문'으로 대응되는 비율은 7.3%에 불과하다 것을 알 수 있다. 한국인 학습자가 '把자문'을 한국어의 '를'로 표현하는 것은 그리 어렵지 않다. 하지만 '를'을 사용하여 중국어 '把자문'을 표현하는 것은 쉽지 않다. 따라서 한국인 학습자는 이때 '把자문'으로 표현할 수 있는 의미기능과 구조유형을 파악해야 만이 정확하게 표현할 수 있다. 이와 관련해서 김충실(2008:74)은 한국어 '를'이 중국어에 '把자문' 대응되는 조건을 다음과 같이 제시하였다.

---

158) 김충실(2008:26)에서 표 인용.

〈표 46〉 '를' 구문이 '把구문'에 대응되는 조건[159]

분류	'를' 구문이 '把구문'에 대응되는 조건
의미적 조건	1. '를' 구문의 동사 의미가 처치(处置)의미를 가질 때
	2. '를' 구문이 사동의 의미를 가질 때
통사적 조건	1. '를' 구문의 부사어가 중국어의 보어에 대응될 때
	2. '를' 구문이 부사어와 목적어를 동시에 가지며 그 부사어가 "행동이 미치는 장소"를 나타내고, 그 상태가 현재시제가 아닐 때
	3. [영향성] 목적어와 동작의 횟수, 부사, 형용사가 부사어로 될 때
	4. 이중목적어 구문일 때
	5. 동사가 중국어의 "当作", "当成"에 대응될 때
화용적 조건	1. '를' 구문이 목적어가 지정적이고, 기지 정보일 때
	2. 선행절의 어떤 성분의 지시대상이 후행절의 목적어가 가리키는 지시대상과 같을 때

〈표 46〉은 한국인 학습자가 중국어 '把자문'을 표현하기 위한 조건이다. 그렇다면 한국인 학습자가 이러한 조건에 따라 중국어의 '把자문'을 표현하기 위해서는 '把자문'도 의미기능에 따라 '표현구조'를 구분하여 제시되어야 할 것이다. 그리고 복잡한 통사구조도 의미기능별로 구분하여 제시되어야 할 것이다. 이런 기준으로 『国际大纲(语法)』의 '把자문'을 단계적으로 구분한다면 한국인 학습자가 '把구문'을 이해하고 표현하는 것이 보다 효과적이라 여겨진다.

또 다른 예로 '방향보어'는 〈표 41〉에서 알 수 있듯이 보어 가운데 빈도수가 가장 높은 문법항목이다. 뿐만 아니라 일반적으로 한국어에서 '보조동사'로 대응되기 때문에 비교적 쉽게 표현할 수 있을 것이라고 가정하였다. 따라서 〈표 43〉에서는 한국인 학습자를 위한 '보어'의 등급배열 중 가장 먼저 배열되어야 하는 항목으로 제시하였다. 그러나 한국인 학습자가 '방향보어'를 사용할 때 많은 오류를 범하였다.

황옥화(2008:79-89))에 의하면 한국인 학습자가 방향보어를 사용할 때 '방향보어의 누락', '목적어 위치상의 오류', '방향보어의 혼용' 등에서 많은 오류를 범한다고 하였다. 이들 방향보어의 오류유형별로 소개한 예를 통해서 살펴보자.

---

159) 김충실, 앞의 논문(2008:74)에서 표 인용.

• '방향보어의 누락'의 예:

　예 1) *她低[下]160)了头。(그녀는 머리를 숙였다.)

　예 2) *他已经穿[上]了衣服。(그는 이미 옷을 다 입었다.)

　예 3) *我正篇文章都念[下来]了。(나는 문장 전체를 읽었다.)

　예 4) *病人晕[过去]了。(환자가 기절했다.)

　예 5) *他醒[来]了。(그가 깨어났다.)

이상에서 방향보어 누락의 원인은 방향보어가 한국어에서 대응되는 성분이 없는 '영대응'이기 때문에 한국인 학습자가 방향보어를 인식하지 못하여 '누락'시키게 된 경우이다.

• 목적어 위치상의 오류의 예:

　예 6) *我一定好好学习, 把好的成绩带来韩国。

　예 7) *吃完饭以后, 我们回去房间了。

　예 8) *一个人进去黑暗的屋子有点儿恐怖。

　예 9) *看了这幅图以后, 突然我的父母想起来。

이상의 예는 방향보어가 목적어를 지니는 경우이다. 예 6)~8)는 모두 장소 목적어 "韩国", "房间", "黑暗的屋子"를 방향보어 앞에 놓지 못하여 발생한 오류이고, 예 9)는 목적어 "我的父母"의 위치를 잘못 써서 발생한 오류이다. 이것으로 한국인 학습자가 방향보어를 갖는 문장에서 목적어를 갖는 경우에는 통사적 제약에 따른 지식의 부족으로 이상과 같은 오류를 범하게 됨을 알 수 있다.

• 방향보어의 혼용:

　예 10) *这句话说下来容易, 做下来难。(下来 → 起来)

　예 11) *这个病人昏起来了, 赶快喊大夫来。(起来 → 过去)

　예 12) *下边有一个大的洞, 不管是谁都差点儿要掉下似的。(下 → 下去)

　예 13) *他气呼呼的样子看起很吓人。(起 → 起来)

---

160) [ ]의 어휘는 한국인 학습자가 누락시킨 단어이다.

이상의 예에서 예10)~예11)은 복합방향보어를 잘못 사용한 경우이고, 예 12)~예 13)은 복합방향보어를 정확하게 사용하지 못한 예이다. 이는 대부분 복합방향보어의 파생적인 용법을 정확하게 파악하지 못했기 때문에 발생한 오류의 유형이다.[161]

위의 내용을 토대로 한국인 학습자가 방향보어 사용 시 발생하는 오류유형을 분석해 보면, 방향보어는 한국어의 보조동사와 같이 술어로 대응되지만, 일부 방향보어는 한국어에 대응되는 성분이 없는 '영대응'이기 때문에 한국인 학습자가 방향보어를 인식하지 못하여 누락하는 오류를 범하게 된다. 이는 언어 간 간섭에 의해서라고 할 수 있다. 그리고 장소목적어를 갖는 경우는 통사적 제약을 제대로 이해하지 못하여 오류를 범하거나, 방향보어의 파생된 의미를 정확하게 익히지 못해서 범하는 오류로 분석할 수 있다. 이것은 방향보어의 통사구조나 파생적 의미에 관한 지식 부족이라고 할 수 있다. 이것으로 대부분의 방향보어가 한국어의 보조동사로 대응되고, 빈도수가 높아서 〈표 43〉에서 한국인 학습자를 위해 가장 먼저 배열되어야 할 문법항목으로 제시되었다. 하지만 이상과 같은 방향보어의 오류 유형을 통해서 한국인 학습자에게 좀 더 효율적으로 적용하기 위해서는 '방향보어' 내에서도 복잡한 구조와 다양한 의미 기능을 구분하여 단계적으로 배열해야 되어야 할 것이다.

② 누적식 순서배열 방안

중국어는 형태변화가 없는 고립어이다. 따라서 외국인 학습자가 의도한 바를 표현하기 위해서는 '표현구조'나 '표현요소'를 통해서 의사소통을 하게 된다. 이때 '표현구조'인 특정구조를 통해서만이 표현이 가능한 경우가 있고, '표현요소'인 특정한 어휘를 통해서 표현이 가능한 경우도 있다. 예를 들면 '동작의 완료'를 표현하고자 할 때에는 "了"를 통해서 실현되고, '피동'을 표현하려고 한다면 '被자문'이나 '의미상 피동문'의 구조로만 표현하게 된다. 이렇듯 외국인 학습자의 의도를 정확하게 표현하기 위해서는 표현요소인 "了"와 표현구조인 '被자문'의 교육이 이루

---

161) 황옥화(2008:79-89)에서 예문 인용.

어져야 한다. 하지만 표현요소인 "了"는 '겸류사'로 '어기조사'와 '동태조사'의 기능을 갖는다. 그리고 표현구조인 '被자문'의 구조형식이 단순한 구조로만 표현되는 것이 아니고, 다양한 기타성분을 가질 수 있으므로 여러 구조로 구분 될 수 있다. 여기에 대해 邓守信은 전자를 '내부순서배열'[162]에 포함시켰고, 후자를 '외부순서배열[163]'에 포함에 포함시켰다. 여기서 '내부순서배열'이란 다양한 의미를 나타낼 수 있는 표현구조나 표현요소를 의미기능별로 구분하여 단계적으로 등급배열 하는 것이다. 예로 "还, 也, 再, 对, 给" 등이 있다.[164] 여기에는 주로 '겸류사'나 '다의어'가 해당되며, 이들은 '내부순서배열'이 요구는 경우이다. 그 외 '외부순서배열'은 한 항목이 복잡한 문장구조를 갖는 경우 구조유형들을 구분하여 단계화하는 것이다. 예로 '把자문', '被자문', '是…的구문' 등이 있다. 주로 복잡한 통사구조를 갖는 문법항목들에 대해서 '외부순서배열'이 요구된다고 할 수 있다.

본 절에서는 '내부순서배열'과 '외부순서배열'을 통칭하여 '누적식 순서배열'로 정의한다. 즉, '누적식 순서배열'은 복잡한 구조형식을 가졌거나 다양한 의미기능을 가진 문법항목들을 단계적으로 구분하여 누적화 시키는 순서배열이다.

『国际大纲(语法)』의 문법항목 가운데 앞 절의 분석을 통해 단계화가 요구되는 문법항목 '把자문'과 '방향보어'를 예로 들어 한국인 학습자의 특징을 반영하여 단계화 시키는 '누적식 순서배열'[165] 방안을 제시하고자 한다.

우선 앞 절에서 단계성이 결여된 '把자문'을 한국인 학습자에 맞게 누적식 순서배열을 제시하고자 한다. '把자문'은 〈표 45〉에서는 두 요목 모두 '把자문'의 구조형식만을 구분하여 제시하였다. 그리고 두 요목 모두 정확한 의미기능과 통사

---

162) 박용진 외 공역 (2005:38,214)에서 재인용.
邓守信은 '내부순서배열'을 항목의 구조는 동일하나 외미상 다른 것을 뜻한다. 그리고 동일한 문법적 범주에 속하지 않더라도 관련 없는 어휘들이 자연스런 의미집단을 형성하는 경우를 말한다고 하였다. 그리고 '외부순서배열'을 구조나 유형들의 순서를 배열하는 것을 의미한다고 하였다.

163) 앞의 책 p.215 참조.

164) '표현구조'와 '표현요소'는 p.105에서 이미 언급하였다. 여기서 '표현구조'는 '문법구조'를 의미하고, '표현요소'는 '문법기능을 하는 단어'를 의미한다.

165) 본 절에서의 '把자문'과 '방향보어'를 단계적를 구분하여 누적화 시키는 등급배열은 '외부등급배열'에 해당된다.

제약을 파악하기가 어려웠다. 이는 한국인 학습자가 어떤 의미기능을 표현할 때 '把자문'을 써야하고, 또 표현하고자 하는 의미는 어떠한 '표현구조'로 대응되는 지 제시되어 있지 않다. 그렇다면 『国际大纲(语法)』의 '把자문'을 한국인 학습자가 효율적으로 적용하기 위해서는 '把자문'을 의미기능별로 분류하고, 그에 따른 '표 현구조'를 제시하여 단계적으로 구분하는 '누적식 등급배열'이 이루어져야 할 것 이다.

우선 『国际大纲(语法)』에서 제시한 '把자문' 구조유형별 사용빈도를 살펴보면 다 음과 같다.

〈표 47〉『国际大纲(语法)』의 '把자문' 구조유형별 사용빈도166)

등급	구조형식	사용 빈도(%)
5	주어＋把＋명사＋동사＋형용사	23.3
	주어＋把＋명사＋동사＋방향	19.9
	주어＋把＋명사＋동사＋在＋장소	11.5
	주어＋把＋명사＋동사＋到＋장소	8.9
	주어＋把＋명사＋동사＋给＋어떤 사람	5

〈표 47〉은 『国际大纲(语法)』에서 제시한 구조유형별 '把자문'의 사용빈도를 제시 하였다. 『国际大纲(语法)』에서 제시한 순서가 사용빈도에 따라 제시되어 있음을 알 수 있다. 그렇다면 한국인 학습자에게도 이 제시된 내용을 단계적으로 나누어 서 제시하면 되는 지를 살펴보기 위해 먼저 한국인 학습자의 '把자문'을 사용할 때 의 오류의 유형을 분석하여 확인해 보고자 한다.

余文青(2000:49)에 의하면 '把자문'을 아래와 같이 의미기능별로 구분하였고, 이 러한 의미에 해당하는 '把자문'을 한국인 학습자가 작문하여 나타난 오류들을 분 석해 보았다. 오류분석을 하기 위해 다음과 같이 의미기능별 구분을 하였다.

---

166) 吕文华(1993:179)의 자료를 참고하여 재구성하였다.

• 의미1. 어떤 명확한 사물이 동작발생으로 인해 위치를 이동하거나 관계가 바뀐 경우:

    예 1) 주어 + 把 + 명사1 + 동사在 / 到 + 명사2 　:他把书放在桌子上。
    예 2) 주어 + 把 + 명사 + 동사 + 방향보어 　　:他把桌子搬到教室外边去。
    예 3) 주어 + 把 + 명사1 + 동사 + 给 + 명사2 　:老师把作业本发给大家。

• 의미2. 어떤 명확한 사물이 동작발생으로 인해 어떤 변화나 결과가 생기는 경우:
    예 4) 주어 + 把 + 명사 + 동사 + 결과보어 　　:他把黑板擦干净了。
    예 5) 주어 + 把 + 명사 + 동사 + 목적어[167] 　:他把那句话告诉了老师。

• 의미3. 어떤 명확한 사물이 또 다른 어떤 사물과 같아지거나 어떤 동작을 통해 성질과 특징의 변화로 인해 또 다른 사물과 같아지는 경우:
    예 6) 주어 + 把 + 명사1 + 동사成 / 作 + 명사2 　:他把葱切成丝。

한국인 학습자에게 이상의 의미기능별 '把자문'을 작문하여 〈표 48〉와 같은 사용률, 회피율, 오류율이 나타났다.

〈표 48〉 한국인 학습자 '把자문' 사용 상황 조사표[168]

예	사용률	회피율	오류율	합계
①	35.05	46.39	18.56	100
②	0	36.67	63.33	100
③	22.5	40	37.5	100
④	9.10	9.10	81.82	100
⑤	0	0	100	100
⑥	20	0	80	100

---

167) 여기서 목적어는 '간접목적어'를 의미한다.
168) 余文青(2000:53)에서 표 인용.

〈표 48〉에서 한국인 학습자가 '把자문' 사용에서 나타나는 사용률, 회피율, 오류율에 관한 자료이다. 〈표 48〉의 오류율과 사용률에 근거하여 한국인 학습자가 단계적으로 학습하기 위해서는 사용률이 높고, 오류가 낮은 순서대로 배열해야 한다. 따라서 〈표 48〉의 자료를 토대로 사용률이 높고, 오류율이 낮은 순서대로 정리하면 다음과 같다.

- 사용률이 높은 순서: 예1 〉3 〉6 〉4 〉2, 5
- 오류율이 낮은 순서: 예1 〉3 〉2 〉6 〉4 〉5
- '把자문'의 사용률이 높고, 오류가 낮은 순서 : 예1 〉3 〉6 〉4 〉2 〉5

이상에서 한국인 학습자가 '把자문'을 학습할 때 사용률이 높고, 오류가 낮은 순서는 "예1 〉3 〉6 〉4 〉2 〉5"과 같이 나타났다. 이는 사용률이 높은 순서와 거의 동일함을 알 수 있다. 이 배열에서 "예2"가 "예5"보다 오류율이 낮기 때문에 이상과 같이 배열되었다. 이 분석 결과를 다시 정리하여 한국인 학습자를 위한 '把자문'의 순서배열은 〈표 49〉와 같이 단계화 할 수 있다.

〈표 49〉 한국인 학습자를 위한 '把자문'의 순서배열

주어＋把＋명사1＋동사在／到＋명사2 : 예1) 他把书放在桌子上。
↓
주어＋把＋명사1＋동사给＋명사2 : 예3) 老师把作业本发给大家。
↓
주어＋把＋명사1＋동사成／作＋명사2 : 예6) 他把葱切成丝。
↓
주어＋把＋명사＋동사＋결과보어 : 예4) 他把黑板擦干净了。
↓
주어＋把＋명사＋동사＋방향보어 : 예2) 把桌子搬到教室外边去。
↓
주어＋把＋명사＋동사＋목적어 : 예5) 他把那句话告诉了老师。

〈표 49〉은 한국인 학습자의 '把자문'을 문법교육에 사용률이 높고, 오류율은 낮은 순서대로 배열하는 것이 효율적이라는 기준에 따라 〈표 48〉의 자료를 토대로

하여 〈표 49〉와 같이 단계적으로 배열하였다. 이 순서대로 의미를 분석해보면 예 1)은 '어떤 특정한 사물이 동작으로 인해 위치가 이동'되었음을 나타내는 문장이다. 예 3)은 '어떤 특정한 대상이 동작으로 인해 관계가 발생하거나 이동되었음'을 나타내는 문장이다. 예 6)은 '어떤 특정한 사물이 동작을 통해 또 다른 성질과 특징이 같은 사물로 되는 것'을 나타내는 문장이다. 예 4)는 '어떤 특정한 사물이 동작의 발생으로 인해 어떤 변화나 결과가 생긴 것'을 나타내는 문장이다. 예 2)는 '어떤 특정한 사물이 동작의 발생으로 인해 방향이나 위치가 이동'하는 것을 나타낸다. 예 5)는 '사물이 동작 뒤에 결과가 발생하는 것'을 의미한다.

이들의 의미를 토대로 〈표 49〉를 분석해 보면 한국인 학습자는 '동작을 통한 결과, 방향의 이동'(예 4, 2, 5)보다 '동작을 통한 장소, 관계, 변화'(예 1, 3, 6)의 의미를 쉽게 표현하고, 오류도 낮음을 알 수 있다. 이러한 분석결과를 반영하여 『国际大纲(语法)』의 '把자문'을 한국인 학습자를 위한 '把자문'의 '누적식 순서배열'로 변경하면 다음과 같다.

〈표 50〉 한국인 학습자를 위한 '把자문' 누적식 순서배열

단계	구조형식	예문
1	•어떤 명확한 사물이 동작발생으로 인해 (고정) 위치로 이동하는 경우 주어 + 把 + 명사 + 동사 + 在 + 장소(전치사보어) 주어 + 把 + 명사 + 동사 + 到 + 장소(전치사보어)	我把车停在学校门口了。 请你把我的包拿到205房间。
2	•어떤 명확한 사물이 동작발생으로 인해 관계가 이동하는 경우 주어 + 把 + 명사 + 동사 + 给 + 어떤 사람	他把这封信交给了玛丽。
3	•어떤 명확한 사물이 동작발생으로 인해 어떤 변화가 생기거나 결과가 발생하는 경우 주어 + 把 + 명사 + 동사 + 형용사(결과보어)	我把房间打扫干净了。
4	•어떤 명확한 사물이 동작발생으로 인해 위치가 이동하는 경우 주어 + 把 + 명사 + 동사 + 방향(방향보어)	你把铅笔递过来。

〈표 50〉는 〈표 37〉에서 제시한 '통합적 범주화'의 '능동'범주에서도 제시되었다. 이는 의사소통능력 향상이라는 궁극적인 목표를 실현하기 위해서 '표현'중심의 문법 교육에 맞춘 것이다. 따라서 『国际大纲(语法)』의 '把자문'도 의미기능에 따라 분류하였다. 그리고 의미기능에 해당하는 표현구조도 제시하였다. 〈표 50〉 '把자문'의 순서 배열은 한국인 학습자가 '把자문'이 나타내는 의미 가운데 '동작을 통한 장소, 관계, 변화'의 의미를 '동작을 통한 결과, 방향의 이동'보다 쉽게 표현할 수 있음을 반영하였다. 그런데 한국인 학습자의 특징을 반영한 〈표 50〉은 〈표 44〉의 『国际大纲(语法)』 '把자문'을 등급 배열과 달랐다. 다시 말해서 한국인 학습자를 위해서 '把자문'의 단계화는 외국인 학습자를 위해 제정된 『国际大纲(语法)』과 다름을 알 수 있었다. 따라서 〈표 50〉대로 한국인 학습자가 '把자문'을 등급별 수준에 맞게 단계적으로 반복해서 학습할 수 있다면 한국인 학습자의 '把자문' 오류를 줄일 수 있으며, '把자문'을 더 쉽게 이해하고 정확하게 표현할 수 있으리라 여겨진다.

또 다른 예로 '방향보어'의 경우 보통 한국어의 보조동사로 표현되므로 보어에서 상대적으로 쉬운 문법항목으로 여겨질 수 있다. 하지만 이는 목적어를 갖지 않는 경우에만 그러하다. 앞 절에서 한국인 학습자의 방향보어 오류는 대부분 목적어를 갖는 경우나 방향보어의 파생적 용법을 표현하는 경우에 많이 나타났다. 따라서 한국인 학습자를 위해 '방향보어'를 단계적으로 나누어 누적식 등급배열을 해야 하는 문법항목이다. 우선 『国际大纲(语法)』 '방향보어'의 등급분포를 살펴보면 다음과 같다.

〈표 51〉 『国际大纲(语法)』의 '방향보어' 등급분포(5급)

구분	구조형식	예
단순방향보어	동사 + 来 / 去	上来 / 上去 下来 / 下去 进来 / 进去 出来 / 出去 过来 / 过去 回来 / 回去 / 起来
복합방향보어	동사 + 上 / 下 + 来 / 去	拿上来, 搬下去

방향보어의 파생적 용법	동사＋进/出＋来/去	跑进来, 走出去
	동사＋回＋来/去	走回来, 寄回去
	동사＋过＋来/去	跳过来, 跳过去
	동사＋起＋来	站起来
	동사＋上	关上窗户
	동사＋下	脱下大衣
	동사＋起来	笑起来, 做起来
	동사＋下去	说下去

〈표 51〉에서 알 수 있듯이 『国际大纲(语法)』의 '방향보어'는 5급에만 '단순방향보어', '복합방향보어', '방향보어의 파생적 용법'로 구분하여 모두 제시되었다. 하지만 이것은 누적식 등급배열은 아니다. 그렇다면 5급에만 배열되어 있는 『国际大纲(语法)』의 '방향보어'를 한국인 학습자의 특징에 맞게 단계화하기 위해서는 한국인 학습자의 '방향보어'의 오류분석 결과를 반영하여야 할 것이다.

앞 절에서 한국인 학습자의 '방향보어'의 오류분석 결과를 정리해보면, 첫째, 한국인 학습자가 방향보어를 사용할 때 일부 방향보어는 한국어에 대응되는 성분이 없는 '영대응'이어서 방향보어를 누락한 경우이다. 둘째, 방향보어가 목적어를 갖는 경우 통사적 제약을 정확하게 익히지 못해 위치에 관한 오류를 범한 경우이다. 셋째, 방향보어의 파생적 용법은 의미에 대한 지식의 부족으로 정확하게 표현하지 못하므로 오류를 범하는 경우이다. 이것으로 한국인 학습자의 '방향보어'의 사용은 주로 방향보어가 한국어에 대응되는 성분과 목적어를 갖는 경우의 위치 그리고 방향보어의 파생적의미를 기준으로 구분해야 함을 알 수 있다. 이 가운데 목적어의 위치는 동작이 실현되거나 실현되지 못함을 나타낼 수도 있으며, 목적어가 일반목적어인지 장소목적어에 따라 문장 내의 통사적 제약이 다르기 때문에 이는 아주 중요한 기준이 된다. 또한 방향보어의 파생적용법은 방향보어의 기본의미인 '방향'의 이외에도 '결과, 상태' 등의 의미[169]를 나타내므로 파생적 용법의 의미기능을 정확히 파악해야지만 오류를 줄일 수 있다. 따라서 방향보어의 파생적 용법도 중요한 기준이 됨을 알 수 있다. 이러한 분석결과를 반영하여 『国际大纲(语法)』 '방향보어'를 단계적으로 누적화하여 '누적식 순서배열'을 하면 다음과 같다.

<표 52> 한국인 학습자를 위한 '방향보어' 의 누적식 배열순서

단계	구분	표현의미 통사제약	구조형식
1	단순방향보어	방향의미 목적어(×)	동사 + 来 / 去
2	복합방향보어	방향의미 목적어(×)	동사 + 上 / 下 + 来 / 去 동사 + 进 / 出 + 来 / 去 동사 + 回 + 来 / 去 동사 + 过 + 来 / 去 동사 + 起 + 来
3	단순방향보어 복합방향보어	방향의미 장소목적어(○)	동사 + (방향보어1)[170) + 장소목적어 + 방향보어2(来 / 去)
4	단순방향보어 복합방향보어	방향의미 일반목적어(○)	동사 + (방향보어1) + 일반목적어 + 방향보어2(来 / 去) 동사 + (방향보어1) + 방향보어2(来 / 去) + 일반목적어
5	방향보어 파생적용법	결과의미	배열순서: 上 〉 来 〉 去 〉 过来 〉 出
6	방향보어 파생적용법	상태의미	배열순서: 下来 〉 下 〉 起来 〉 下来 〉 起

---

169) 刘月华(2003:548)에 따르면 '결과의미(结果意义)'는 동작이 결과를 가지거나 목표에 이름을 나타낸다. 대부분의 방향보어는 결과의미를 갖는다. 그리고 '상태의미(状态意义)'란 결과의미에 비해 많이 문법화 되었으며 공간의미에서 파생되어 동작, 상태가 일정한 시간에 전개되고, 파생(시간의미)되는 것을 나타낸다. 예로 방향과 관계없이 동작상태의 시작, 지속, 정지 등을 나타낸다. 예로 跑下来(방향의미), 撕下来(결과의미), 静下来(상태의미) (吕文华(1995b:41)에서 예문인용)

170) 방향보어1에는 "上, 下, 进, 出, 回, 过, 起"가 있다.

〈표 52〉은 한국인 학습자의 오류분석의 결과를 반영하여 『国际大纲(语法)』의 5급에 '방향보어'를 토대로 하고 '누적식 등급배열'을 한 것이다. 여기에는 방향보어가 한국어에서 대응되는 양상과 한국인 학습자의 오류분석 자료가 반영되었다.

구체적으로 살펴보면, 〈표 52〉의 1, 2단계에서는 목적어가 없는 단순·복합방향보어로 대부분이 한국어의 보조동사로 대응되기에 오류가 가장 적은 유형이다. 3, 4단계는 목적어를 갖는 경우이다. 이 가운데 4단계의 일반목적어는 '동작발생'과 관계가 있다. 이에 대해 柳英绿(1999:213)은 방향보어를 사용하는 문장에서 일반목적어가 술어와 방향보어 사이에 위치하면, 일반적으로 '동작이 아직 실현되지 않았음(미발생)'을 나타내고, 목적어가 방향보어 뒤에 위치하면 '동작이 이미 실현되었음(발생)'을 나타낸다고 하였다.

> (1-a) 他寄一些钱来了。 (동작의 미발생)
> (1-b) 他寄来了一些钱。 (동작의 발생)
> (2-a) 她搬三把椅子来。 (동작의 미발생)
> (2-b) 她搬来三把椅子。 (동작의 발생)

이상의 예에서 예(1-a)에서는 목적어 "一些钱"과 (2-a)에서 목적어 "三把椅子" 이 방향보어 앞에 놓이면 '미발생'을 나타낸다. 하지만 (1-b)와 (2-b)에서는 방향보어 뒤에 쓰여서 '발생'을 나타낸다. 이로써 일반목적어를 갖는 방향보어에서는 '시제'와 관계됨을 알 수 있다. 반면 '장소목적어'를 갖는 경우는 반드시 방향보어2 "来"나 "去" 앞에 놓여야 하기 때문에 통사적 제약과 관계가 있으며, 이는 상대적으로 쉽게 여긴다. 그러므로 장소목적어를 갖는 경우가 3단계이고, 일반목적어를 갖는 경우가 4단계이다.

5단계와 6단계는 황옥화(2008:70)에서 제시한 방향보어 파생적 용법의 사용률과 오류율을 토대로 순서배열을 하였다. 그 분석 자료는 다음과 같다. [171]

---

171) 황옥화(2008:70)에서 제시한 분석을 토대로 하였다. 구체적인 데이터는 책을 참조 바람.

　　1) 사용빈도가 높은 방향보어의 파생적 용법의 순서배열 :
　　　起来 〉出来 〉 上 〉去 〉 出〉 来
　　2) 오류율이 높은 방향보어의 파생적 용법의 순서배열 :
　　　上来 〉 下来 〉 起来 〉 下 〉 出来

또한 〈표 52〉에서 제시한『国际大纲(语法)』의 방향보어 파생적 용법에 해당하는 어휘("上, 下, 起来, 下去")가 충분하지 못하여서 〈표 53〉에서는『语法等级大纲(1996)』(乙급)의 방향보어 파생적 용법에 해당하는 어휘(上, 下, 出, 起, 下去, 下来, 起来, 上来, 上去)를 刘月华(2003:548)가 제시한 '결과의미'와 '상태의미'를 기준에 근거하여 구분지었다. 따라서 '결과의미'를 나타내는 어휘는 "上, 下, 下去, 下来, 上来, 上去"이고, '상태의미'를 나타내는 어휘는 "上, 下, 起, 下去, 下来, 起来"이다. 이들 어휘를 다시 위의 1)과 2)를 토대로 하여 사용빈도가 높고, 오류가 낮은 순서대로 분석하여, 순서배열하면 다음과 같다.

〈표 53〉 한국인 학습자를 위한 '방향보어 파생적용법'의 누적식 순서배열

上 〉出 〉 出来 〉 下 〉 下来	上 〉下 〉 起来 〉下来
결과 의미	상태 의미

刘月华(2003:548)에 따르면 방향보어의 파생적용법은 대부분이 '결과의미'이고, '상태의미'가 '결과의미'에 비해 더 문법화 되었다고 하였다. 따라서 〈표 52〉에서 '결과의미'를 갖는 방향보어를 5단계로, '상태의미'를 갖는 방향보어를 6단계로 순서배열하게 되었다. 이상으로 방향보어를 통사적 특징과 한국인 학습자의 특징을 반영하여 문법항목을 단계적으로 구분하여 누적식 순서배열을 하였다.

2. 중국어 교육문법요목의 문법항목 설정과 기술 확대 방안

앞서 한국인 중국어 학습자를 위한 교육문법요목의 체계를 마련하기 위한 몇 가지 방안을 살펴보았다. 이 체계는 전체적인 중국어교육의 방향을 제시하는 큰 틀의 역할을 한다고 할 수 있다. 하지만 체계 못지않게 중요한 것이 바로 문법항목에 관한 사항이다. 다시 말해서 문법항목을 한국인 학습자의 특징과 요목의 체계와 목표에 적설하게 선정하는 것과 교육하기 용이하게 적용할 수 있도록 기술하는 것도 중요하다. 따라서 본 절에서는 『国际大纲(语法)』을 한국인 학습자에게 적용시켰을 때 문법항목의 선정이 적절한지를 살펴보고, 수정되어야 할 문제에 대한 적절한 방안을 제시하고자 한다. 그리고 한국인 학습자의 중국어교육에 적용시키기 위해 문법항목의 특징과 실제 의사소통에 적용하기 쉽게 기술을 확대하는 방안도 제시하고자 한다.

1) 문법항목의 재설정

4장 1절에서 살펴본 것처럼 『国际大纲(语法)』은 의사소통 기능에 중점을 두고 등급별 목표에서 요구되는 문법항목만을 다룬 '기능·개념 중심 요목'이다. 따라서 중국어의 전체적인 문법체계를 다루기보다 '통용성'과 '실용성'에 중점을 두고 제정되었다. 그러다보니 문법항목의 난이도는 전체적으로 낮고, 『语法等级大纲(1996)』과 비교했을 때 일부 누락된 문법항목도 있었다.[172] 또한 이들 문법항목 가운데 한국인 학습자가 자주 오류를 범하는 문법항목이 누락되어 있었고, 또 한국인 학습자에게 적용하기에 비교적 쉬운 일부 항목이 과다하게 분화되어 있기도 했다. 따라서 『国际大纲(语法)』을 한국인 학습사에게 적용하기에 위해서 누락된 문법항목은 추가하고, 과다하게 분화되어 있는 문법항목은 병합해야 할 것이다. 본 절에서는 한 문법항목이 다양한 의미기능을 하거나 복잡한 구조를 갖는 경우 단계화하는 방안은 5장 1절의 '누적식 순서배열'에서 소개되었으므로 본 절에서는 언급하지 않기로 한다.

---

172) 〈표 21〉 참조.

① 누락된 문법항목의 추가 방안

4장 3절에서 『国际大纲(语法)』은 『语法等级大纲(1996)』과 비교해 봤을 때 누락된 문법항목이 있다. 누락된 문법항목 중에는 중국어의 특징이 반영되어 있는 항목도 있고, 한국인 학습자가 중국어를 구사할 때 잦은 오류를 범하는 문법항목도 있다. 그 예로 '주술술어문', '이합사', '겸류사' 등이 있다. 이 가운데 '이합사'는 한국어로 완전하게 대응되는 성분이 없다. 이로 인해 한국인 학습자가 많은 오류를 범한다. 그러나 『国际大纲(语法)』에서는 누락되어 있다. 그리고 '주제(Topic)'가 발달되어 있다는 특징이 반영된 '주술술어문'도 누락되어 있다. 따라서 본 절에서는 '이합사'와 '주술술어문'을 예로 들어 추가 방안을 제시하고자 한다.

㉮ 누락된 '이합사'의 추가

중국 내 중국어 교육문법요목 중에 이합사는 『语法等级大纲(1996)』부터 새로이 추가된 문법항목이다. 이는 외국인 학습자를 고려하여 추가된 항목으로 여겨진다. 한국인 학습자가 많은 오류를 범하는 항목이지만 『国际大纲(语法)』에서는 제시되지 않았다. 그렇다면 우선 중국어의 이합사가 한국어와의 대응관계를 통해 오류의 원인을 찾아보고자 한다. 예를 통해서 살펴보면 다음과 같다.[173]

> 예 1) 他结过两次婚。 (그는 두 번 결혼했었다.)
> 예 2) 我散了一个小时步。 (나는 한 시간 동안 산책을 했다.)
> 예 3) 我和老师见过一次面。 (나는 선생님을 한 번 만났었다.)

예 1)~예 3)에서 이합사 "结婚", "散步", "见面"은 모두 하나의 술어동사 '결혼하다', '산책하다', '만나다'로 대응됨을 알 수 있다. 그리고 중국어에서는 "两次", "一个小时", "一次"와 같은 보어는 이합사 사이에 놓이지만 이와 대응되는 성분은 한국어에서 '두 번', '한 시간 동안', '한 번'으로 모두 '부사어'로 쓰임을 알 수 있다. 이것으로 중국어의 이합사가 한국어로 대응관계가 간단하지 않음을 알 수 있다. 이러한 차이로 인해 이합사는 '이합사가 목적어를 갖는 경우'와 '이합사가 수량보어

---

173) 杨峥琳(2006:79-80)에서 예문 인용.

(동량, 시량보어)를 갖는 경우'에 잦은 오류를 범하게 된다. 예를 통해 살펴보면 다음과 같다.[174)

- 이합사가 목적어를 가질 때의 오류:

  예 1) *伤心他 → 伤他的心

  예 2) *他结婚我 → 他跟我结婚

  예 3) *今天下午我见面一个朋友 → 今天下午我跟一个朋友见面。

  예 4) *我要帮忙他, 부칙타회흔위险的。 → 我要帮他的忙, 否则他会很危险的。

- 이합사가 수량보어를 가질 때의 오류:

  예 5) *那天我们跳舞了三个小时。 → 那天我们跳了三个小时舞。

  예 6) *他们已经谈话了很长时间了。 → 他们已经谈了很长时间话了。

  예 7) *我吃亏了多少次了。 → 我吃了多少次亏了。

위의 예를 통해 중국어의 '이합사'는 한국에 대응되는 성분의 차이와 통사적 제약에 대한 지식의 부족으로 한국인 학습자가 많은 오류를 범하게 된다는 것을 알 수 있다. 이 '이합사'는 중국어 교육문법요목인『语法等级大纲(1996)』에서 甲급은 10개, 乙급은 14개, 丙급은 16개로 전체 40개가 다루어졌다. 그리고 이들 '이합사'는 사용빈도가 높은 상용어휘이다. 또한 사용상황이 학습자의 언어사용의 규범성과 유창성에 영향을 끼침으로 '이합사'는 한국인 학습자의 중국어교육에 필수적인 문법항목이라고 할 수 있다. '이합사'를 새로 추가하기 위해서는 처음으로 다루어진 중국어 교육문법요목인『语法等级大纲(1996)』을 토대로 해야 할 것이다.『语法等级大纲(1996)』에서는 다음과 같이 제시되었다.

---

174) 황옥화(2008:35-38) 참조.

〈표 54〉『语法等级大纲(1996)』의 이합사

【乙026】	【丙153～166】	【丁168～183】
安心	报仇	把关
帮忙	操心	吵嘴
毕业	出事	吹牛
出院	吃亏	丢人
担心	打架	发火
结婚	带头	分红
离婚	倒霉	搞鬼
请客	订婚	接班
生气	灰心	纳闷儿
失业	敬酒	闹事
	加油	撒谎
	送礼	说情
	叹气	谈天
	用心	投标
		沾光
		值班
10개	14개	16개

　한국인 학습자에게 『国际大纲(语法)』을 적용하기 위해서는 〈표 54〉에서 다루어진 이합사를 중심으로 새로 추가되어야 할 것이다. 그리고 한국인 학습자가 이합사를 표현할 때 나타나는 목적어와 수량보어의 위치에 관한 오류에 대해서 기술[175]을 상세하게 하여 제시한다면, 한국인 학습자의 이합사 사용에서 오류를 줄일 수 있고, 이합사를 적절하게 표현할 수 있을 것이다.

㉬ 주술술어문의 추가

　Charles N. Li(1975:460)에 따르면 중국어와 한국어를 언어 유형학적으로 구분하

---

175) '이합사'의 기술의 확대는 본 연구에서 다루지 않도록 한다.

면 중국어는 주제 부각형 언어(Topic-prominent languages)이고, 한국어는 주제어-주제 부각형 언어(Subject-prominent and Topic-prominent languages)라고 하였다. 이것으로 중국어와 한국어 모두 '주제'가 발달되어 있음을 알 수 있다. 이러한 특징을 잘 반영하고 있는 문법항목이 바로 중국어 '주술술어문'이다. 예를 통해서 살펴보면 다음과 같다.

      예1) 象鼻子长。(코끼리는 코가 길다.)
      예2) 五个苹果两个坏了。(그 사과 다섯 개 가운데 두 개가 상했다.)
      예3) 婚姻的事我自己做主。(혼사는 제가 알아서 하겠어요.)

위의 예에서 예1)은 전형적인 주제 구분으로서 주제와 주어가 전체-부분의 관계에 있으며 속격조사 "的"를 사용하여 단순한 주어 구문으로 만들 수 있다. 예2)는 전체-부분이 아니라 집합-구성 요소의 관계에 있다. 이는 "的"를 써서 하나의 명사구로 줄일 수 없다. 예3)의 경우에는 주제와 주어 사이에 눈에 보이는 관련성을 찾기 어렵다. 게다가 주제들은 술어의 목적어도 아니다.[176] 이처럼 중국어의 '주술술어문'은 한국어와 유사성을 지니고 있지만 세부적으로는 같은 주제와 주어의 관계도 다양한 양상으로 나타난다. 따라서 한국인 학습자가 정확하게 파악하고 표현하기 위해서는 문법항목으로 다루어져야 할 것이다. 그리고 '주술술어문'은 중국어의 특징이 잘 반영된 문법항목이므로 한국인 학습자가 정확하게 이해하고 적절하게 표현하므로 의사소통능력도 향상될 수 있다. 게다가 이 '주술술어문'은 한국어에서도 유사하게 대응됨으로 한국인 학습자가 어렵지 않게 배울 수 있는 항목인데도 불구하고 『国际大纲(语法)』에는 누락되어 있다. 그렇다면 이 '주술술어문'을 한국인 학습자를 위해 중국어 교육문법요목에 새로 추가하게 되면 한국인 학습자는 다른 문법항목에 비해 상대적으로 쉽게 배울 수 있으며, 적절한 상황에서 정확하게 표현할 수 있을 것이다. '주술술어문'는 『语法等级大纲(1996)』에서는 〈표 55〉과 같이 제시되었다. 참조로 하면 다음과 같다.

---

176) 박종한(2004:23-26)에서 예문 인용.

〈표 55〉『语法等级大纲(1996)』의 【甲059】 주술술어문

예 1) 他身体不太舒服。
예 2) 这个饭店服务员态度不好。
예 3) 烟我不抽了。
예 4) 这个电影我看过了。
예 5) 这种事我不太感兴趣。

〈표 55〉의 예3)의 "烟我不抽了。"에서는 "烟"은 주제어이고, "我"는 주어이다. 이는 화용론적 측면에서 본 해석이다. 赵元任(1968:67-70)은 "중국어 문장에서 주어와 술어의 문법적 의미는 행위자와 행동이라기보다는 '주제(topic)'와 '평어(comments)'이다.[177]"라고 하였다. 이처럼 행위자와 행동의 관계에 있는 문장도 주어와 주제어의 관계에 있는 문장의 특수한 형태로 간주할 수 있다고 하였다.[178] 이와 같이 '주술술어문'이 교육문법에서 제시될 때에는 반드시 화용론적 각도에서 제시되어야 한다. 하지만 현재 중국 내에서 刘月华(2003:18), 李德津(1988:370-340)의 집필한 외국인 중국어 학습자를 위한 문법저서에서는 문장 내 통사적 제약만을 나열하여 설명하였다. 刘月华(2003:18)는 다음과 같이 소개하였다.

〈표 56〉『实用现代汉语语法』의 '주술술어문'

주술구가 술어로 쓰인 문장이다.
예 1) 他学习很努力。
예 2) 我头疼。
예 3) 山上红旗飘扬。

이상을 통해서 '주술술어문'은 중국어의 특징이 잘 반영되어 있는 문법항목이므로 한국인 학습자를 위해 중국어 교육문법요목에서는 반드시 추가해야 한다. 하

---

177) 예) 狗咬人。(개가 사람을 물다)
178) 엄익상(2003:175-176)에서 재인용.

지만 이 항목은 한국어와 유사한 특징을 지니는 문법항목으로 한국인 학습자가 쉽게 이해할 수 있는 문법항목이다. 하지만 반드시 '주술술어문'에 대한 특징과 화용상에서 파악해야 할 정보도 함께 기술해야 만이 정확하게 표현할 수 있을 것이다.[179]

② 과디 분화된 문법항목의 병합 방안

『国际大纲(语法)』은 의사소통능력 향상에 편중되어 있어 목표에 맞게 실제 중국어를 구사하는데 필요한 최소한의 문법항목만을 제시하였다. 〈표 21〉에서 살펴보았듯이 『语法等级大纲(1996)』과 비교하였을 때 일부 문법항목이 누락되었다. 반면에 중국어의 특징적인 부분과 외국인 학습자가 어려워 할 수 있는 부분을 중점적으로 다루기도 하였다. 예를 들면 '품사'에서는 문법적 기능을 주로 하는 '전치사', '부사', '조사' 나 '문장성분'에서는 '부사어', '보어' 그리고 '특수문' 등이 그러하다. 그러나 일부 항목은 과다하게 분화되어 있어 한국인 학습자를 위해 적용할 때는 그들 문법항목 간의 통사적 제약을 익혀야 하는 번거로움이 따른다. 그 예로 품사의 '수사', '지시대명사', '의문대명사', '양사', '명사'나 다양한 '의문문'이 있다.

㉮ '품사(수사, 지시대명사, 의문대명사, 양사)'의 병합

'병합'이 필요한 문법항목들은 주로 '품사'와 관련되는 항목들로 『国际大纲(语法)』에서 어떻게 배열되어 있는지 살펴보면 다음과 같다.

〈표 57〉 『国际大纲(语法)』에서 과다 분화된 문법항목(품사)

	1급	2급	3급	4급
품사	• 인칭대명사 • 지시대명사 • 수사(1~100) • 상용양사(个, 名)	• 상용양사 　(件, 条, 块, 张, 斤)		

---

179) 본 연구에서는 '주술술어문'의 추가만을 제시하고, 기술 확대에 대해서는 언급하지 않기로 한다.

〈표 57〉의 '품사' 가운데 '양사'는 '지시대명사', '의문대명사', '수사'와 결합하여서 만이 비로소 의미기능을 할 수 있다. 그리고 결합할 때는 문법항목 간의 정해진 통사제약에 따라서 정확하게 표현될 수 있다. 그렇다면 이들 문법항목이 결합하는 통사구조가 한국어에서는 어떻게 실현되는지 대조해 보면 다음과 같다.

〈표 58〉 '양사'와 결합되는 문법항목들의 한·중 대조

	한국어	중국어
수사	책 다섯 권 / 한 사람	五本书 / 一个人
지시대명사	이 책 / 그 사람	这本书 / 那个人
의문대명사	책 몇 권 / 어느 사람	几本书 / 哪个人

〈표 58〉에서 중국어의 경우를 살펴보면, 양사는 수사, 지시대명사, 의문대명사[180]와 결합하여 명사를 수식한다. 이때 양사가 수사와 결합했을 때는 수량구를 이루어서 명사의 양을 표현하게 되고, 지시대명사와 결합했을 때는 뒤의 명사를 지칭하게 된다. 그리고 의문대명사와 결합하면 명사의 수량이나 지시 관계를 묻게 된다. 〈표 58〉의 중국어의 양사 "本", "个"에 대응되는 것이 한국어의 '권'(의존명사)과 '사람(명)'(자립명사)로 대응될 수 있다. 즉 '책 다섯 권'에서 '권'은 의존명사로 선행하는 명사의 수량을 표시하는 말로서 '일반명사 + 수사 + 의존명사'의 구조로 표현되고, '한 사람(명)'에서 '사람(명)'은 자립명사로 의존명사의 기능을 겸하므로 '수사 + 자립명사'의 형태로 표현된다. 또한 지시대명사나 의문대명사와 결합하는 형태에서는 '권'에 해당하는 자립명사는 쓰이지 않고, '사람(명)'은 일반명사 기능으로 쓰이기 때문에 그대로 사용되고 있다.[181] 이처럼 중국어의 양사는 한국어에서 다양한 구조로 실현된다. 이러한 구조로 인식하고 있는 한국인 학습자가 중국어에서 각각의 문법항목 '양사', '수사', '지시대명사', '의문대명사'를 가지고 표현하기 위해서는 또 다른 지식이 요구된다. 따라서 이러한 번거로움을 줄이기 위해서 이

---

180) 여기서 의문대명사는 양사와 결합하여 표현되는 "几", "多少", "哪"만을 의미한다.
181) 남기심, 고영근(2008:73-79) 참조.

들 문법항목을 병합하는 방안을 제시하고자 한다. '양사'가 실제 의미로 표현되기 위해서는 '지시대명사[182]', '의문대명사', '수사'와 결합하여 명사를 수식해야 한다. 하지만 〈표 57〉에서는 이들 문법항목이 각각 다른 문법항목으로 분화되어 있다.

이미혜(2005:33)에 따르면 문법항목의 단위는 실제적인 사용단위를 써야 한다. 언어현상 기술을 목적으로 할 때는 문법에 대해 분석적인 관점을 갖지만, 언어 사용을 목적으로 할 때는 종합적인 관점을 취하는 것이 바람직하다. 작은 단위로 쪼개서 교육하고, 사용 시에 다시 조합하도록 하기보다는 사용단위를 기준으로 하여 덩어리로 제시함으로써 문법에 대한 이해를 돕고 사용능력을 길러주게 된다고 하였다. 이러한 관점으로 볼 때 『国际大纲(语法)』에서는 과도하게 분화되어 있는 '수사', '지시대명사', '의문대명사'는 양사와 명사가 병합하여 실제 사용할 수 있는 표현구조로 중국어 교육문법요목에 제시한다면, 실제 중국어교육에서 더욱 더 실용적으로 적용할 수 있을 뿐만 아니라, 한국인 중국어 학습자가 효과적이고 정확하게 표현할 수 있을 것이다. 이러한 점을 감안하여 『国际大纲(语法)』에서 제시된 '수사', '지시대명사', '의문대명사', '양사'를 병합하면 다음과 같이 배열할 수 있다.

〈표 59〉 '수사 · 지시대명사 · 의문대명사 + 양사 + 명사'의 병합 방안[183]

등급	문법항목	표현구조	예문
1급	사물을 지칭하는 경우	这 / 那 + 양사 + 명사	这个人 那个东西
	사물의 수량을 나타내는 경우	수사 + 양사$_1$ + 명사	三个人 两个本子
2급	사물의 수량을 묻는 경우	几 + 양사 + 명사	几张照片
	지시하는 사물을 묻는 경우	哪 + 양사 + 명사	哪本书 哪条路
	사물의 수량을 나타내는 경우	수사 + 양사$_2$ + 명사	两张桌子

---

182) 사물을 지칭하는 경우만을 이른다.

183) 본 도표에서는 지시대명사, 의문대명사, 수사가 양사와 결합하여 사물을 수식하는 경우 만에 해당되는 병합 방안이다.

〈표 59〉은 〈표 57〉에서 제시된 '수사', '지시대명사', '의문대명사', '양사'의 문법 항목을 병합하여 배열한 것이다. 단, 등급에는 변화가 없다. 이를 항목별로 구체 적으로 살펴보면, 1급에서 제시한 '지시대명사'나 '수사'가 양사₁ '个, 名'와 결합된 '표현구조'를 1급에 제시하고, 그에 해당되는 예문을 소개하였다. 그리고 2급에서 는 '의문대명사'나 '수사'가 양사₂ '件, 条, 块, 张, 斤'와 결합한 '표현구조'를 제시하 고, 예문도 소개하였다. 이 가운데 '사물의 수량을 나타내는 경우'는 1급과 2급에 서 등급별 상용양사와 결합하여, 등급별로 구분하여 배열하였다.

이상으로 〈표 59〉와 같이 하나의 '표현구조'로 병합하여 제시한다면 문법항목을 과다하게 분화하여 제시하는 것 보다 활용하기에 실용적일 것이다. 그리고 한국 인 학습자가 실제 중국어를 구사할 때 표현의 정확성과 효율성을 높일 수 있으리 라 여겨진다. 5장 1절의 〈표 37〉에서도 이와 같이 제시하였다.

④ '의문문'의 병합

『国际大纲(语法)』에서 한국인 학습자에게 적용하기에 과다 분화된 항목 가운데 하나가 '의문문'이다. 우선 『国际大纲(语法)』에서 의문문의 분포상황을 살펴보면 다 음과 같다.

〈표 60〉 『国际大纲(语法)』에서 과다 분화된 '의문문'

	1급	2급	3급	4급
의문 대명사	• "吗", "吧", "呢"를 사용한 일반의문문	• 의문대명사 의문문 什么, 谁, 哪, 哪儿,几, 多少, 多大, 什么时候	• 선택의문문 • 정반의문문 • "怎么"를 사용한 의문문 • "怎么样", "好吗", 可以吗", "行吗"를 사용한 의문문	"怎么了"를 사용한 의문문

〈표 60〉에서 제시된 의문문의 유형 가운데 '怎么, 怎么样, 怎么了'를 사용한 의문문'을 제외한 나머지 의문문은 모두『语法等级大纲(1996)』의 甲급에 배열되어 있다. 그리고 3급에 배열되어 있는 '정반의문문'이나 '怎么样, 好吗, 可以吗, 行吗'를 사용한 의문문' 그리고 '怎么了'를 사용한 의문문' 은 의미가 한국어의 표현과 큰 차이가 없을 뿐만 아니라 의사소통 상황을 이해하는 데도 큰 어려움이 없다. 따라서 한국인 학습자에게는 '의문문'은 다른 문법항목에 비해 상대적으로 난이도가 낮은 편인데도 불구하고 3급과 4급으로 등급배열이 높게 되어 있다. 뿐만 아니라 전체적으로 과다하게 분화되어 있음을 알 수 있다. 그리고 〈표 60〉에서『国际大纲(语法)』에 제시된 대부분의 의문문은 한국인 학습자에게 그다지 어렵지 않은 문법항목들이다. 왜냐하면 한국인 학습자의 모국어와 유사하게 표현되고, 담화상의 조건이 유사하기 때문에 다른 문법항목에 비해 상대적으로 난이도가 낮은 편이라고 할 수 있다. 그러나 '의문문'에서 〈표 60〉를 통해서 알 수 있듯이 1급에서 4급까지 과다하게 분화되어 있다. 이를 한국인 학습자에게 적용하기 위해서 한국어와의 대조분석과 한국인 학습자의 특징을 반영하여『国际大纲(语法)』의 '의문문'을 병합하고자 한다.

먼저 한국어와 중국어의 '의문문'을 대조해 보면, 한국어의 의문문은 크게 '일반의문문', '확인 의문문', '특수의문문'으로 나누어진다. 그 중 '일반의문문'은 다시 '가부의문문', '선택의문문', '설명의문문'으로 구분되고, '특수의문문'에는 '수사적 의문문', '메아리 의문문', '요청의문문'으로 구분할 수 있다. 이들 의문문과 대응되는 중국어의 의문문을 살펴보면 다음과 같다.

〈표 61〉 한·중 의문문 대응관계[184]

한국어 의문문		한·중 예문	중국어 의문문
일반 의문문	가부의문문	• 그 영화 재미있니? • 那部电影有意思吗?	일반의문문
	선택의문문	• 너는 축구가 좋으니 야구가 좋으니? • 你喜欢踢足球还是打棒球?	선택의문문
	설명의문문	• 우리학교 학생 수는 몇 명입니까?	의문대명사 의문문

		• 我们学校有<u>多少</u>学生?	
확인 의문문		• 영희가 내일 결혼한다지? • 英熙明天结婚<u>吧</u>?	"吧"를 사용한 의문문
특수 의문문	수사적 의문문	• 내가 그럴 모를 것 같니? • 你以为我<u>不知道吗</u>?	반어문
	메아리 의문문	• 내일 부산에 간다고? • 明天去釜山?↗	어조로 표현한 의문문
	요청의문문	• 문 좀 닫아 주시겠습니까? • 关一下门, <u>好吗</u>?	"<u>好吗</u>", "<u>可以吗</u>", "<u>行吗</u>"를 사용한 의문문

〈표 61〉를 통해서 『国际大纲(语法)』에서 제시한 대부분의 의문문이 한국어에서도 사용되고 있음을 알 수 있다. 따라서 한국인 학습자가 중국어의 의문문을 학습하는 것은 다른 문법항목에 비해 상대적으로 난이도가 낮다고 할 수 있다. 하지만 '의문문' 가운데 '의문대명사 의문문'은 별도로 '의문대명사'들을 구분하여 순서배열을 고려해 봐야 할 문제이다.185) 여기에 대해 박용진(2007:190-191)은 한국인 학습자를 위한 의문대명사의 '내부순서배열'을 제시하였고, 이는 중국인의 어문교육문법에서 사용하는 '내부순서배열'과는 다르다고 주장하였다. 그리고 한국인 학습자를 위해 의문사 "什么", "几", "怎么", "谁", "怎样" 등의 내부순서배열을 아래와 같이 설계하였다.

---

184) 〈표 61〉의 '한국어의 의문문 유형'은 이익섭 외(2007:232-248)의 내용을 참고하여 만든 도표이다.

185) 본 절에서는 '의문대명사를 사용한 의문문'을 하나의 문법항목으로 다루었지, 의문대명사 각각을 하나의 항목으로 다룬 것이 아니기 때문에 이 내용은 '상대적 등급배열'이 아닌 문법항목의 병합에서 다루고 있다. 따라서 의문대명사가 재배열을 통해 문법항목의 병합을 중점적으로 다루었다.

<표 62> 한국인 학습자를 위한 '의문대명사' 내부순서배열[186]

단계	의문대명사	문장성분	한국어 의문대명사
초기 단계	怎么	부사어	어떻게
	什么	목적어	무엇
중간 단계	什么	관형어	어떤 / 무슨
	几	관형어	몇
	谁	주어	누구
	怎样	부사어	어떻게
	几	목적어	몇
	怎么	부사어	왜 / 어째서
	谁	목적어	누구
		관형어	
후반 단계	什么	주어	무엇
	怎么	관형어	어떤 / 무슨
		술어	어떠하다
	怎样	술어	
		관형어	어떤
		보어	어떻게 / 어떠하다

　〈표 62〉에서 제시한 한국인 학습자를 위해 분석된 의문대명사 내부순서배열은 일반적인 중국어교육 상황과 많은 차이를 나타낸다. 중국어 교재에서는 일반적으로 초급단계에서 "谁, 什么" 등이 가장 먼저 제시되었다. 하지만 박용진(2007:190-191)에 의해 한국인 학습자에게 적절한 의문대명사의 내부순서배열이 다르다는 것을 알 수 있다.

　본 절에서는 '의문문'의 병합은 중국어에서 대부분의 의문문이 한국어의 의문문과 유사하다는 것과 한국인 학습자를 위한 의문대명사 내부순서배열을 참고로 하여『国际大纲〈语法〉』의 '의문문'을 병합하면 〈표 63〉과 같다. 이것은 〈표 37〉의 '통합적 범주화'의 '서법'범주의 '의문문'에서 제시되었다.

---

186) 박용진(2007:190-191)의 내용을 참조하여 표를 재정리하였다.

<표 63> 한국인 학습자를 위한 '의문문' 병합 방안

	1급	2급	3급
등급 변경 없는 의문문	일반의문문 • 절 + 吗? / 吧? 예) 玛丽是大学生吗? 约翰是美国人吧? • 절, 명사, 대명사+呢? 예) 我是中国人, 你呢?	의문대명사의문문 • 주어 + 동사 + 谁? 예) 他是谁? • 주어 + 동사 + 什么 + 명사? 예) 你叫什么名字? • 주어 + 在 + 哪儿 + 동사? 예) 你在哪儿上学? • 주어 + 什么时候 + 동사 + (목적어)? 예) 你什么时候开学? • 哪 + 양사 + 명사 예) 你是哪国人? • 几 + 양사 + 명사 예) 你什么时候开学? • 多少 + (양사) + 명사 예) 这本书多少钱? • 주어 + 多大? 예) 你的孩子多大了?	선택의문문 • (是) + A + 还是 + B? 예) 你喝茶还是喝咖啡? 정반의문문 주어 + 동사 + 没 + 동사? 예) 你看没看电影?
등급 변경된 의문문	정반의문문 • 주어 + 동사 + 不 + 동사? 예) 你来不来? • 주어 + 형용사 + 不 + 형용사? 예) 那件衣服贵不贵? 추가 의문문 • 절 + 好吗? 예) 我们吃中餐, 好吗? • 절 + 可以吗? 예) 我这样说, 可以吗? • 절 + 行吗? 예) 这样写, 行吗?	의문대명사의문문 주어 + 怎么 + 동사(구)? 예) 这个字怎么念?	의문대명사의문문 명사 + 怎么了? 예) 你怎么了? • 명사(구) + 怎么样? 예) 这本汉语书怎么样?

〈표 63〉은 한국인 학습자를 위한 의문문을 병합한 것으로 『国际大纲(语法)』의 '의문문'을 두 가지 기준에 근거하여 재배열 하였다. 첫째는 한국어와 중국어의 대응구조에서의 어순의 변화 유무에 근거하였고, 둘째는 의문대명사 의문문인 경우 의문대명사 간의 상관관계를 고려하였다. 이런 기준에 근거하여 1급의 '정반의문문'은 『国际大纲(语法)』에서 '주어 + 동사 + 不 + 동사?', '주어 + 형용사 + 不 + 형용사?' '주어 + 동사 + 没 + 동사?'를 제시하였다. 이 가운데에 '주어 + 동사 + 不 + 동사?', '주어 + 형용사 + 不 + 형용사?'는 한국어의 술어로 대응되기 때문에 어순에 변화가 없다. 따라서 한국인 학습자의 어려움이 크지 않음으로 정반의문문은 3급에서 1급으로 변경하여 일반의문문과 병합하였다. 단, '주어 + 동사 + 没 + 동사?'는 "没"는 '조사了'와의 상관관계를 고려하여 3급에 배열되었다. 그리고 '好吗, 可以吗, 行吗를 사용한 의문문'은 한국어의 '요청의문문'과 유사하고, 한국어로 표현했을 때 어순의 변화가 없으므로 1급으로 병합하였다. 또한 '의문대명사 의문문'에서 제시된 많은 의문대명사들은 〈표 62〉을 토대로 하여 문장성분별로 상관관계를 고려하여 재배열하였다. "怎么"가 부사어로 쓰인 경우는 한국인 학습자가 초급단계에 학습하는 항목이다. 그렇다면 1급에 배열되어야 하지만 2급의 의문대명사의문문과 상관관계를 고려하여 2급에 배열하였다. 그리고 '怎么了와 怎么样을 사용한 의문문'은 이들이 술어로 쓰인 경우이다. 이 항목은 〈표 62〉에 따라 다른 '의문대명사 의문문'보다 상대적으로 난이도가 높으므로 의문대명사 의문문보다 높은 3급에 배열하였다. 이와 같이 1~3급으로 다양한 의문문을 재배열하여, 기존의 문법항목과 '병합'함으로써 한국인 중국어 학습자가 좀 더 효율적으로 '의문문'을 이해하고, 표현할 수 있으리라 여겨진다.

2) 문법항목 기술의 확대

4장 5절에서 살펴보았듯이 『语法等级大纲(1996)』의 일부 항목은 통사적 제약을 기술하거나 의미기능 기술하기도 하였다. 그러나 『国际大纲(语法)』은 모든 문법항목을 구조형식을 제시하고, 의미기능은 문법항목의 용어로만 기술되었다. 따라서 문법항목 특징에 대한 기술은 거의 없다고 할 수 있다. 그렇다면 『国际大纲(语法)』

을 한국인 학습자에게 적용할 때 일부 문법항목은 그 특징이나 의미상 기능에 대한 정보의 부족으로 실제 중국어교육에 적용할 때 어려움을 겪을 수도 있고, 이것이 학습자의 오류와 연결될 수도 있다. 따라서 동일한 통사구조나 유사한 의미기능을 하는 항목은 그 특징에 대한 기술이 필요하고, 한국인 학습자가 모국어와의 차이로 인해 어려워하거나 혼란스러워 하는 부분에 대해서도 명확한 기술이 요구된다.

이미혜(2005:96-97)에 따르면 "문법항목을 전체적으로 기술을 할 때 '형태를 중심으로 기술하는 방법'은 한 형태가 갖는 모든 정보를 기술하는 것이며, '의미나 기능을 중심으로 기술하는 방법'은 하나의 의미, 기능을 갖는 형태들을 모두 모아서 동시에 기술하는 방식이다. 의미, 기능 중심의 기술방법을 택할수록 유사한 의미를 갖는 형태 간의 의미, 화용정보를 구별하는 것이 중요하다. 담화 층위의 문법기술을 위해서는 형태 중심의 기술을 지양하고, 의미, 기능 중심의 기술을 지향해야 한다. 의미, 기능 중심의 기술은 하나의 의미나 기능을 갖는 형태들을 정보를 함께 기술함으로써 유사점과 차이점을 알 수 있게 한다. 그러므로 학습자는 의사소통 상황에서 적절한 형태를 선택하여 사용하는 능력을 기를 수 있다. 이것은 '어떤 형태가 어떤 의미를 갖는다'는 관점에서 '어떤 의미, 기능을 표현하기 위해서는 어떤 형태가 사용 된다'는 관점으로 전환을 의미한다. 언어 사용을 중시할수록 후자의 관점이 더 요구 된다"고 하였다. 이러한 관점에서 『国际大纲(语法)』을 한국인 학습자에게 적용하기 위해서는 문법항목의 특징과 통사적 제약을 상세하게 제시하고, 한·중 대조분석과 한국인 학습자가 오류분석을 통해서 의미나 화용상의 기술도 확대해야 할 것이다. 이는 『国际大纲(语法)』이 중국어 교재가 아닌 요목이고, 이론문법이 아닌 교육문법을 제시한 것이기 때문에 간략하고, 명확하게 규범화 되어야 한다. 하지만 최소한의 문법항목의 특징과 기능은 정확하게 파악할 수 있도록 기술되어야 할 것이다.

『国际大纲(语法)』의 문법항목 가운데 한국인 학습자가 오류를 자주 범하는 '가능보어'와 '조사了'를 예로 들어 살펴보고자 한다.

① 통사적 제약 및 의미기능 기술 확대 방안

'조사了'는 한국인 중국어 학습자가 가장 많은 오류를 범하는 문법항목이며, 오류 유형도 다양하다. 『国际大纲(语法)』에서 제시한 '조사了'의 등급배열과 기술유형을 살펴보면 다음과 같다.

〈표 64〉 『国际大纲(语法)』의 '조사了'의 용법

3급	4급
1. 수량사 · 명사 + 了 我儿子8岁了。 秋天了。	1. 该 + 명사구 · 동사구 + 了 该你了。 该上课了。
2. 주어 + 형용사 · 동사 + 了 花红了。 玛丽病了。	2. (就 / 快)要 + 동사구 + 了 快要下雨了。 飞机就要起飞了。
3. 절 + 了 我昨天去王府井了。	3. 조동사 + 동사구 + 了 我能走了。 我会说汉语了。 你可以下班了。
4. 주어 + 동사 + 了 + 수량 · 동량 + (명사) 我买了两件衬衫。 这本书我看了两遍 。	4. 不 + 동사구 + 了 我不去了。 他不喝酒了。
	5. 주어 + 동사 + 了 + 명사 + 就 / 再 + 동사구 我吃了饭再去。 我下了课就来你这儿了。

"了"는 그 기능에 따라 '어기조사'와 '동태조사'로 구분할 수 있다. 어문 교육문법 요목인 『暂拟』에서는 '시태조사'로 제시되었고, 『提要』에서는 '동태조사'로 제시되었다. 그리고 『汉语教科书』과 『语法等级大纲(1996)』에서는 '동태조사'로 제시되어, 이를 다시 '완료태', '변화태'로 구분하여 제시하였다. 하지만 『国际大纲(语法)』는 이전의 요목과 달리 단지 '조사了'라고만 제시하고, 〈표 64〉과 같이 배열하였다.

〈표 64〉의 '조사了'를 살펴보면, 우선 3급의 1~3은 어기조사의 '변화태'로 사용되었고, 4는 동태조사의 '완료태'로 사용되었다. 그리고 4급의 1~4는 '변화태'로 사용되었고, 5는 '완료태'로 사용되었다. 이것으로 『国际大纲(语法)』에서는 어기조사인 '변화태'와 동태조사인 '완료태'에 대한 구분이 없이 제시되었음을 알 수 있다. 그렇다면 이러한 구분 없이 제시하는 것이 한국인 학습자에게 효과적일지에 대해 한국인 학습자의 오류분석을 통해서 검토해 보고자 한다.

한국인 학습자가 '조사了'를 사용할 때 나타나는 오류유형을 황옥화(2008:39-46)는 '了의 누락', '了의 첨가', '了의 위치오류'로 분석했다. 그리고 崔立斌(2005:21-23)은 어기조사 '了의 과용', '동태조사了의 누락'으로 분석했다. 그렇다면 이들 오류유형을 예187)를 통해서 살펴보면 다음과 같다.

- 조사 "了" 누락의 예:

    예 1) *吃晚饭以后我们照[ ]很多照片。→ 吃晚饭以后我们照了很多照片。

    예 2) *我已经打了二十年的乒乓球[ ]。→ 我已经打了二十年的乒乓球了。

    예 3) *戒烟以后没有嘴巴臭味, 身体更好[ ]。→戒烟以后没有嘴巴臭味, 身体
        更好了。

- 조사 "了" 과용의 예:

    예 4) *我1996年结婚了。→ 我是1996年结婚的。

    예 5) *我还没结婚了。→ 我还没结婚。

    예 6) *你们安排非常好了。→ 你们安排非常好。

- 조사 "了" 위치오류의 예:

    예 7) *回到家, 我自己下决心了:"冰冻三尺, 非一日之寒"。重新开始学习吧!
        →回到家, 我自己下了决心:"冰冻三尺, 非一日之寒"。重新开始学习吧!

    예 8) *他在朋友家喝两杯咖啡了。→ 他在朋友家喝了两杯咖啡。

    예 9) *妈妈开商店了, 每天都很忙, 所以常常很晚回家。
        →妈妈开了商店, 每天都很忙, 所以常常很晚回家。

---

187) 崔立斌(2005:22)과 황옥화(2008:46)에서 예문 발췌.

이상의 예문을 분석해 보면 예1)은 동작이 완성의 의미를 나타냄으로 동태조사를 사용해야 하는데 누락한 경우이고, 예2)는 "已经~"과 함께 어기조사 "了"를 사용해야 하는데 누락한 경우이다. 예3)은 형용사 술어문에서 '변화'의 의미를 나타냄으로 '변화태'를 나타내는 어기조사 "了"를 누락한 경우이다. 예4)는 '是…的 구문'을 사용해야 하는데 어기조사 "了"를 사용하였으며 예5)는 부정부사 "没"와 어기조사 "了"가 공기할 수 없는 데 사용한 경우이다. 그리고 예6)은 형용사가 정도부사의 수식을 받는 형용사술어문에 어기조사 "了"를 잘못 시용하였다. 예7)은 "下决心"에서 동작이 이미 완료되었음으로 동태조사"了"를 사용해야 하는데 어기조사로 잘못 사용한 경우이다. 예8)~예9)도 이와 같은 경우이다. 이와 같은 분석을 통해 한국인 학습자는 어기조사"了"와 동태조사"了"의 문장 내에서의 기능, 의미, 통사적 제약에 대한 지식의 부족으로 인하여 범하는 오류임을 알 수 있다.

이처럼 한국인 학습자가 가장 많은 오류를 범하는 '조사了'는『语法等级大纲 (1996)』까지 '완료태', '변화태'로 구분하다가『国际大纲(语法)』부터 '조사了'를 사용하여 제시하였고, 표현구조를 유형별로 제시하였다. 물론『国际大纲(语法)』에서는 의사소통 중심의 문법교육을 위해 '표현구조'로서 제시하였기 때문에 사용하기에는 실용적일 수 있지만, '어기조사'와 '동태조사'에 대한 구분이 없으므로 각각의 통사적 제약과 의미기능은 더 혼란스러울 수 있다. 따라서 한국인 학습자의 특징에 맞게 상세한 기술이 요구된다고 할 수 있다. 따라서 한국인 학습자에게 '조사了'를 효율적으로 적용하기 위해서『国际大纲(语法)』을 토대로 하고, 한국인 학습자가 '조사了'를 사용할 때의 오류분식 결과를 반영하여 〈표 65〉와 같이 기술을 확대하였다.

〈표 65〉 한국인 학습자를 위한 '조사了' 기술 확대

3급	4급
1. 수량사 · 명사 + 了 　我儿子8岁了。 　秋天了。	1. 该 + 명사구 · 동사구 + 了 　该你了。 　该上课了。
의미상 기능	의미상 기능
1. [변화]: 상황, 성질, 상태의 변화의 　의미를 갖는다.	1. [변화]: 어떤 행위판단에 대한 변화[188]
2. 주어 + 형용사 · 동사 + 了 　花红了。 　玛丽病了。	2. (就/快)要 + 동사구 + 了 　快要下雨了。 　飞机就要起飞了。
의미상 기능	통사적 제약
2. [변화]: 상황, 성질, 상태의 변화의 의미를 갖는다.	2. '快要 + 동사구 + 了'은 시간부사어와 함 　께 쓰일 수 없다.[189]
	의미상 기능
	2. [미래] 곧 발생함을 의미한다. 즉 발화 　시점에는 발생하지 않았음을 의미한다.
3. 절 + 了 　我昨天去王府井了。	3. 조동사 + 동사구 + 了 　我能走了。 　我会说汉语了。 　你可以下班了。
의미상 기능	
3. [종결]: 종결과 문장이 끝나는 뉘앙스를 　갖는다.[190]	
4. 주어 + 동사 + 了 + 수량 · 동량 + (명사) 　我买了两件衬衫。 　这本书我看了两边。	4. 不 + 동사구 + 了 　我不去了。 　他不喝酒了。
통사적 제약	
4. 목적어(명사)만 지니는 경우는 문장의 　끝나지 않은 느낌을 주어 성립될 수 　없다. 반드시 한정어, 시간, 장소, 원 　인, 방식의 부사어를 지니거나 뒤에 　또 다른 종속절이 와서 '계획', '예상' 　등의 의미를 나타낸다.	

의미상 기능	의미상 기능
4. [완료]동작 완료의 결과를 진술한다. 동작 완료가 영향을 미치는 대상과 수량을 서술한다. 어떤 시간, 장소에서 어떠한 원인이나 방식으로 인해 동작이 끝났음을 서술한다.[191]	4. 원래 계획이나 경향이 바뀌어 새로운 상황이 출현했음을 나타낸다.[192]
	5. 주어＋동사＋了＋명사＋就·再＋동사구 我吃了饭再去。 我下了课就来你这儿了。
	의미상 기능
	5. [완료]동작이 시작한 지 얼마간의 시간이 경과한 후 다음 동작이 시작되거나 어떤 상황을 나타낸다.[193]

『国际大纲(语法)』의 ‘조사了’는 ‘어기조사’와 ‘동태조사’의 기능을 하는 “了”를 ‘표현구조’만으로 제시하였다. 이러한 방식으로의 배열은 “了”의 정확한 의미기능과 통사제약에 관한 지식의 부족으로 “了”를 누락시키거나 과잉적용하고, 또 어기조사와 동태조사를 혼용하므로 한국인 학습자는 더 많은 오류를 발생시킬 수 있다. 이런 문제점을 해결하기 위해서 〈표 65〉에서는 한국인 학습자를 위해 “了”의 의미에 따라 ‘변화’, ‘완료’, ‘종결’ 등으로 의미상 기준별로 구분하였다. 그리고 각각의 표현구조에 따른 통사제약을 기술하였다. 그리하여 한국인 학습자가 “了”의 의미를 쉽게 파악하고, 통사제약을 익힘으로 오류를 줄일 수 있을 것이다. 더 중요한 것은 “了”를 적절한 상황에서 정확하게 구사할 수 있도록 하는데 목적이 있다.

---

188) 王巍(2000:19) 참조.
189) 杨寄洲(1998:76) 참조.
190) 앞의 책 p.66 참조.
191) 앞의 책 p.70 참조.
192) 吕叔湘(2002:357) 참조.
193) 앞의 책 p.351 참조.

② 의미기능 및 화용상 기능 기술 확대 방안

『国际大纲(语法)』에서 가능보어를 다음과 같이 기술하였다.

<표 66> 『国际大纲(语法)』의 '가능보어'

문법 항목		구조형식	예
결과보어 가능식	긍정 가능식	동사 + 得 + 결과보어 能 + 동사 + 결과보어	这么多作业, 你写得完吗? 我能买到去上海的飞机票。
	부정 가능식	동사 + 不 + 결과보어	这么多作业, 我写不完。
	상용 가능식	看得见 / 看不见 睡得着 / 谁不着 동사 + 得 / 不 + 了	飞机看不见了。 我睡不着。 明天的课我上不了。
방향보어 가능식		동사 + 得 + 방향보어 동사 + 不 + 방향보어	进得来 / 进不来 拿得起来 / 拿不起来

<표 66>에서 '결과보어 가능식' 중 '긍정의 가능식'에서 제시된 두 구조 '동사 + 得 + 결과보어'와 '能 + 동사 + 결과보어'는 같은 의미로 쓰인다고 이해할 수 있다. 또한 '동사 + 得 + 결과·방향보어'의 부정형은 '동사 + 不 + 결과·방향보어'라고 하였기 때문에 '不能 + 동사 + 결과·방향보어'도 가능하다고 여길 수 있다.

유재원 외(2008:130)에 따르면 한국인 중국어 학습자가 '조동사'를 '가능보어'로 혼용하는 경우보다 '가능보어'를 '조동사'로 혼용하는 경우[194]의 오류가 전체 45%로 가장 높은 비율을 차지한다고 하였다. 이 오류유형을 예를 통해서 살펴보면 다음과 같다.

제 시 문: 흡연의 해로움은 (이루) 다 말할 수가 없다.
요구답안: 吸烟的害处说不完。
오 류 문: 吸烟的害处不能说。

---

194) 이때는 '가능보어'와 '조동사'는 부정형을 말한다.

이러한 결과는 한국인 학습자가 조동사구문에 비해 가능보어를 사용하는데 더 많은 어려움을 겪고 있음을 반증해 준다. 그렇다면 이와 같은 오류의 원인을 분석하기 위해 한국어와 중국어의 '가능'의미의 대응관계를 한국어와 중국어의 대조분석을 통해서 유추해 볼 수 있다.

허성도(1992:49-51)에 의하면 중국어에서 '가능'의 표현을 조동사와 '가능보어'를 사용하여 그 표현의 차이를 다음과 같이 설명하였다.

예 1) 他会说中文。(그는 중국어를 배웠기 때문에 중국어로 말할 수 있다.)
예 2) 他能说中文。(주위 사람이 모두 중국어를 할 줄 아니까 그는 중국어로 말할 수 있다. - 중국어로 말해도 된다.)

이들 문장의 부정형은 다음과 같다.
예 3) 他不会说中文
예 4) 他不能说中文。

하지만 중국어에는 이들 가능형식 이외에도 또 다른 가능형태가 존재한다.

예 5) 他走不到五公里。(그는 5km를 걸을 수 없다.)
예 6) 这本书他看不完。 (이 책을 그가 다 읽을 수가 없다.)
예 7) 他等不到一个钟头。(그는 한 시간 동안 기다릴 수 없다.)
예 8) 他把这件衣服洗得不干净。(그는 옷을 깨끗이 빨 수는 없다)

위의 예 5) "他走不到五公里"는 '걸을 수는 있지만 걸어서 5km까지 도달할 수는 없다'는 의미로 해석된다. 예 6) "这本书他看不完。"은 '읽을 수는 있지만 이 책의 끝까지 읽을 수 있는 것은 아니다'의 의미로 동작의 수행능력은 긍정되지만, 동작의 범위는 부정되는 양상이다. 결론적으로 조동사의 부정을 사용하는 경우는 그 동작의 발생 자체기 부정된다. 그러나 가능보어의 부정형195) 에서는 동작 발생이

---

195) 허성도(1992:49-51)에 따르면 가능보어의 부정형태만을 다룬 이유는 가능보어의 몇몇 경우를 제외하면 대부분이 불가능의 표시에 사용되기 때문이라고 설명하였다.

가능하지만 단지 그 동작의 결과로 나타나는 어떠한 상황이 부정될 뿐이라고 설명하였다.

이상의 내용을 통해 한국어의 '가능'의 의미는 중국어의 '조동사'뿐만 아니라 '가능보어'로 표현이 될 수 있음을 알 수 있다. 단, 한국어의 '가능'의 의미와 중국어의 가능보어의 '가능' 의미와는 다소 차이가 있음을 알 수 있다. 따라서 한국인 학습자에게 〈표 66〉과 같이 '가능보어'를 제시한다면, '가능보어'의 의미를 정확하게 이해하여 표현하기에는 적지 않은 어려움이 따를 것이다. 그렇다면 이를 해결하기 위해서는 '가능보어'를 제시할 때는 반드시 중국어의 '가능보어'가 갖는 '가능' 의미가 한국어의 '가능'의미와는 차이가 있다. 이는 '가능보어'의 기술 확대를 통해 제시해야 할 것이다. 이처럼 한국어의 '가능'의미가 중국어에서 다양하게 대응되는 것을 반영하여 『国际大纲(语法)』의 '가능보어'의 기술을 확대시키면 다음과 같다.

〈표 67〉 한국인 학습자를 위한 '가능보어'의 기술 확대

구분	문법 항목		구조형식	예
구조	결과 보어 가능식	긍정 가능식	동사＋得＋결과보어 能＋동사＋결과보어	这么多作业, 你写得完吗? 我能买到去上海的飞机票。
		부정 가능식	동사＋不＋결과보어	这么多作业, 我写不完。
		상용 가능식	看得见 / 看不见 睡得着 / 谁不着 동사＋得 / 不＋了	飞机看不见了。 我睡不着。 明天的课我上不了。
	방향 보어 가능식		동사＋得＋방향보어 동사＋不＋방향보어	进得来 / 进不来 拿得起来 / 拿不起来

의미기능	1. 의미기능별 대응되는 표현구조(요소)
	 • 어떤 결과가 실현되지 않는 상황
	  : 가능보어의 부정형을 사용한다.
	  조동사의 부정형태(不能)는 거의 사용하지 않는다.[196]
	 • 어떤 결과가 실현됨
	  : 가능보어의 긍정형을 사용한다.
	  (주로 의문문에서 사용하고, 평서문에서 거의 사용 않음[197])			

	2. •완곡함의 부정, •파악되지 못한 긍정 : 가능보어의 긍정형. 의문형, 대답형, 반어문에 사용 [198] 3. •동작이 발생할 수 없거나 결과를 이룰 수 없음 : 동사＋得／不＋了[199]
화용정보	가능보어는 문장내의 조건보다 문장의 외적조건이 제시되어야 만이 학습자가 이해하기가 쉽다.[200] ① 我眼睛不好, 不戴眼镜就看不清楚。 "我眼睛不好"이 없으면 뒷 문장을 정확하게 이해하기가 쉽지 않다. ② 这本书现在已经买不到了。 "这本书"는 이전에 오래전에 출판되었고, 이미 서점에는 없어서 학생이 살수 없었다고 이해할 수 있다

〈표 67〉에서는 『国际大纲(语法)』에서 제시된 '가능보어'를 한국인 학습자의 모국어와의 대조를 통해서 의미기능을 명확히 하고, 오류분석을 통해서 의미기능별로 사용되는 가능보어를 구체화 시켜서 제시하였다. 또한 가능보어는 언어 환경에 영향을 많이 받는 문법항목이므로 예로 화용적 정보를 제시하였다. 이는 한국인 학습자의 '가능보어' 교육이 좀 더 정확하고, 효율적으로 이루어 질 수 있게 문법항목의 기술을 확대 시켰다.

이상으로 한국인 중국어 학습자를 위한 중국어 교육문법요목의 제정 방안들을 살펴보았다. 이는 한국인 중국어 학습자의 궁극적인 목표가 의사소통 능력을 향상시키는 데 있으므로 '이해' 중심이 아닌 '표현' 중심의 체계로 이루어져야 한다. 따라서 『国际大纲(语法)』 문법항목의 특징을 귀납하여 '표현범주'로 기준을 세웠다. '표현범주'의 의미가 실현될 있는 '표현구조'와 '표현요소'를 통합적으로 제시하는 '통합적 범주화' 방안을 제시하였다. 그리고 중국어 문법항목을 구조와 의미특징에 따른 상관관계를 고려하여 한국인 학습자의 특징을 반영한 '상대적 등급배열'

---

196) 유재원 외(2008:147)에서 재인용.
　　刘月华 (2003:584), 彭小川, 李守纪, 王红 (2005:283-284) 등이 이와 같이 주장하였다.
197) 앞의 논문 p.147 참조
198) 吕文华(1993:172) 참조.
199) 杨寄洲(1998:108) 참조.
200) 앞의 논문 p.108 참조.

방안도 제시하였다. 또한 단일 문법항목 내의 복잡한 구조와 다양한 의미기능을 단계화하여 누적화 시키는 '누적식 순서배열' 방안도 제시하였다. 그 밖에도 중국어 의사소통 시 필수적인 항목인데도 불구하고 '누락'된 문법항목은 '추가'하고, 한국인 학습자에게 적용하기에 과다하게 '분화'되어 있는 항목은 '병합'하는 방안도 제시하였다. 그리고 구조형식만을 제시한 『国际大纲(语法)』의 문법항목 중 한국인 학습자가 한국어와의 차이로 혼란스럽거나 많은 오류를 범하는 항목에 대해서는 한국인 학습자의 개별성과 문법항목의 특징을 반영하여, 통사적 제약이나 의미기능 화용상의 정보에 대해 기술을 확대하는 방안도 제시하였다. 이상의 방안들이 일반성을 지닌 『国际大纲(语法)』에 한국인 학습자의 개별성을 반영하는 촉매작용을 하여 한국인 중국어 학습자 교육문법요목을 제정하는데 토대를 마련할 수 있으리라 기대해 본다.

VI

결 론

본 연구는 한국인 학습자를 위한 중국어 교육문법요목의 토대를 마련하기 위해 중국에서 중국어교육 발전과 맞물린 중국어 교육요목의 제정배경을 살펴보았다. 그리고 중국어 교육문법체계에 영향을 준 어문 교육문법요목을 중국어 교육문법요목과 구분하여 그 요목들에 반영된 문법체계와 문법체계의 특징을 살펴봄으로써 중국어교육문법체계를 명확히 하였다. 또한 『汉语水平等级标准与语法等级大纲』과 『国际汉语教学通用课程大纲』의 비교 분석을 통해 한국인 학습자에게 적용하기 적절한지를 살펴보았다. 그리고 한국인 중국어 학습자의 목표가 동일한 『国际汉语教学通用课程大纲』을 한국인 학습자에게 적용했을 때 부적절한 부분에 대해서 한국인 학습자의 개별성을 반영하고 있는 한·중대조분석 자료와 한국인 학습자 중국어 학습 시 오류분석 연구 성과를 하여 '통합적 범주화', '상대적 등급배열', '누적식 순서배열', '문법항목의 통합과 분화', '문법항목 기술의 확대' 등의 방안을 통해 해결하고자 하였다.

본 연구를 구체적으로 정리하면 다음과 같다.

중국 내에서 제정된 중국어 교육요목의 발전단계를 살펴보기 위해 중국어 교육사업의 발전과 함께 중국어 교육요목의 제정배경을 초기단계, 성장단계, 국제화단계로 나누어 살펴보았다. 초기 단계(1949년~1970년대 중반)는 정치·외교관계를 통해 중국어를 배우러 온 유학생을 위해 중국어 교육기관이 생긴 시기이다. 이 시기에는 학생 수가 점차 늘어나면서 교육기관도 확대되고, 또 최초의 외국인 학습자를 위한 중국어교재인 『汉语教科书』가 편찬되었다. 이와 비슷한 시기에 중국인의 어문교육도 강화되었다. 따라서 문법교육이 중시되었고, 최초 중국 어문 교육문법요목인 『暂拟汉语语法教学系统』이 제정되어 이론문법 체계를 통일하였다. 성장 단계는 개혁개방 이후에 중국의 경제가 활성화되면서 다양한 목적의 선진국 자비유학생이 급증하였고, 더불어 중국어교육은 경제적으로 주요한 교육산업으로 부상하게 되었다. 이러한 사회적 요구에 의해 담당기관인 "国家对外汉语教学领导小组"를 설립되면서 최초 외국인 학습자를 위한 중국어 교육요목인 『汉语水平等级标准和等级大纲(试行)』이 제정되었고, 이후에는 단계적으로 『汉语水平词汇与汉字等级大纲』, 『汉语水平等级标准与语法等级大纲』을 제정하게 되었다. 국제화 단계는 중국 경제가 급속히 발전하고 국제적 위상이 높아지면서 전 세계적으로 중국어를 배우고자 하는 외국인 학습자 또한 급증하였다. 이에 중국정부는 기존의 외국 유학생을 '국내로 유치하던 방식(请进来)'으로는 세계적인 중국어교육에 대한 요구를 충족시킬 수 없다고 인식하여 각 국의 중국어 학습자를 위해 중국어교육을 '해외로 진출(走出去)'시키는 전략을 추진하게 되었다. 이것이 2003년에 반포된 "汉语桥工程"이다. 이 정책의 일환으로 중국어 교육요목인 『国际汉语教学通用课程大纲』이 제정되었다. 이처럼 중국어교육 사업이 발전함에 따라 중국어 교육문법요목의 중국어 교육문법체계도 중국인 학습자를 위한 어문 교육문법요목의 어문 교육문법체계와는 다른 체계로 발전하고 있다.

어문 교육문법요목으로는 1956년에 제정된 『暂拟汉语语法教学系统』과 1984년에 제정된 『中学教学系统提要』(试用)가 있다. 『暂拟汉语语法教学系统』은 중국 내 최초 중등 어문교육 문법체계이다. 이 당시에는 문법교육은 많은 어법학자의 문법저서를 통해 이루어졌다. 이 당시의 문법체계는 전통적인 문법체계인 형태론과 통사론에 대해 상세하게 기술하였고, 또 그들의 대응관계도 함께 다루었다. 따라서 이 요목은 이론문법 체계를 통일했다고 할 수 있다. 이후 『中学教学系统提要』(试用)는 교육문법에 대한 필요성이 강하게 제기되면서, 교육적 측면을 강조하여 문법지식을 통한 학습자의 언어능력을 향상시키는데 목적을 두고 제정되었다. 그리하여 『暂拟汉语语法教学系统』을 기반으로 하고 교육의 참고성을 강조시켰다. 또한 문법체계에서는 '구'의 기능을 부각시켜, 형태론과 통사론을 기능적인 측면을 강조하여 기술하였다. 따라서 이 요목은 어문교육 문법체계를 실현시킨 단계라고 할 수 있다.

중국어 교육문법요목으로 『汉语水平等级标准与语法等级大纲』과 『国际汉语教学通用课程大纲』이 있다. 『汉语水平等级标准与语法等级大纲』이 제정될 당시에는 외국인 학습자에 대한 교육문법 연구 성과가 많지 않았다. 따라서 이 요목의 문법체계는 거의 대부분이 중등 어문교육문법체계인 『暂拟汉语语法教学系统』과 『中学教学系统提要(试用)』의 성과를 수용하였다. 또 외국인 학습자를 고려한 일부 항목은 거의 대부분이 『汉语教科书』의 체계를 따랐다. 이 요목은 외국인 학습자를 위해 완전한 문법체계를 확립하지 못하였으므로 중국어 교육문법체계의 시행단계라고 할 수 있다. 반면『国际汉语教学通用课程大纲』은 의사소통 중심교육의 문법체계로 전통적인 문법의 틀에서 완전히 탈피하였고, 외국인 학습자가 실제 중국어를 활용하는 데 필요한 문법내용만을 다루었다. 그리고 구조중심의 문법체계에서 벗어나 '표현항목'을 다루어 의미·기능중심의 문법체계로 발전했다고 할 수 있다. 따라서 이 요목은 중국어 교육문법체계의 도입단계라고 할 수 있다.

현재 중국에서 사용되고 있는 외국인 학습자를 위해 제정된 중국어 교육요목인『汉语水平等级标准与语法等级大纲』과『国际汉语教学通用课程大纲』이 한국인 학습자에게 적절한지를 살펴보기 위해 이 요목들의 구성체계와 문법항목을 비교분석한 결과, 두 요목의 유형에 다소 차이가 있었다.『汉语水平等级标准与语法等级大纲』은 전체적인 문법내용을 유형적으로만 제시하였고, 등급도 문법항목의 난이도와 복잡한 정도에 따라 배열하였기 때문에 이 요목은 '구조중심요목'이라고 할 수 있다. 반면『国际汉语教学通用课程大纲』은 의사소통 기능에 중점을 두어 등급별 목표에 맞는 표현을 하기 위한 문법항목만을 다루었기 때문에 이 요목은 '기능·개념 중심요목'이라고 할 수 있다. 구성체계로는『汉语水平等级标准与语法等级大纲』은 3등·4급·5단위이고,『国际汉语教学通用课程大纲』은 5급이다. 그리고 등급배열도『汉语水平等级标准与语法等级大纲』은 중국어 문법체계의 대부분의 내용이 전 등급에 배열되어 있기 때문에 동일한 항목이 전 등급에 배열되어 있는 것도 있다. 따라서 이 요목은 단계성 원칙에 근거해서 일부 항목에서 '누적식 순서배열'이 이루어졌다. 반면『国际汉语教学通用课程大纲』은 의사소통 시 요구되는 문법항목만을 등급별 목표에 맞게 배열되었기 때문에 '명사술어문', '비교문', '조사了'를 제외하고는 모두 한 등급에 배열되어 있었다. 따라서 이 요목은 주로 문법항목 간의 상호연관성에 따라 '상대적 등급배열'이 이루어졌다고 할 수 있다. 두 요목의 문법항목 유형으로『汉语水平等级标准与语法等级大纲(1996)』은 '열거형', '예시형', '절충형'으로 제시되었고,『国际汉语教学通用课程大纲』은 '구조형', '열거형', '교체형'으로 제시되었다. 공통적인 것은 형태론 측면의 문법항목은 '열거형' '예시형'으로 통사론 측면의 문법항목은 '구조형', '절충형'으로 제시되었다.

특징적인 것은『国际汉语教学通用课程大纲』에서 문법항목을 실제 의사소통 상황에서 활용할 수 있게 '교체형'을 제시하였다는 것이다. 그리고 문법항목의 기술에서 두 요목은 공통적으로 문법항목의 구조를 제시하고, 예를 소개하는 형식으로 다루어졌다. 『汉语水平等级标准与语法等级大纲(1996)』에서는 일부 항목에서 문법항목의 의미기능이나 통사적 제약을 설명하였지만, 『国际汉语教学通用课程大纲』에서는 통사제약이나 의미기능을 설명한 항목은 한 항목도 없었다. 반면, 『国际汉语教学通用课程大纲』은 외국인 학습자에게 비교적 적절하게 문법항목이 선정되었고, 용어도 쉽게 제시되었다. 또한 표현항목을 제시함으로써 외국인 학습자가 문법지식을 활용하여 표현할 수 있게 하였다. 결론적으로 이 요목은 언어지식과 기술을 종합적으로 활용하여 의사소통 능력을 향상시키고자 하는 목표가 있다. 이는 한국인 학습자의 목표에 부합되므로 이 요목이 한국인 학습자에게 적용하기에 더 적합함을 알 수 있었다. 하지만 포괄적인 외국인 학습자를 대상으로 제정된『国际汉语教学通用课程大纲』을 한국인 학습자에게 적용 시 일부 문제점이 나타났다. 이러한 문제점은 한국인 학습자의 개별적인 특성을 반영한 몇 가지 방안을 통해 해결하고자 하였다. 즉 한·중대조분석, 한국인 학습자의 오류분석 등으로 한국인 학습자의 개별적인 특징을 반영하여 '통합적 범주화', '상대적 등급배열', '누적식 순서배열'과 '문법항목의 추가와 병합', '문법항목 기술 확대' 등을 통해 한국인 학습자를 위한 중국어 교육문법요목의 토대를 마련하고자 하였다. 구체적으로 체계 설계 방안 중 '통합적 범주화'는 한국어나 대부분의 언어에 공통적으로 존재하는 범주를 기준으로 하여 그 범주에 해당되는 '표현구조'와 '표현요소'를 제시함으로 학습자가 표현하고자 하는 의미와 구조를 통합적으로 제시하고자 하였다. 이 방안은 한국인 학습자가 의사소통 시 표현하고자 하는 의미가 표현구조를 통해 적절하고, 정확하게 표현할 수 있도록 제시한 방안이다. '상대적 등급배열'은 중국어의 특징과 한국인 학습자의 특징에 따라 문법항목들 간의 상호연관성을 고려하여 어떤 항목은 먼저 배열해야 하고, 어떤 항목은 나중에 배열해야 하는 것에 대한 방안으로 한국인 학습자의 중국어 문법교육이 보다 체계적으로 이루어질 수 있도록 제시된 방안이다. '누적식 순서배열'은 구조가 복잡하고 의미기능이 다양한 한 문법항목을 단계적으로 구분하여 누적화 시키는 순서배열이다. 이 방안은 한국인 학습자가 어려워하는 문법항목을 단계적이고 체계적으로 구분하여 제시함으로써 효과적으로 학습하고, 정확하게 표현할 수 있도록 제시한 방안이다.

그 밖에도 중국어 의사소통 시 필수적인 항목인데도 불구하고 '누락'된 문법항목은 '추가'하고, 한국인 학습자에게 적용하기에 과다하게 '분화'되어 있는 항목은 '병합'하는 방안을 제시하였다. 또한 구조형식만을 제시한 『国际汉语教学通用课程大纲』의 문법항목을 한국인 학습자에게 맞게 한국인 학습자의 개별성과 문법항목의 특징을 반영하여 통사적 제약이나 의미기능, 화용상의 정보에 대해 기술을 확대하는 방안도 제시하였다. 이는 한국인 학습자에게 문법항목을 적용하는데 있어 보다 실용적이고, 적절한 정보를 제공함으로써 정확하게 이해하고, 표현할 수 있게 하기 위해 제시된 방안이다.

본 연구는 한국인 학습자에게 적합한 중국어 교육요목을 마련하기 위해 한·중 대조분석과 한국인 학습자의 오류분석 연구 성과를 통해 한국인 학습자의 개별성을 반영하여 제시한 몇 가지 방안이 한국인 학습자를 위한 중국어 교육문법요목이 마련하는 토대가 되기를 바란다. 한·중 대조분석과 한국인 학습자의 오류분석 연구는 아직 진행되고 있고, 앞으로도 지속적으로 연구가 이루어져야하므로 본 연구에서 폭넓은 자료를 활용하지 못하여 한국인 학습자 특징이 전면적으로 반영되지 못한 점이 아쉬움으로 남는다. 앞으로 좀 더 폭넓고 구체적인 한국인 중국어 학습자에 관한 연구와 한·중 대조분석 그리고 한국인 학습자의 오류분석에 관한 연구들이 진행되고, 이러한 자료를 적극적으로 활용한다면 한국인 학습자에게 보다 적합하고 유용한 중국어 교육문법요목이 마련될 수 있으리라 기대해 본다.

참고문헌

【도서류】 – 한국도서

김방한(1999), 『언어학의 이해』, 민음사.

김진우(1999), 『인지언어학의 이해』, 한국문화사.

김충실(2006), 『중한문법대조연구』, 부산외국어대학교 출판부.

______(2010), 『한국어 '를'구문 교수방법 연구 - 중국인 학습자를 대상으로』,
　　　박이정.

남기심·고영근(2008), 『표준국어문법론』, 탑출판사.

박영순(2004), 『한국어 문법교육론』, 박이정.

박용진 외 공역(2005), 『현대중국어 교육어법 연구』, 학고방.

박종한(2004), 『한국어에서 중국어 바라보기』, 학고방.

배두본(2006), 『외국어 교육 과정론-이론과 개발-』, 한국문화사.

엄익상 외 공저(2007), 『중국어 교육 어떻게 할까』, 한국문화사.

유럽평의회 편, 김한란 외 옮김(2007), 『언어 학습, 교수, 평가를 위한 유럽공통참
　　　조 기준』, 한국문화사.

이미혜(2005), 『한국어 문법 항목 교육 연구』, 박이정.

이익섭·채완(2007), 『국어문법론 강의』, 학연사.

이정희(2003), 『한국어 학습자의 오류연구』, 박이정.

임지룡(2005), 『인지의미론』, 탑출판사.

정윤철(2008), 『-테마로 배우는 현대 중국 언어학 개론』, 소통.

찰스 N. 리 외 지음, 박정구 외 옮김(1989), 『표준중국어문법』, 한울아카데미.

태평무(2005), 『중국어와 한국어의 어순대비연구』, 신성출판사.

한국중국언어학회편(1998), 『중국어어순연구』, 송산출판사.

황옥화(2008), 『한국인을 위한 중국어 오류분석』, 한국학술정보(주).

H. Douglas Brown 저, 이흥수 외 공역(2001), 『외국어학습 교수의 원리』, 피어슨 에듀케이션.

【도서류】 - 중국도서

北京大学外国留学生中国语文专修班 编(1958), 『汉语教科书(上、下册)』, 时代出版社。

陈俊光(2007), 『对比分析与教学应用』, 文鹤出版有限公司。

程　棠(2000), 『对外汉语教学目的原则方法』, 华语教学出版社。

崔　健(2002), 『朝汉范畴表达对比』, 中国大百神全书出版社。

丁声树　等(2002), 『现代汉语语法讲话』, 商务印书馆。

甘瑞瑗(2006), 『"国别化"对外汉语教学用词表制定的研究』, 北京大学出版社。

龚千炎(1997), 『中国语法学史』, 语文出版书。

国家对外汉语教学领导小组办公室　编(2002), 『高等学校外国留学生汉语教学大纲短期强化』, 北京语言大学出版社。

______(1997a), 『高等学校外国留学生汉语教学大纲长期进修』, 北京语言大学出版社。

____________, 『高等学校外国留学生汉语教学大纲长期进修(附件)』, 北京语言大学出版社。

____________ , 『汉语学校外国留学生汉语言专业教学大纲』, 北京语言大学出版社。

____________, 『汉语学校外国留学生汉语言专业教学大纲(附件一)』, 北京语言大学出版社。

____________, 『汉语学校外国留学生汉语言专业教学大纲(附件二)』, 北京语言大学出版社。

国家对外汉语教学领导小组办公室　汉语水平考试部　刘英林　主编(1996), 『汉语水平等级标准与语法等级大纲』, 高等教育出版社。

国家汉语国际推广领导小组办公室(2007), 『国际汉语能力标准』, 外语教学与研究出版社。

______(2008a), 『国际汉语教师标准』, 外语教学与研究出版社。

＿＿＿＿＿(2008b),『国际汉语教学通用课程大纲』, 外语教学与研究出版社。

胡裕树·范范(1996),『动词研究综述』, 山西高校联合出版社。

黄章恺(1994),『汉语表达语法』, 汕头大学出版社。

李宝贵(2005),『对外汉语教学及汉语本体研究』, 北京大学出版书。

李　泉(2006),『对外汉语课程, 大纲与教学模式研究』, 商务印书馆。

李大忠(2007),『外国人学汉语语法偏误分析』, 北京语言大学出版社。

李德津(1988),『外国人实用汉语语法』, 华语教学出版社。

黎锦熙(2001),『新著国语文法』, 商务印书馆。

李铁根(1998),『现代汉语时制研究』, 辽宁大学出版社。

林玉山(1986),『汉语语法学史』, 湖南教育出版社。

刘　复(0000),『中国文法讲话上、下编』, 新文丰出版公司印行。

刘　珣(2000),『对外汉语教育学引论』, 北京语言大学出版社。

＿＿＿＿＿(2002),『汉语作为第二语言教学简论』, 北京语言大学出版社。

＿＿＿＿＿(2004),『对外汉语教学概论』, 北京语言大学出版社。

刘月华　外　共著(2003),『实用现代汉语语法』, 商务印书馆。

柳英绿(1999),『朝汉语语法对比』, 延边大学出版社。

卢福波(2004),『对外汉语教学语法研究』, 北京语言大学出版社。

陆俭明(2004),『现代汉语语法研究教程』, 北京大学出版社。

＿＿＿＿＿(2005),『作为第二语言的汉语本体研究』, 外语教学与研究出版社。

鲁健骥(1999),『对外汉语教学思考集』, 北京语言文化大学出版社。

吕必松(1996a),『对外汉语教学概论(讲义)』, 国家教委对外汉语教师资格审查委员会
　　办公室。

＿＿＿＿＿(1996b),『对外汉语教学发展概要』, 北京语言学院出版社。

＿＿＿＿＿(2005),『语言教学与对外汉语教学』, 外语教学与研究出版社。

吕叔湘(1999),『现代汉语八百词』, 商务印书馆。

吕文华(1993),『对外汉语教学语法探索』, 语文出版社。

马庆株(2004),『汉语动词和动词性结构』, 北京大学出版社。

全国语法和语法教学讨论会论文汇　编(1982), 『教学语法论集-全国语法和语法教学
　　　讨论会论文汇编』。

石毓智(2000), 『语法的形式和理句』, 江西教育出版社。

束定芳(2005), 『外语教学改革:问题与对策』, 上海外语教育出版社。

孙德金(2006), 『对外汉语语法及语法教学研究』, 商务印书馆。

王国栓(2005), 『趋向问题研究』, 华夏出版社。

王建勤(1997), 『汉语作为第二语言的习得研究』, 北京语言大学出版社。

王　还(1994), 『对外汉语教学语法大纲』, 北京语言学院出版社。

许余龙(1989), 『对比语言学概念』, 上海外语教育出版社。

杨寄洲(1998), 『对外汉语教学初级阶段教学大纲(一)』, 北京语言文化大学出版社。

______(1999), 『对外汉语教学初级阶段教学大纲(二)』, 北京语言文化大学出版社。

张先亮(2006), 『教学语法应用研究』, 中国社会科学出版书。

张志公(1956), 『语法和语法教学-介绍"暂拟汉语教学语法系统"』, 人民教育出版社。

张志公 著, 庄文中 编(1997), 『张志公汉语语法教学论著选』, 山西教育出版社。

赵金铭(2005), 『对外汉语教学概论』, 商务印书馆。

赵建华(1999), 『对外汉语教学中高级阶段功能大纲』, 北京语言文化大学出版社。

郑　浩(2002), 『教学语法与语法教学』, 语文出版社。

中国对外汉语教学学会汉语水平等级标准研究　小组(1988), 『汉语水平等级标准和等
　　　级大纲』, 北京语言学院出版社。

周　刚(2005), 『现代汉语多方位研究』, 四川出版集团巴蜀书社。

庄文中(1999), 『中学教学语法和语法教学』, 语文出版社。

【영문도서】

Brown, H.D.(2000), 『Teaching by Principles』 second edition, NewJersey.

Charles N. Li, Sandra A. Thompson(1975), 『SUBJECT AND TOPIC: A NEW TYPOLOGY OF LANGUAGE』, academic press, INC: LonDon.

【논문】 - 한국논문

김유정(1998), 「외국어로서의 한국어 문법 교육-문법 항목 선정과 단계화를 중심으로-」, 『한국어교육』9, 국제한국어 교육학회.

김윤경(2002), 「중국에서의 외국인을 위한 중국어 교육과 교재」, 『이중언어학』20, 이중언어학회.

김정숙(2003), 「통합교육을 위한 한국어 교육요목 설계 방안 연구」, 『한국어교육』14, 국제한국어교육학회.

김제열(2001), 「한국어 교재의 문법 기술 방법 연구」, 『외국어로서의 한국어 교육』25·26, 연세대학교언어연구교육원한국어학당.

김종미(2008), 「중국의 외국어로서의 중국어교육에 대한 현황과 전망」, 『열린교육 연구』16, 한국열린교육학회.

김현철·박용진(2005), 「한어어법 교육현황의 어제와 오늘」, 『문법교육』2, 한국문법교육학회.

김충실(2008), 「중국인 학습자를 위한 한국어 '를'구문 교수방법 연구」, 부산외국어대학교 대학원 외국어로서의 한국어 교육학과 박사학위 논문.

맹주억(1987), 「중국어 문법용어 소고」, 『중국연구』10, 한국외국어대학교 외국학종합연구센타 중국연구소.

______(2001), 「국제화와 중국의 언어변화」, 『아시아문화』17, 한림대학교 아시아문화연구소.

______(2002), 「韩国人汉语语法语序偏误分析」, 『중국언어연구』15, 한국중국언어학회.

______(2003), 「중국어 학습자 언어중의 중국어 침투 현상」, 『외국어교육연구논집』 13, 한국외국어대학교 외국어교육연구소.

______(2005), 「중국어 교육문법 기술의 새로운 구상」, 『중국학연구』33, 중국학연구회.

______(2007), 「한국 중국어교육의 환경변화와 지향점」, 『중국언어연구』25, 한국중국언어학회.

______(2009), 「중국어교육학의 학문체계 정립에 대하여」, 『중국연구』45, 한국외국어대학교 외국학종합연구센다 중국연구소.

박용진(2006), 「현대중국어의 교육문법과 이론문법의 특징과 영역 고찰-교육문법을 중심으로」, 『중국어문학논집』47, 중국어문학연구회.

______(2008), 「중국어 교육을 위한 현대중국어 의문사의 순서배열 연구(1)-의문사 什么、几、怎么、谁、怎样의 일반 의문 용법을 중심으로-」, 『중국어문학논집』49, 중국어문학연구회.

박정운(2000), 「범주화와 언어학」, 『한국어의미학』7, 한국어의미학회,

박종한(1998), 「중국어와 한국어의 문법적 특성 대조 연구」, 『Foreign languages education』, 4, 한국외국어교육학회.

신봉수(2003), 「제2언어 습득에 있어서의 언어보편성에 관한 연구」, 『신영어영문학』9, 신영어영문학회.

신승희(2004), 「한국인 학습자의 중국어 동사 사용상의 오류분석」, 『중국언어연구』18, 한국중국언어학회.

양경미(2004), 「중국어 술어동사에 대응되는 한국어의 어미활용」, 『외국어교육』11-1, 한국외국어교육학회.

엄익상 외(1997), 「중국어 교육의 문제점과 개선 방안」, 『강원인문논총』5, 강원대학교 인문과학연구소

______(2003), 「중국어와 한국어의 유형학적 비교」, 『중어중문학』33, 한국중어중문학회.

위수광(2008), 「『语法等级大纲』의 체계상 한계점 고찰-한국인 학습자를 중심으로-」, 『중국학』30, 대한중국학회.

_____(2011), 「『国际汉语教学通用课程大纲(语法)』와 『新HSK大纲(语法)』 비교분석
    - 『新HSK大纲(语法)』에서 체계변화를 중심으로」, 『중국언어연구』35, 한국중
    국언어학회

유기수(1996), 「중국에서 출판된 外國人用 중국어 教材의 基本 文法 사항 연구」,
    『중국연구』18, 한국외국어대학교외국학종합연구센터중국연구소.

유재원・김윤정(2008), 「한국어 중국어 학습자의 가능 및 능력 표시 구문 습득 연
    구」, 『중국학연구』45, 한국중어중문학회.

이미혜(2002), 「한국어 문법 교육에서 '표현항목' 설정에 대한 연구」, 『한국어교육』
    13-2, 국제한국어교육학회.

이영호(2001), 「중국어 교육과정에 관한 고찰」, 『중국문학연구』23, 한국중문학회.

이종진(1999), 「한국의 중국어 교육 현황과 과제」, 『중국학보』40, 한국중국학회.

이창호(2000), 「중국어 'V+결과보어'의 상적 특성-'V+oRVC'구문의 번역 양상을 통
    한시론」, 『중국어문총론』18, 중국어문연구회.

임경희(1999), 「중국어 어순 전황의 의미론적 분석」, 『단국대학교논문집인문사회
    과학편』34, 단국대학교

정윤철(2002), 「중국어 來와 去의 의미 확장 양상 고찰」, 『중국학연구』23, 중국학
    연구회.

_____(2005), 「한국어와 중국어의 시간, 공간표현 대조분석-한→중 작문오류를 중
    심으로-」, 『중국연구』36, 한국외국어대학교외국학종합연구센터중국연구소.

_____(2007), 「한중 대조분석 연구사 회고 및 연구 방법론 정리에 대하여」,
    『중국연구』40, 한국외국어대학교 외국학종합연구센타 중국연구소.

_____(2009), 「통합적 중국어 교수·학습 요목의 개발에 관하여」, 『중국어교육과
    연구』9, 한국중국어교육학회.

_____(2009a), 「중국의 중국어 국제화 전략 추진 과정과 의미에 관하여」,
    『중국연구』47, 한국외국어대학교 외국학종합연구센타 중국연구소.

조희무・안기섭(2003), 「중국어의 주요 기본 어순과 유형론적 특징-부사어 어순
    을 중심으로 한 한국어・영어와의 비교를 통하여」, 『중국인문과학』29, 중국
    인문학회.

허성도(1992), 「한국어와 중국어의 대조분석-동작동사를 중심으로-」, 『이중언어학』
　　9, 이중언어학회.

【논문】 - 중국논문

安玉霞(2006), 「汉语语序问题研究综述」, 『汉语学习』6。

白乐桑·张丽(2008), 「『欧洲语言共同参考框架』新理念对汉语教学的启示与推
　　动-处于抉择关头的汉语教学」, 『世界汉语教学』3。

白兆麟(2007), 「论史存直先生的"教学语法"思想-纪念史先生逝世十二周年」,
　　『南京师范大学文学院学报』1。

程 棠(1989), 「对外汉语教学的一项基本建设-『汉语水平等级标准和等级大纲』
　　读后」, 『语言教学与研究』2。

崔立斌(2005), 「韩国学生对"了"的误用及其原因」, 『语言文字应用』。

＿＿＿＿(2006), 「韩国学生汉语介词学习错误分析」, 『语言文字应用』。

＿＿＿＿(2007), 「语言棱镜中的"存在"-从汉韩存在句之差异看韩国学生汉语学习遍误」,
　　『北京师范大学学报』4。

崔永华(2004), 「二十年来对外汉语教学研究热点回顾」, 『国外汉语教学动态???』4。

戴 云(2007), 「理论语法, 教学语法与对外汉语教学语法的建设」, 『黑龙江高教研究』4。

丁安琪·沈兰(2001), 「韩国留学生口语中使用介词"在"的调查分析」, 『语言教学与研
　　究』6。

董 明(1988), 「谈『汉语水平等级标准和等级大纲』(试行)的使用」, 『世界汉语教学』4。

高顺全(2005), 「复合趋向补语引申用法的语义解释」, 『汉语学习』1。

贾甫田(1989), 「『语法等级大纲』(试行)对几个关系的处理」, 『世界汉语教学』2。

郭 熙(2002), 「理论语法与教学语法的衔接问题-以汉语作为第二语言教学为例」, 『汉
　　语学习』4。

韩在均(2003), 「韩国学生学习汉语"了"的常见遍误分析」, 『汉语学习』4。

何清强(2006), 「论第二语言汉语教学语法的"本位"」, 『汉语学习』2。

贺晓平(1999), 「关于状态补语的几个问题」, 『语文研究』1。

黄玉花(2004),「韩国学生习得汉语补语研究」,『和田师范专科学报』24。

黄玉花(2007),「韩国留学生汉语趋向补语习得特点及偏误分析」,『汉语学习』4。

解燕勤(2007),「韩国留学生学习汉语副词"也"的偏误考察」,『语言研究』3。

金奉民(2006),「"来／去"、"오다/가다"的时间域隐喻义及与之相关的几个问题」,『汉语学习』4。

金立鑫(1997),「"把"字句的句法、语义、语境特征」,『中国语文』6。

______(2005),「"没"和"了"共现的句法条件」,『汉语学习』1。

金昭延(2001),「韩国留学生学习汉语副词的偏误分析」,『徐州教育学院学报』16-1。

李宝贵(2004),「韩国留学生"把"字句偏误分析」,『辽宁工学院学报』6-5。

李绍林(2006),「『等级大纲』与汉语教材生词的确定」,『汉语学习』5。

李天洙(2004),「韩国大学汉语教学状况分析」,『安庆师范学院学报』23-4。

林齐倩·金明淑(2007),「韩国留学生介词"向、往"使用情况的考察」,『暨南大学华文学院学报』2。

林升圭(2008),「中韩汉语教学大纲对比研究」,『云南师范大学学报』6-5。

刘辰洁(2002),「对韩国留学生"一点儿"和"有点儿"的遍误分析」,『齐齐哈尔大学学报』。

刘慧清(2005),「初级汉语水平韩国留学生的时间词使用偏误分析」,『暨南大学华文学院学报』3。

刘英林(1989),「『汉语水平等级标准和等级大纲(试行)的研究方法』」,『世界汉语教学』1。

______(1996),「中国汉语水平考试十年(三)」,『汉语学习』6。

刘英林·李明(1997),「『语法等级大纲』的编辑与定位」,『语言教学与研究』4。

______(2000),「谈谈对外汉语表达语法的教学问题」,『语言教学与研究』2。

______(2003a),「对外汉语教学语法的层次划分与项目排序问题」,『语言教学与研究』2。

______(2005b),「对外汉语教学基本句型的确立依据与排序研究」,『语言文字应用』4。

卢福波(2000),「谈谈对外汉语表达语法的教学问题」,『语言教学与研究』2。

______(2002),「对外汉语教学语法的体系与方法问题」,『汉语学习』2。

吕文华(1991),「关于对外汉语教学语法体系」,『中国语言』5。

______(1992),「对『语法等级大纲』(试行)的几点意见」,『语言教学与研究』3。

______(1994),「"把"字句语义类型」,『语言教学与研究』3。

______(1995),「关于对外汉语教学中的补语系统」,『语言教学与研究』4。

______(1998),「句型教学结合语义分析的构想」,『汉语学习』6。

马庆株(2003),「关于对外汉语教学的若干建议」,『世界汉语教学』3。

彭淑莉(2006),「初级韩国学生与汉族儿童习得"在"字句的对比研究」,『云南师范大学学报』4-4。

史维国(2006),「说可能补语前不能加修饰语」,『汉语学习』2。

盛 炎(1988),「『汉语水平等级标准和等级大纲』(试行)与国外一些标准和大纲的比较」,『世界汉语教学』4。

唐曙霞(2004),「试论结构型语言教学大纲」,『世界汉语教学』4。

王灿龙(1998),「无标记被动句和动词的类」,『汉语学习』5。

王金鑫(1998),「动词时间分类系统补仪」,『汉语学习』5。

王 巍(2000),「"助动词+动词+了"的语义、语法关系刍仪」,『汉语学习』2。

王振来(2004),「韩国留学生学习被动表述的遍误分析」,『云南师范大学学报』2-4。

文美振(2004),「谈『汉语水平等级标准与语法的等级大纲』中几个语法问题」,『云南师范大学学报』2。

吴春仙(2001),「『汉语水平等级标准与语法等级大纲』中几个值得讨论的语法问题」,『暨南大学华文学院学报』2。

吴为章(1995),「『语序重要』,『中国语文』6。

肖奚强(2000),「韩国学生汉语语法偏误分析」,『世界汉语教学』2。

辛永芬(2006),「"多+V"和"V+多"语序的认知解释」,『汉语学习』5。

许世立(2004),「关于韩国部分高等院校汉语教育的几点思考」,『汉语学习』。

徐燕青(1998),「张宇的"把"字句谓语使用条件的突破」,『汉语学习』5。

杨寄洲(2000),「对外汉语教学初级阶段语法项目的排序问题」,『语言教学与研究』3。

杨利英(2008),「汉语推广与中国软力量的提升」,『甘肃联合大学学报』24-5。

杨峥琳(2006),「中级水平韩国学生习得汉语离合词情况分析」,『昆明理工大学学院』1。

余文青(2000),「留学生使用"把"字句的调查报告」,『汉语学习』5。

张武宁(2007),「韩国留学生常用介词编误分析」,『语言教学研究』。

张豫峰·郑薇(2006),「试析动宾式离合词构成的致使语态句」,『汉语学习』6。

周　苇(2006),「名词与量词组合关系研究说略」,『汉语学习』1。

周小兵(2004),「学习难度的测定和考察」,『世界汉语教学』1。

朱英月(1996),「『汉语水平词汇等级大纲』中的中韩同形词比较分析」,『汉语学习』。